AMOR PROFUNDO

AMOR PROFUNDO

Deja atrás los juegos de seducción y
descubre el poder de la intimidad

KEN PAGE

Traducción:
Jorge Mendoza Toraya

Grijalbo

Amor profundo
Deja atrás los juegos de seducción y descubre el poder de la intimidad

Título original: *Deeper Dating*
How to Drop the Games of Seduction and Discover the Power of Intimacy

Primera edición: abril, 2016

D. R. © 2015, Ken Page

D. R. © 2016, derechos de edición mundiales en lengua castellana:
Penguin Random House Grupo Editorial, S.A. de C.V.
Blvd. Miguel de Cervantes Saavedra núm. 301, 1er piso,
colonia Granada, delegación Miguel Hidalgo, C.P. 11520,
México, D.F.

www.megustaleer.com.mx

D. R. © 2016, Jorge Mendoza Toraya, por la traducción

El poema de la página 206, de Thich Nhat Hahn, fue reproducido de
Call Me By My True Name (1999) con el consentimiento de Parallax Press.

ISBN: 978-607-314-253-3

Impreso en México – *Printed in Mexico*

El papel utilizado para la impresión de este libro ha sido fabricado a partir de madera procedente de bosques y plantaciones gestionadas con los más altos estándares ambientales, garantizando una explotación de los recursos sostenible con el medio ambiente y beneficiosa para las personas.

A mi familia y amigos,
que me han hecho un hombre tan afortunado

ÍNDICE

Tercera etapa

Aprende las habilidades para tener citas amorosas más profundas

Cuarta etapa

Cultiva el amor duradero

El nuevo mapa hacia el amor

Cuando me enamore será para siempre,
o no me enamoraré nunca.
"Cuando me enamore",
de Victor Young y Edward Heyman

Siempre me ha encantado la canción "Cuando me enamore". Su infantil certeza es sabia y persistente, aunque definitivamente no corresponde a *mi* experiencia, y quizá tampoco a la tuya. Para la mayoría de nosotros, la búsqueda del amor no ha sido nada sencilla. No es extraño: hemos recibido un mapa del amor que en realidad nos aleja de la verdadera intimidad. Observa la portada de casi cualquiera de las revistas que aseguran ofrecer ayuda con el amor. ¿Qué te indican que hagas? Baja de peso, vístete mejor, hazte el difícil, actúa con confianza, sal más; dicho de otro modo, *supérate* si esperas encontrar alguna vez el amor.

Eso no es superarse, sino castigarse, y el castigo no conduce a un amor saludable. En vez de ayudarnos a aceptar nuestro verdadero yo, el mundo de la soltería nos enseña a mejorar el empaque. Cuando al fin nos detenemos lo suficiente para dejar de culparnos a nosotros mismos por nuestras imperfecciones, nos damos cuenta de que esta estrategia termina por fracasar.

Piénsalo: ¿es la gente joven, guapa e ingeniosa que conoces realmente más propensa a establecer relaciones amorosas sanas? Lo dudo mucho, porque ¡ésos no son los atributos que guían al amor duradero! ¿A más citas? Tal vez. ¿A más oportunidades de sexo? Casi indudablemente. Pero, ¿al amor duradero? De ninguna manera.

La vía para encontrar una relación amorosa estriba en algo mucho más profundo, esencial y transformador que todo lo que se nos ha enseñado: en aprender a aceptar tu yo más auténtico y compartirlo con las personas valiosas que saben honrarlo, así como aprender a ofrecer lo mismo a cambio. La asombrosa paradoja es que todas las partes de nuestra personalidad que creemos deber *arreglar* para encontrar el amor suelen ser las *claves* para hallarlo. En el camino que emprenderás no te enfocarás en arreglarte, sino en honrar y expresar tus dones innatos, y eso cambia todo. En vez de sujetar el látigo de la superación personal, como muchos de nosotros hemos hecho durante tanto tiempo, aprenderás a valorar, expresar y confiar en lo que llamo tus dones esenciales.

¿Qué son los dones esenciales? Simplemente son tus puntos de más profunda sensibilidad a la vida. Los encontrarás en las cosas que más te inspiran, en las cosas que te afectan más profundamente, y también en las que más te lastiman. A menudo pensamos que tenemos que ocultar o arreglar estas partes vulnerables de nosotros mismos con el fin de hacernos más atractivos, pero la verdad es todo lo contrario: son el tren bala que nos lleva a la auténtica intimidad. Cuando aprendemos a anteponer nuestros dones esenciales, cambia el mismísimo eje de nuestra vida. Nuestro magnetismo personal se fortalece; experimentamos más pasión y una mayor conexión con nosotros mismos y con los demás. Lo más importante es que nos acercamos más al amor que quizá nos ha eludido en el pasado, un amor que nos da poder y nos brinda felicidad.

Quisiera que alguien hubiera podido explicarme todo esto durante los muchos años que pasé en busca del amor. Perdí mucho tiempo buscando el amor con intentos de cambiarme a mí mismo para convertirme en algo más "vendible". No puedo calcular las horas que pasé buscando amor en entornos que carecían de él, con métodos que nada tenían que ver con el amor: fingir desinterés, ser ingenioso, aprovechar cualquier indicio de necesidad.

A lo largo de todas esas décadas de lo que llamo mi "soltería crónica", mi temor más grande fue ir por la vida sin encontrar el amor verdadero. En mi veintena, mi relación más larga podía medirse en meses. En demasiadas noches de búsqueda terminé en un restaurante devorando una hamburguesa doble como premio de consolación. Mis citas comenzaron a mejorar cuando obtuve ayuda de amigos versados y terapeutas avezados, pero con todo, el amor sano me evadía. Sea cual fuere el gen de las relaciones, yo estaba seguro de que carecía de él. Para entonces yo era un psicoterapeuta con experiencia y buena reputación, pero en el fondo aún creía varios de los mayores mitos culturales sobre la manera de encontrar el amor, y siempre fracasaba.

No era sólo yo: mientras mi lucha por encontrar el amor continuaba, comencé a atender a un sinnúmero de solteros en mi consultorio de psicoterapia, que tropezaban con las mismas decepciones e inseguridades.

"Me siento como un tenis en una secadora. Conocí a alguien nuevo y me llené de esperanza, pero entonces me abandonaron otra vez en el infierno de las relaciones en el que ya había estado antes."

"Después de tres divorcios y a mis sesenta y tantos, supe que mis posibilidades de encontrar el amor verdadero eran terribles. Como una mercancía defectuosa: así me sentía."

"Mi mamá les mostraba sus plantas a sus amigos y les decía: 'éstos son mis nietos'. Yo era una abogada exitosa que gozaba de una gran calidad de vida, pero desde su punto de vista y el mío me sentía una fracasada por ser soltera."

De la misma manera que muchos de mis pacientes, yo sentía que había una falla fatal en mi esquema básico. ¿Por qué seguía sucumbiendo ante personas que no me convenían? Y ¿por qué las personas disponibles, amables y sensatas me provocaban ganas de salir corriendo? ¿Por qué a quienes yo deseaba con más fuerza no me correspondían, mientras que quienes se enamoraban de mí no me interesaban en lo más mínimo? En algún punto, ese ciclo interminable de esperanza y decepción me impactó de frente. Me di cuenta de que había pasado años buscando el amor, pero jamás me esforcé por construirlo.

Comencé a buscar respuestas más profundas, con la esperanza de desenmarañar la confusa repetición de fracasos en mis citas amorosas que constituían mi vida y la de muchos otros. Busqué ayuda de terapeutas, amigos y *coaches*, y aprendí mucho. A lo largo de muchos años de estudio, esfuerzo y crecimiento me di cuenta de que existe un camino que conduce no sólo al amor saludable, sino a nuestra propia sanación personal. Se trata del camino de nuestros dones. Las cualidades que me esforcé tanto por ocultar para atraer el amor resultaron ser lo que me llevaría a encontrar a mi compañero y a una vida rica en intimidad.

Así como he adquirido lecciones sobre el amor, también las he impartido. En 2005, después de impartir numerosos seminarios y retiros sobre la intimidad y la búsqueda de amor, creé un taller llamado Deeper Dating (Citas amorosas más profundas), en el cual los solteros se encontraban en un entorno que favorecía la bondad, el autodescubrimiento, la risa y la discusión. Miles de solteros de todas las edades, antecedentes y orientaciones sexuales asistían a mis talleres, y muchos me hablaban de lo felices que estaban por tener un evento de solteros que los hacía sentirse mejor consigo mismos, y no peor. Las conferencias que di en esos eventos me condujeron a oportunidades de escribir para *Psychology Today* y el *Huffington Post*, y la maravillosa recepción que tuvieron esos artículos alimentó mi deseo de escribir este libro.

Ahora, cuando imparto las lecciones de Deeper Dating, invariablemente me reciben con sonrisas de reconocimiento y lágrimas de alivio. He visto la vida amorosa de las personas cambiar de manera drástica y casi milagrosa cuando practican las habilidades de la verdadera intimidad en su búsqueda del amor.

Anhelar el amor es sabiduría, no debilidad

Entre todos los mitos dañinos que se nos enseñan, uno de los más insidiosos es la creencia de que anhelar el amor es una debilidad. No estoy de acuerdo. Anhelar el amor no es debilidad, es sabiduría. Acallar nuestra soledad es el camino hacia una desesperación que aqueja a toda nuestra cultura. No estamos hechos para ser solitarios y autosuficientes. La intimidad es como el oxígeno. No necesitamos trascender nuestra hambre de amor, sino honrarla.

Según el psicólogo Eli Finkel, uno de los investigadores más respetados en el campo de las relaciones y la atracción, la calidad de tus relaciones íntimas es una de las mayores determinantes de tu bienestar físico y emocional.[1] Esto confirma lo que siempre has sentido: encontrar el amor importa mucho. Simplemente sujetar la mano de un ser amado reduce la presión sanguínea y el dolor.[2] ¿Qué podría señalar de manera más convincente nuestra necesidad de conexión que ese trozo de poesía en forma científica?

He descubierto que las personas que sienten que necesitan intimidad son las que es más probable que la encuentren. Si anhelas un amor que sea a la vez bondadoso y apasionado, felicítate por ser tan valiente y determinado como para buscarlo realmente. Te invito a ver tu anhelo como una voz de valiente sabiduría y no como un signo de debilidad.

He visto personas diagnosticadas con enfermedades terminales encontrar el amor por primera vez en su vida, porque la quemante verdad de su mortalidad al fin las hizo encarar la importancia del amor. He visto a nonagenarios, frágiles y enfermizos, experimentar la emoción de enamorarse como resultado de abrirse a la intimidad.

También lo he visto en mi propia vida. Mi incesante deseo de amor ha sido el catalizador de muchos cambios positivos. Me ha obligado a admitir que estaba rechazando el amor al mismo tiempo que lo buscaba, y a cambiar esos patrones con ayuda de mentores cariñosos. Esos cambios, ganados con esfuerzo, fueron lo que me permitió crear este nuevo mapa hacia el amor que ha ayudado a tantas personas a encontrar la intimidad que anhelaban.

No a las promesas huecas

En *Amor profundo* no encontrarás consejos para vestirte mejor, flirtear con mejores resultados, parecer más desenfadado o mantener a tu pareja en un mar de conjeturas. (Y no necesitarás mis consejos al respecto de todos modos: ¡siempre fui un fracaso rotundo en estos menesteres!) Tampoco voy a prometerte que el amor llegará en tres meses, ni en ningún otro término. Nadie puede cumplir esa promesa y, en lo personal, no confío en nadie que asegure que puede lograrlo. Cierto misterio rodea el cómo y el cuándo del encuentro con el amor, y dicho misterio no está, en última instancia, bajo nuestro control. El mundo no deja de decirnos que necesitamos trucos para encontrar el amor, y sí, esos trucos funcionan si buscas sexo o una nueva relación con fundamentos endebles; pero es poco probable que te acerquen a encontrar el amor verdadero.

Aunque se nos hace creer que encontrar el amor tiene que ver con mejorarnos a nosotros mismos, en última instancia es nuestra *humanidad* lo que nos permite encontrar y cultivar el verdadero amor. Pero no me creas: prueba por ti mismo las ideas contenidas en este libro, y verás cambios en tu vida que demostrarán el poder de tus dones.

Este libro es para todo aquel que esté soltero, y para cualquiera que desee una comprensión más profunda de las verdaderas raíces de la intimidad. Es para hombres y mujeres de todas las edades, antecedentes, orientaciones sexuales e identidades de género. Sin importar tu edad, tus ingresos ni tus circunstancias de vida, allá afuera hay personas maravillosas en espera de encontrar a alguien como tú.

El verdadero viaje hacia el amor discurre en dos ámbitos: en el interno y el externo. Ambos son necesarios, pero nuestra cultura ha pasado por alto el trabajo interno esencial. Puedes pensar en este libro como en un mapa de ambos territorios: una guía del viaje más importante de tu vida, el que va hacia la intimidad. Este curso tiene el potencial de señalarte el camino al amor verdadero, y hacia su fuente en tu interior. Creo que te encantará lo que suceda, porque cuando compartes tus dones más profundos con valentía, generosidad y discernimiento, lo que sucede es el amor.

Cómo acelerar tu avance
hacia el amor

Hay una vela en tu corazón, lista para ser encendida.
Hay un vacío en tu alma, listo para ser llenado.
Los sientes, ¿verdad?
RUMI

Bienvenido al punto de partida de tu nuevo viaje. En las próximas semanas llegarás a ver tu búsqueda de amor de una nueva manera y obtendrás herramientas de intimidad que quizá jamás se te habían enseñado. En este método no te enfocarás en reparar tus defectos, sino en aceptar tus dones esenciales, las cualidades que definen tu ser. Este enfoque basado en los dones no sólo es una estrategia para conseguir pareja: es el camino a una vida más rica.

El curso de *Amor profundo* sigue cuatro etapas. Cada una se compone de entre dos y cuatro lecciones, y cada capítulo constituye una lección completa. Sugiero que te tomes una semana para cada capítulo. En el futuro, siempre podrás repasar cualquier capítulo que te parezca importante, o volver a tomar todo el curso.

Las cuatro etapas del viaje

En la primera etapa (capítulos 1 a 3) comenzarás a descubrir algunos de tus dones esenciales. Éstos se encuentran en el corazón de tu ser. Llegarás a entender cómo han formado toda tu historia romántica, y cómo pueden conducirte al amor que buscas. Conforme descubras y aceptes tus dones esenciales, te sentirás a la vez más fuerte y más cómodo con tu vulnerabilidad. Con base en ese fundamento, tu búsqueda de amor comenzará a cambiar de maneras maravillosas. A partir del primer capítulo aprenderás nuevas habilidades para que puedas empezar a efectuar cambios concretos desde el mismo comienzo de este curso.

En la segunda etapa (capítulos 4 a 6) aprenderás lo que considero la herramienta más importante para tus citas: distinguir entre tus "atracciones de inspiración" —las atracciones que es más probable que conduzcan a un amor duradero— y tus "atracciones de privación", las que te atrapan y te llevan a repetir viejos y dolorosos patrones en tus relaciones. Crearás una imagen clara de ambos tipos de atracción, y aprenderás cómo hasta tus atracciones más dolorosas pueden conducirte a descubrir tus dones más profundos. Aprenderás un exquisito y poderoso proceso de cinco minutos para ayudarte a conectar con la fuente de amor en tu interior.

En la tercera etapa (capítulos 7 a 10) aprenderás las habilidades para tener citas amorosas más profundas. Introducirás los dones únicos de tu auténtico ser en tu vida amorosa real: en línea, en las fiestas, en eventos de citas y en tu vida cotidiana. Aprenderás sobre el mayor saboteador del amor sano y descubrirás las maneras en que quizá estés alejando a la intimidad sin notarlo. Además, aprenderás cómo atraer la esperanza y el crecimiento hacia la difícil fase media de tu viaje hacia el amor.

En la cuarta etapa (capítulos 11 y 12) aprenderás a construir intimidad sexual, romántica y emocional en tus nuevas relaciones sanas. La pasión y la intimidad crecen de formas completamente distintas en las relaciones sanas, y aprenderás a nutrir ambas cualidades en un amor seguro y estable. También descubrirás tus dones esenciales sexuales y románticos.

En cuestión de semanas probablemente empezarás a notar diferencias maravillosas. Te sentirás más a gusto en tus zapatos. Notarás que tus citas amorosas adquieren nuevas formas que te provocan emoción y te desafían. En menos tiempo del que imaginas, tal vez comenzarás a salir con personas que son más afables, tienen mayor disponibilidad y te aceptan en mayor medida. Descubrirás que disminuye tu gusto por las personas no disponibles y que aumenta tu aprecio por la amabilidad, la autenticidad y la disponibilidad. Estos cambios ocurren porque estás aprendiendo las constructivas lecciones de la verdadera intimidad, y no los deshumanizantes juegos de la seducción.

Una estrategia basada en la intimidad

Una de las definiciones de la palabra íntimo es "que atañe o caracteriza la naturaleza más profunda de alguien". Creo que eso es lo esencial de la intimidad: conectarte con tu más profunda naturaleza y compartirla con valentía y generosidad con las personas que merecen ese privilegio. La intimidad puede concebirse como "ver en mí": el proceso de ver en el interior de nuestra persona amada y permitirle hacer lo mismo con nosotros.

En su libro *Touching: The Human Significance of the Skin*, Ashley Montagu explica que al nacer ciertos mamíferos, sus madres les lamen todo el cuerpo. Si omiten ciertas partes importantes, los órganos internos correspondientes quizá nunca funcionen adecuadamente. Los órganos de la cría necesitan ser "vistos y tocados" para funcionar a plenitud.[1]

Lo anterior ilustra uno de los grandes secretos de nuestros dones. Cuando alguien reconoce nuestros dones, éstos tienen licencia para cobrar vida y volverse generosos, expresivos y valientes. La verdad es que nos necesitamos los unos a los otros para crecer y aprender.

Es por eso que te exhorto a que estudies este curso de un modo que incluya tanto apoyo y diálogo como sea posible. Puedes leer este libro a solas y aun beneficiarte mucho de él. Sin embargo, si comentas tus experiencias con amigos, personas amadas o con un compañero de aprendizaje, los beneficios pueden ser aún mayores. (En la siguiente sección de este capítulo describiré a lo que me refiero con un compañero de aprendizaje.) Las investigaciones existentes son muy claras en esto:

la mayoría de nosotros aprendemos de manera más eficaz y placentera cuando aprendemos acompañados.[2] Aprender a aceptar nuestros dones esenciales es difícil de lograr a solas. Modificar las conductas y los pensamientos que nos alejan del amor es *imposible* a solas. El amor nace —y se edifica— por los errores que cometemos y las correcciones que efectuamos; por virtud de la ruptura y la reparación, el dolor y la sanación. En las próximas semanas, la mitad de tu aprendizaje surgirá de tus errores y de la corrección de esos errores. Para que ese aprendizaje se dé, las ideas y el apoyo de los demás serán de suma importancia.

Creo en las ideas de este libro. Pienso que tienen el poder para guiarte hacia el amor y enriquecer profundamente tu vida, pero necesitas conversar y recibir respaldo y orientación para hacer que estas ideas cobren vida. Con la ayuda y el apoyo de personas en quienes confías, lograrás:

- Apreciar tus dones cada vez más.
- Aprender las lecciones de este libro de manera más profunda, y será más probable que las utilices después de terminar el libro.
- Cuando las cosas marchen bien, tendrás un equipo de porristas. Cuando marchen mal, tendrás un equipo de solución de problemas.

Hace algunos años dos amigos y yo —tres "psicoterapeutas solteros crónicos"— creamos un grupo de apoyo. Semana tras semana nos reuníamos para apoyarnos mutuamente mientras afrontábamos los desafíos de nuestras citas amorosas. Por nosotros mismos, habríamos tomado las mismas decisiones habituales que habíamos tomado en el pasado, y habríamos terminado con las mismas decepciones. Ahora, con ayuda de los otros, encontramos rutas para escapar de nuestros patrones perjudiciales. Como resultado, nuestras nuevas decisiones tuvieron el agradable sabor de la sabiduría adquirida. Ese grupo cambió mi vida amorosa, y cada uno de nosotros, después de muchas décadas de soltería, está ahora en una excelente relación.

Tu compañero de aprendizaje

Una de las mejores maneras de tomar este curso es contar con un compañero de aprendizaje. Éste será un coentrenador en este viaje que definirá tu vida. Un compañero de aprendizaje será una relación importante para ti, por lo que debes elegir bien. Debe ser alguien que sepa guardar tus secretos, que pueda inspirar esperanza en tu viaje y goce de salud emocional y sea perspicaz.

¿Cómo encontrar a alguien con esas características? Ésa es ya una importante lección de intimidad. Doy por sentado que tienes más apoyo en potencia en tu vida de lo que crees. Ése es el mejor punto de arranque. Mira tu lista de contactos de los últimos años y hazte estas preguntas:

- ¿Quién es bondadoso?
- ¿Quién tiene sabiduría?
- ¿Quién es esencialmente confiable y realmente se preocupa por ti?

Destaca el nombre de cada persona. Ellos serán tu equipo de ensueño para la vida, y cualquiera de ellos que esté soltero puede ser tu compañero de aprendizaje. Cuando lo encuentres y ambos acuerden emprender juntos este viaje, puedes realizar los ejercicios que aparecen al final de cada capítulo como una guía de estudio y discusión.

Si no tienes a nadie en mente, sólo mantente abierto a las posibilidades. Mientras tanto, echa un vistazo a mi sitio web para encontrar discusiones, foros de conversación y lecciones. Algunas de éstas te juntarán con un compañero de aprendizaje. También puedes inaugurar tu propio grupo de estudio "Amor profundo" con tantas personas como lo desees. Pueden reunirse semanal o quincenalmente, compartir sus experiencias y llenar los ejercicios de cada capítulo.

Tu cuaderno de ejercicios

Al final de cada capítulo hay una sección de ejercicios que te ayudarán a dar vida a estas ideas. Hay ejercicios personales, para que los hagas solo; ejercicios para hacer con tu compañero de aprendizaje y ejercicios de amor profundo diseñados para ayudarte a efectuar cambios concretos en tus citas amorosas. Te exhorto a que te tomes el tiempo para hacer estos ejercicios, que enriquecerán el trabajo realizado a lo largo del capítulo.

Micromeditaciones

Los ejercicios al final de cada capítulo ayudarán a que las ideas del libro cobren vida; pero ¿qué ocurre con el momento en que obtengas un nuevo conocimiento mientras lees el libro? Para cuando llegues a las páginas de los ejercicios ese instante habrá quedado atrás. Por eso puse "micromeditaciones" en cada capítulo; cada una toma unos pocos minutos. Procura realizarlas mientras lees, en vez de dejarlas para después. Te encantará el hecho de que uno o dos minutos de reflexión pueden llevarte a profundizar y enriquecer tus sentimientos.

Cualquiera puede realizar estas micromeditaciones, incluso quienes tenemos una mente que divaga de manera constante. No te preocupes si sólo logras retener una enseñanza por un instante antes de que se disipe. Está bien. Si ese momento te "toca", la micromeditación habrá logrado su cometido. Tampoco te preocupes si tus micromeditaciones transcurren de manera más rápida o más lenta que lo sugerido. Sigue tu propio ritmo.

Tu diario

Encuentra un diario bonito o un dispositivo electrónico para los ejercicios de escritura que harás como parte de este curso. En las semanas por venir te llegarán muchas nuevas ideas. Tu diario será el lugar para estas ideas, y para que vuelvas cuando necesites una dosis de tu propia sabiduría.

Aprender por medio del placer

Una de las mejores maneras de digerir los conceptos contenidos en este libro es simplemente saborear las partes que más te afecten. Las ideas, historias y ejercicios están diseñados para ponerte en contacto con la cálida humanidad de tus dones esenciales, la resonancia de tus propios pensamientos profundos. Si algo te "toca" de manera visceral, deja el libro por un momento. Deja que las ondas de tu emoción o tu pensamiento obren en tu interior y permítete sentir el placer de esa experiencia. Al honrar tu ritmo y tu experiencia estarás viviendo a partir de tus dones conforme lees. Muchos de los mensajes de este libro —como aprender a descubrir tus mayores dones en tus inseguridades más profundas— difieren de las ideas que se te han inculcado en el pasado. Quizá quieras tomar notas, destacar fragmentos y mantener el libro cerca de ti conforme tomas el curso.

Por último, practica la gentileza contigo mismo. Este curso te pedirá que toques las raíces más profundas de tu ser, y eso es un acto de valentía. Cuando, durante tu viaje, te encuentres con el desconcierto —y así será; ¡después de todo estamos hablando de citas!—, procura ser amable contigo mismo. Quizá descubras que sigues volviendo a viejos patrones, pero debes reconocer que toda pequeña conducta nueva tendrá repercusiones positivas en tu vida. El progreso siempre es imperfecto, y las habilidades que aprendemos de nuestros errores suelen ser invaluables.

TU PRIMERA MICROMEDITACIÓN
Comienza tu viaje. Dos minutos.

Estás a punto de embarcarte en un viaje hacia el verdadero amor, prac-
ticando las habilidades de la intimidad verdadera. Te invito a felicitarte
a ti mismo por dar este paso.

Piensa en algunas de las personas que más te han amado. Quizá
estén vivas, o quizá no, pero aún las llevas en el corazón, y ellas querrían
lo mejor para ti, incluida una relación que te brinde felicidad. Tómate
un momento para visualizar a cada una de esas personas. ¿Alguna de ellas
tendría palabras de aliento o consejos para ti al comienzo de este viaje?
Visualiza sus caras mientras imaginas lo que cada quien te diría. A con-
tinuación, agradéceles mentalmente. Inhala con suavidad, luego exhala
y deja que su apoyo te llene.

Cuaderno de trabajo de *Amor profundo*

Nota importante: Por favor toma en cuenta que muchos de los ejercicios
y enfoques de este libro funcionan para mucha gente, pero si existen
desórdenes emocionales o psicológicos sin tratar, o si la persona tiene una adicción activa, no funcionarán, y quizá hasta exacerben los
problemas. Si sufres una adicción o una condición psiquiátrica que
afecta tu vida, por favor busca la ayuda de un terapeuta con licencia, un
programa de doce pasos, o cualquier otra ayuda apropiada, y atiende
esos problemas antes de comenzar este curso. Sin importar qué tan
verdaderas te suenen las ideas de este libro, no dejarás de sabotear todo
tu éxito en potencia, de innumerables maneras, si no atiendes primero
esos problemas. Sin ese apoyo, el trabajo profundo que realizarás en
este curso podría resultar dañino o desestabilizador.

EJERCICIOS PERSONALES

Redacta tu propia declaración de misión

Vas a redactar ahora un párrafo muy importante. Será tu declaración de misión para este viaje para encontrar a tu persona amada. Siéntate frente a tu diario en un sitio cómodo y dedica unos momentos a cada uno de estos ejercicios de reflexión.

1) Piensa en algunos de los momentos de más profunda intimidad en tu vida. Piensa en todos los tipos de amor, no sólo en el amor de pareja, y elige solamente recuerdos que involucren a alguien en quien aún confíes y con quien te sientas seguro. Recuerda cómo se sintió experimentar una cercanía tan grande con alguien más.

2) Imagina tu futuro con una pareja amorosa y todos los miembros de tu familia, los amigos y los seres amados que podrían rodearte. Recuerda por qué encontrar un compañero de vida y construir una familia significa tanto para ti.

3) Ahora, escribe un párrafo sobre por qué es de importancia primordial que inicies este viaje en este punto de tu vida. Exprésate con base en la urgencia y la pasión que experimentas. Cuando termines, firma tu escrito y ponle fecha.

Esta declaración de misión constituirá un testimonio de tus metas y la confirmación de por qué estás iniciando este viaje hacia el amor profundo. Haz una copia y llévala en tu cartera o bolso. Ponla en un lugar visible. De vez en cuando vuelve a leerla y deja que su importancia y su verdad hagan eco en ti. Tal vez desees incluso escribirte una carta a ti mismo que incluya tu declaración de misión, ponerle una estampilla postal y remitírtela como un amoroso recordatorio.

Encuentra un compañero de aprendizaje u otro apoyo

Mientras adoptas este nuevo paradigma de amor profundo tendrás muchas oportunidades de dar muestras de valentía. He aquí la primera: encuentra apoyo, no inicies solo. A continuación verás tres opciones para encontrar esa ayuda. Te exhorto a que apuntes tan alto como puedas, pero a que no te autoflageles por un paso que no estés listo para dar.

1) Encuentra un compañero de aprendizaje y emprendan juntos este programa.

2) Encuentra por lo menos a un amigo que esté de acuerdo en hablar contigo y te ofrezca apoyo conforme avanzas en este curso, aun cuando él no esté leyendo este libro. Lo óptimo es que le ofrezcas el mismo respaldo en cualquier objetivo que se haya propuesto. Como alternativa, puedes encontrar apoyo en el sitio web de Deeper Dating, o un *coach* que te respalde durante el proceso.

3) Lee y disfruta este libro, y haz los ejercicios que quieras. Te será muy valioso. Puedes encontrar un compañero de aprendizaje o algún otro apoyo en cualquier punto del camino, si decides que lo quieres.

DESCUBRE TUS DONES ESENCIALES Y ÚNICOS

En los siguientes tres capítulos desarrollarás una comprensión más íntima del ser a partir del cual amas. Tus dones esenciales son las partes de ti que responden con mayor intensidad al amor, y a los dolores y alegrías que lo rodean. Son las partes de tu ser en las que más te importa la intimidad. Tus dones esenciales son la clave para encontrar y conservar el amor. Encierran tu magia personal. En esta primera etapa descubrirás tu zona de dones, en la que estás en contacto con tus dones esenciales. Comenzarás a explorar uno de los misterios más profundos de la vida: cómo nuestras heridas más profundas surgen de nuestros dones más fundamentales. Aprenderás cómo encontrar tus dones esenciales y retirarlos de las heridas e inseguridades que los mantienen sepultados. Esta relación con tu auténtico yo será el fundamento de todo tu viaje de *Amor profundo*.

EL VIEJO MAPA AL AMOR

El atractivo físico es el primer elemento en la búsqueda de pareja. Mientras más joven y bello seas, mientras más perfecto sea tu cuerpo y más encantador tu estilo, más fácil te será encontrar el amor. El atractivo es lo primero y lo demás viene después.

EL MAPA NUEVO

¿Adivina qué cualidad es más deseable en una pareja de una cultura a otra, de una edad a otra y en ambos sexos? No es el éxito, no es el atractivo, no es el ingenio. El psicólogo evolutivo David Buss llevó a cabo un profuso estudio de los rasgos que los seres humanos califican como más importantes al buscar pareja y su descubrimiento fue claro. El primer lugar lo ocupan la amabilidad y el entendimiento.[1] No es que el aspecto no importe: sí importa, pero su papel en el proceso de encontrar un amor duradero y sano se ha exagerado. De hecho, las investigaciones apuntan a que las personas extremadamente atractivas no son más propensas a encontrar el amor duradero que las personas de atractivo promedio.[2] ¿Por qué nadie nos dijo esto antes?

Es una gran noticia. Significa que cuanto mejor aprendamos las habilidades de la intimidad auténtica, tanto más deseables seremos. Significa que esos kilos de más no importan tanto como tu corazón abierto. Significa que mostrar más calidez y más interés en tu siguiente cita podría resultar más productivo que todas esas horas empleadas en busca de un abdomen de hierro. No es ninguna sorpresa que la amabilidad sea también la clave para que tu siguiente relación florezca. Según el investigador Arthur Aron, "la amabilidad es el principal indicador para una relación a largo plazo exitosa".[3]

1

Tu zona de dones
Donde nace la intimidad

Y se nos pone en la tierra por breve tiempo,
para que aprendamos a soportar los rayos del amor.
WILLIAM BLAKE

Cada uno de nosotros tiene cualidades únicas de sensibilidad, partes de nosotros mismos en las cuales sentimos con mayor intensidad y queremos con mayor profundidad. A estos lugares de alta sensibilidad los llamo nuestros dones esenciales. Cuando son tocados, nuestras reacciones llevan una carga mayor que de costumbre; quizá nos sintamos profundamente inspirados, muy emocionales o sorpresivamente heridos. Nuestros dones esenciales son tan únicos y universales como nuestras huellas dactilares, y están en el núcleo de nuestro viaje de intimidad.

Nuestros dones esenciales no son talentos o habilidades; de hecho, hasta que los comprendemos, a menudo son las mismas cualidades que más nos avergüenzan, las que siempre intentamos arreglar u ocultar porque nos hacen sentir vulnerables. Sin embargo, también son los lugares desde donde amamos con mayor plenitud. Existe una fórmula cuya eficacia he visto constatada en mi trabajo y en mi vida: en la medida en que atesoremos nuestros dones esenciales —sí, atesorarlos; la aceptación sin pasión no es suficiente—, atraeremos a personas afectuosas y sensatas que también, milagro de milagros, se sentirán atraídas por nosotros. Y, cosa igual de asombrosa, comenzaremos a sentirnos más atraídos por personas que nos convienen, y menos interesados por las que nos hacen menos o nos hacen sentir inseguros.

Sin embargo, también lo opuesto es verdad: en la medida en que nos distanciemos de nuestros dones, nos sentiremos atraídos por personas que no están disponibles o que no pueden amarnos por lo que somos, y nos sentiremos menos atraídos por las personas disponibles que nos valoran por lo que somos.

Cómo tus inseguridades más profundas revelan tus mayores dones

A lo largo de décadas de práctica como psicoterapeuta, y gracias a una vida de esfuerzos por comprender mis propios mecanismos internos, poco a poco se me reveló algo sorprendente e inspirador: nuestras heridas más profundas envuelven a nuestros mayores dones.

Me encontré con que las mismas cualidades de las que más nos avergonzamos, aquellas que intentamos reformar u ocultar, son de hecho la clave para encontrar el amor verdadero. En nuestro fuero más profundo sabemos que esas partes vitales nuestras son valiosas y nunca dejamos de desear encontrar a alguien que las atesore, pero después de recibir el mensaje de que esos dones son peligrosos o abominables aprendemos a ocultarlos o enterrarlos.

Con los años me percaté de que las características de mis pacientes que me parecían más inspiradoras, más esencialmente *ellos*, eran aquellas que con frecuencia les causaban mayor sufrimiento.

Algunos pacientes se quejaban de que éstas les parecían "demasiado": demasiado intensas, demasiado iracundas o demasiado demandantes. Desde mi sillón de terapeuta yo veía una pasión tan intensa que ahuyentaba a las personas.

Otros pacientes declaraban que las percibían como "insuficientes": demasiado débiles, demasiado silenciosas, demasiado ineficaces. Yo detectaba en ellos una cualidad de humildad y gracia que no les permitía reafirmarse a sí mismos como hacían otros.

Los pacientes describían vidas devastadas por la codependencia y yo veía una inmensa generosidad sin límites saludables.

En repetidas ocasiones, donde mis pacientes veían sus heridas más profundas yo veía sus dones más decisivos. Al mismo tiempo percibía la misma dinámica en mi propia vida.

Durante la mayor parte de mi vida adulta fui un soltero crónico. En contra de todo el trabajo de crecimiento personal que había realizado, en el fondo aún creía que, si en verdad quería encontrar el amor, todo se reducía a ponerme en forma y tener más confianza en mí mismo. Creía que los "defectos" de mi cuerpo y mi ser eran lo que me impedía encontrar el amor. En las pocas ocasiones en que alcanzaba mi meta de un cuerpo fornido y un peso perfecto, veía con emoción que las personas se me acercaban más a menudo. Tenía más sexo y más citas. Sin embargo, el nivel de intimidad en mi vida amorosa permanecía sin cambio alguno. Al final, mi físico no tenía nada que ver con mi capacidad de encontrar amor duradero. Cero. Estuviera musculoso y tonificado o no lo estuviera, no dejaban de atraerme los hombres del tipo "chico malo", y no dejaban de repelerme los tipos que eran amables, estaban libres y se interesaban por mí. Seguía intentando encontrar el amor de la misma manera que antes, y la frustración y la futilidad de mis esfuerzos me obligaron a buscar terapia.

En la terapia descubrí mi don esencial de la ternura, y enfrenté la ira y la vergüenza que me hacía sentir. Crecí en una familia de sobrevivientes del holocausto nazi. Para ellos, la ternura era sinónimo de debilidad, y la debilidad llevaba a la muerte. Así, pues, levanté una sólida muralla de vergüenza e ira alrededor de ese atributo central de mi ser. Esta muralla me impidió encontrar una relación duradera. Hasta bien entrada mi segunda década de vida, mi relación más larga había abarcado seis semanas.

A través de la terapia reconocí también mi sensibilidad al dolor y la alegría ajenos, una cualidad que siempre me gustó, aunque eso no me impedía echarle tierra para hacerme parecer más seguro de mí mismo. Comencé a darme cuenta de que en mi interior había un yo al que había estado criticando, rechazando y tratando de asfixiar en secreto. Mi problema, me parecía, estribaba en que ¡esa parte de mí no quería morir en silencio! No podía vivir con mis cualidades más profundas, pero tampoco podía vivir sin ellas. Estaba convencido de que mi sensibilidad era mi debilidad. No lo era. *Mi debilidad era mi falta de respeto hacia esa sensibilidad*. Ahora sé que esas cualidades problemáticas, pasionales y *diferentes* son la mejor parte de mí. Simplemente, nadie me había enseñado a salir de la maraña de vergüenza que las rodeaba.

Conforme empezaba a valorar mi sensibilidad —un viaje que aún continúa—, hubo cambios maravillosos en mi vida. Comencé a construir amor, y no sólo a perseguirlo en personas que no estaban particularmente interesadas en ello. Empecé a pasar tiempo con gente preciosa que me aceptaba por ser quien era. Poco a poco dejé de buscar sexo ocasional, y fui conociendo a más y más hombres buenos y disponibles. Cuanto más acogía a mi yo auténtico, tanto más mejoraba la calidad de los hombres con los que salía.

Finalmente, a los 51 años de edad, conocí a mi compañero, Greg, alguien que es profundamente amable, amoroso y generoso. Posee una cualidad de bondad esencial que me provoca ganas de celebrar. Estoy seguro de que, en el pasado, habría huido mil veces de él. Habría tenido justo frente a mí al amor, pero, lleno de soledad y en compulsiva búsqueda de mi próxima cita, habría pasado de largo junto a Greg.

Emocionado por las posibilidades de todo lo que estaba aprendiendo, comencé a formular un sistema para ayudar a la gente a descubrir sus dones esenciales y trabajar con ellos para crear amor y un significado más profundo en su vida. A este sistema lo llamo "teoría de los dones".

Teoría de los dones y zonas de intimidad

La forma más sencilla de explicar la teoría de los dones y ayudarte a tener una idea de tus dones esenciales es comenzar con la imagen de un tiro al blanco (observa el diagrama 1). Esta imagen será tu mapa a lo largo de todo el curso. Señala el camino a la intimidad, pues señala el camino hacia *ti*. El centro del blanco es tu zona de dones, la sede de la verdadera intimidad.

Aunque nuestros dones son la llave de nuestro ser y nuestras relaciones, pueden llegar a asustarnos. Se requiere trabajo para manejar su complejidad, vulnerabilidad y poder. Por muy valiosos que sean nuestros dones, no son pases de acceso a la felicidad. Nos ponen en aprietos en repetidas ocasiones. Nos volvemos más defensivos o más ingenuos respecto a ellos. Nos desafían, al igual que a la gente por la que nos preocupamos. Nos piden más de lo que queremos dar, y podemos quedar devastados cuando sentimos que fueron traicionados o rechazados. En el capítulo 2 analizaremos por qué ocurre esto.

En vista de que el calor de nuestro núcleo es de manejo tan difícil, nos protegemos desplazándonos en sentido contrario al centro. Cada círculo hacia el exterior representa una versión más retocada de nosotros. Cada paso que nos apartamos del círculo central representa una versión más alterada de nosotros mismos. Cada zona externa nos hace sentir más seguros, nos pone en un menor riesgo de bochorno, de fracaso y rechazo. Con todo, cada circunferencia que se aleja del centro también nos aleja un paso más de nuestra alma, nuestra autenticidad y nuestra idea de sentido. A medida que nos alejamos de nuestros dones esenciales nos sentimos más y más aislados. Cuando nos alejamos demasiado del calor y humanidad de nuestro yo profundo, experimentamos una terrible sensación de vacío y desesperación.

Así, pues, la mayoría nos establecemos en un punto en el cual nos sentimos con la suficiente cercanía para recibir el calor de nuestros dones, pero a la distancia necesaria para no calcinarnos con su fuego. Creamos versiones más seguras de nosotros mismos para permitirnos vivir nuestra vida sin tener que enfrentar el reto existencial de nuestro núcleo. Desafortunadamente, nuestro núcleo es el lugar desde donde amamos. Nuestra tarea es acercarnos más al círculo central de nuestro ser, y ser capaces de compartir nuestros dones esenciales con sabiduría, valentía, generosidad y discernimiento cada vez mayores.

El diagrama del blanco tiene tres círculos concéntricos que representan diferentes zonas de intimidad. Observemos cada zona en mayor detalle, para que puedas conectar este mapa con las realidades de tu vida.

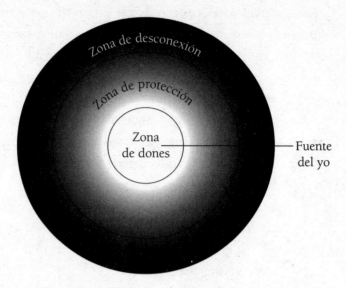

Diagrama 1: Tus zonas de intimidad.

Zona uno: la zona de dones

- Sentirte conmovido por una historia, un pensamiento o una obra de arte o música.
- Sentir un dolor inexpresable en tu corazón.
- Sentirte tocado por algo hermoso de la naturaleza.
- Sentir una oleada de anhelo por algo o por alguien.
- Lo que sientes al tomar de la mano a alguien que amas.
- El placer de ayudar a alguien.
- Sentir amor por una persona o mascota que también te ama.

¿Te sientes relacionado con algún elemento de esta lista? Hagamos una micromeditación para ayudarte a conectar con tu zona de dones.

MICROMEDITACIÓN
Tu zona de dones. Dos minutos.

Remóntate a un tiempo en que hayas experimentado una rica conexión con el calor de tu humanidad. Lee los ejemplos de la lista anterior y piensa en qué recuerdos te evocan. Elige un recuerdo que sobresalga entre los demás; no necesita ser algo grande o dramático. Remóntate a la experiencia elegida. ¿Dónde estabas en ese momento? ¿Qué estaba ocurriendo? Intenta recordar cómo se desarrolló el acontecimiento y los sentimientos que evocó en ti. Recuerda cómo te tocó esa experiencia.

Ahora sólo disfruta ese recuerdo de estar en tu zona de dones. Inhala y exhala con suavidad. Aférrate al sentimiento y ve si puedes retenerlo sólo un poco mientras continúas leyendo.

Tu zona de dones es el trampolín a la intimidad y el amor que buscas. Vayamos al siguiente círculo, la zona dos. *Mientras más vivas en tu zona de dones y actúes según sus dictados, más amor tendrás en tu vida, y más te acercarás a tu futura relación.* En esta zona, tu magia única cobra vida y comienza a influir tu mundo.

¿Cómo accedes a tu zona de dones? Al notar lo que sientes en el momento y retener el sentimiento con compasión. Mientras más sientas tu experiencia auténtica con compasión y honor, más cerca estarás de tu zona de dones. De cierta manera, ésa es una definición simple de la intimidad: autenticidad más compasión. La manera más fácil de llegar a tu zona de dones es por medio de los momentos de tu vida en que tu corazón se siente tocado, o te sientes inspirado. La mayoría de nosotros tiene al menos algunos de estos momentos cada día, pero no se nos ha enseñado a verlos como portales a una intimidad más profunda. Cuando tenemos estos momentos de inspiración —sin importar cuán pequeños sean—, podemos retenerlos por unos instantes más y disfrutarlos. Al hacer esto, percibimos su sabor profundo, y en ese momento estamos en nuestra zona de dones.

Es mucho más difícil permanecer en la zona de dones si sientes ira o dolor. En esos momentos es más fácil cerrar tu corazón al dolor, o querer lastimar a alguien, o enojarte contigo mismo; pero es muy posible permanecer en la zona de dones aun en medio del dolor, la tristeza o la ira: sólo requiere mayor habilidad y compasión para que mantengas la conexión con el calor de tu humanidad en esos momentos.

Tu zona de dones no es estática. Se genera constantemente en una corriente viva de impulsos hacia la intimidad y la expresión de tu yo auténtico. Desea cosas. Busca alcanzar la vida. Necesita conexión, y te dice cómo obtenerla. En tu zona de dones, quizá sientas un deseo de escuchar una pieza musical o dar un paseo, de estar solo o buscar a alguien. Tu viaje de intimidad se vuelve una aventura cuando sigues los dictados de tu zona de dones. Hacerlo cambiará tu vida amorosa de adentro hacia afuera. Comenzará una oleada de desenvolvimiento y expresión de ti mismo que repercutirá en tu manera de amar y de vivir.

A medida que nos aproximamos más al centro del blanco, nos adentramos más en nuestra zona de dones. Si seguimos nuestra experiencia más personal hacia el interior, incluso a mayor profundidad, hasta el núcleo mismo de nuestro ser, encontramos el centro del círculo, al cual llamo la fuente del yo. Es el núcleo de nuestro ser mismo y, por ese hecho, es precioso y rebosante de vida. En este estado lo personal toca tales profundidades que sentimos azoro o misterio o una sensación de conexión indescriptible con un algo más grande que nosotros mismos. Podemos llamarlo Dios o poder superior o bondad humana o, simplemente, gran misterio. Cada uno de nosotros tiene su propio lenguaje. Seamos ateos, agnósticos, espirituales o religiosos, esta fuente del yo es parte del don de ser humanos. Nuestra zona de dones es el portal hacia ese magnífico estado.

Cuando estamos en la zona de dones irradiamos cierta luminosidad. Incluso en medio de la tristeza, de alguna manera nos iluminamos desde el interior, porque retenemos nuestra experiencia con compasión. Ésta es la zona que atrae al amor. Y al igual que cualquier otro elemento igualmente valioso, aumenta lo que está en juego si queremos

reclamarla. Reclamar nuestro yo auténtico es uno de los actos más escalofriantes y heroicos que podemos realizar. En la zona de dones hay
una sensación de vivacidad, un sentido de sí mismo; incluso si éste no
resulta tan seguro o tan feliz como creemos que debería. Nos aventu-
ramos a una nueva frontera cuando afrontamos el riesgo de entrar en
nuestra zona de dones, y esa misma sensación de riesgo eleva nuestra
capacidad de amar.

En el estudio titulado "Amor en un puente colgante", los investigadores Arthur Aron y Donald G. Dutton demostraron el vínculo exis-
tente entre el riesgo y la atracción. En dicho estudio, un grupo de mujeres
entrevistó a hombres que caminaban sobre dos puentes distintos. El
primero era un puente colgante que se bamboleaba a 70 metros de
altura sobre un río. El otro puente era más bajo, más estable y cruzaba
un arroyo tranquilo. Los investigadores consideraron que los hombres
del puente elevado asociaban la excitación provocada por encontrarse
en una situación de riesgo con la persona con quien se encontraban.
Además, consideraron que la experiencia podría haber disparado el
deseo de expansión de sí, una expansión del yo por medio de una conexión más profunda con otras personas.[1] ¿Por qué el puente más alto
provocó este deseo? En mi opinión, fue porque cuando estamos en una
situación de riesgo, estremecimiento o inspiración estamos más cerca
de la vivacidad existencial de nuestra zona de dones. En dicha zona,
encajonada entre el miedo y la euforia, estamos más expuestos a sentir
de manera visceral la importancia urgente del amor. Todos llevamos
un puente colgante en nuestro interior, que podemos visitar cuando
queramos: es el atemorizante desafío de la autenticidad. Si buscamos
una intimidad más profunda en nuestra vida, cada uno de nosotros
debe mirar a su interior, al reto de nuestro yo auténtico.

La próxima vez que estés en tu zona de dones, intenta permanecer
en ella un momento. Es muy probable que experimentes un pequeño
pinchazo de riqueza interior. Deja que esa sensación te recorra y luego
pase. No necesitas hacer nada más. El simple hecho de apreciar ese
sentimiento te hará ahondar en ti mismo, te enriquecerá y abrirá un

espacio para que ese mismo don surja con mayor frecuencia. Este pequeño ejercicio nos hace más cálidos y accesibles al amor.

Se necesitan dos cosas para acceder a esta zona mágica: disposición para ver y sentir lo que haya en nuestro corazón en ese momento, y un simple honrar esos sentimientos, sean cuales fueren. La psicoterapeuta Patricia Simko dice: "Sigue lo que sientas, dando la bienvenida a todo y sin huir de nada. Sigue cada recoveco de la orilla de tu ser, y encontrarás un portal hacia tu ser mayor".[2] No podremos localizar nuestros dones si no somos auténticos, y no podremos ver su belleza y su valor si no tenemos compasión. La autenticidad es tu llave para entrar a la zona de dones. La compasión es lo que enciende las luces para que puedas ver tus dones.

A veces, lo que sentimos en nuestra zona de dones puede ser difícil de soportar. Recuerda: no tienes que sumergirte por completo en un sentimiento para estar en tu zona de dones. Basta que te mantengas tan cerca como sea posible del calor de tu autenticidad. Eugene T. Gendlin, el influyente psicoterapeuta creador de la técnica llamada *Focusing*, dijo con humor: "Si quieres saber cómo huele la sopa, no metas la cabeza en ella".[3] Imagina que duermes junto al ser que amas y que sus hombros se tocan; casi no lo advierten, pero se sienten reconfortados por el roce. Como sucede con ese amante, basta un contacto ligero con tu zona de dones para que ocurra el florecimiento del yo. Con frecuencia, la inmersión ni siquiera es necesaria.

Tu zona de dones posee magia porque mana de la fuente de tu yo verdadero. Tu canto, si eres lo suficientemente valiente como para entonarlo, atraerá a la gente que busque a alguien como tú. Si vives con base en tu zona de dones, conocerás a personas que de otro modo no habrías conocido. Aportarás creaciones al mundo. Inspirarás a los demás. Te sentirás extraño y asustado por momentos, pero reclamarás nuevos terrenos de belleza personal, terrenos en los que los demás —te hago esta promesa— desearán poner pie. Cuando vivas en tu zona de dones, resplandecerás. La mayoría de las personas no lo notará, y no tiene por qué hacerlo. Quienes han tenido hambre de una persona como tú se sentirán agradecidos por haberte encontrado.

Zona dos: la zona de protección

Como mencioné antes, la vulnerabilidad y el riesgo de vivir en nuestra zona de dones provocan que la mayoría de nosotros se establezca en la zona dos, la zona de protección. Aquí estamos lo bastante alejados del calor de nuestro centro como para que no nos incineren su fuego y sus desafíos. Creamos versiones retocadas de nosotros mismos para protegernos de vivir en el riesgo existencial de nuestro núcleo. Cuanto más lo hacemos así, tanto menos auténticos nos volvemos; menor riesgo corremos, pero también creamos menos amor.

En ocasiones, habitar la zona dos es una decisión consciente, como cuando encendemos el televisor para olvidarnos de un problema de trabajo que nos inquiete. Puede ser algo sensato cuando la vida se vuelve demasiado intensa o difícil de soportar. Un descanso, una siesta, un bocado, un libro entretenido para la playa: disfrutar estas cosas es parte de lo que nos hace humanos y aumenta nuestro goce por la vida. Todos escapamos de la profundidad de nuestra sensibilidad, nuestra pasión, nuestras ansias y dolores, y usualmente no nos percatamos de que lo estamos haciendo. Cada uno de nosotros tiene muchos métodos para evitar nuestros sentimientos y evadir las cosas que nos resultan más emocionantes, importantes o escalofriantes. A menudo, estos métodos de evasión pueden empezar a apoderarse de nuestra vida.

Jill ansiaba estar sola en su casa todas las noches, conectarse a internet y beber algo de vino. Lo deseaba con tanta fuerza que una invitación a una fiesta la incomodaba. Una llamada telefónica nocturna, incluso de algún ser querido, la irritaba.

Joel acostumbraba pasar las tardes en casa jugando videojuegos en línea con amigos virtuales y desconocidos. Con frecuencia se desvelaba y al día siguiente en el trabajo se sentía cansado, lo cual provocaba que se quedara después de su horario laboral y repitiera el mismo patrón.

Los siguientes son otros ejemplos de nuestros mecanismos de protección:

- Evitar la búsqueda del amor.
- Distracciones en línea.
- Adicción al trabajo.
- Abusar de sustancias que alteran el humor.
- Obsesiones románticas.
- Mantenernos distanciados de las personas y cosas que más nos importan.

Cuando nuestro yo verdadero se siente inseguro en el mundo, comenzamos a crear un falso yo que nos permite sentirnos seguros y aceptados, aunque a un alto costo. Mientras menos auténticos nos volvemos, menos sentimos nuestros dones esenciales. Conforme nuestra protección se intensifica, comenzamos a entrar en un estado de insensibilidad. Demasiada de esta insensibilidad nos acerca a la zona de peligro, la zona tres.

Observa que en nuestro diagrama la parte interna de la zona dos es gris, porque nuestro dolor y nuestra alegría se amortiguan. Conforme nos movemos hacia la región externa de esta zona de protección, el color se vuelve más oscuro; ahora comenzamos a sentir el dolor del aislamiento, de la desconexión de nosotros mismos y los demás. Aquí nuestra protección comienza a hacernos daño.

Conforme nos alejamos de nuestro núcleo, nuestro deseo de aislarnos y nuestra dependencia de las herramientas de protección se fortalecen e intensifican. Mientras más nos adentramos en esta zona, más nos empeñamos en proteger las mismas cosas que se comen nuestra humanidad desde dentro. Nos volvemos menos resilientes, menos tolerantes y más propensos a la depresión y la vacuidad.

Zona tres: la zona de desconexión

La última zona es la de desconexión. En la parte interna de esta zona, la más próxima al centro, la situación es todavía tolerable, pero a medida que nos movemos hacia las orillas, la alienación se vuelve dolorosa. Percibimos la oscuridad yerma del aislamiento. Un frío terrible o un vacío sordo se cuela en nuestro ser. Si nos encontramos en esta zona, por lo regular es sensato buscar ayuda. En esos momentos necesitamos apoyo de los demás. Si existe algún desorden emocional o psicológico sin tratar, o adicciones activas, debemos atenderlas de inmediato. Si sientes que estás en la zona tres, considera por favor buscar ayuda profesional. Se trabaja mejor con este libro cuando no se está en esa zona. No hay nada de qué avergonzarse. La mayoría de nosotros ha estado en dicha etapa, y esa experiencia puede constituir uno de los mayores acicates para tu propia sanación y éxito.

Rastrea tus propias zonas de intimidad

Hace poco le mostré el diagrama de las zonas de intimidad a mi hijo de 11 años. Dibujé corazones en la zona de dones, que significaban amor; bombillas eléctricas para simbolizar inspiración, y corazones atravesados por flechas como indicio de una herida. Para la zona de protección, escribí la palabra "insensible". Para la zona de desconexión escribí las palabras "dolor" y "solo".

De inmediato se identificó con el diagrama. Señaló la zona de protección y me dijo: "Éstos son algunos de mis días en la escuela". Apuntó a la zona de desconexión y expresó: "Así me siento cuando se burlan de mí". Después se dirigió a la zona de dones. Señaló la parte externa de la zona y dijo: "Esto es cuando escribo". Luego indicó un punto más profundo, cerca del centro, y dijo: "Aquí están los momentos en que creo arte y toco música". A continuación tomó un bolígrafo, lo colocó exactamente en el centro y dijo: "Así me siento cuando acaricio a nuestra gata Mabel". Lo entendió cabalmente.

En tu cuaderno de trabajo para esta lección, tendrás la oportunidad de pensar en tu propia experiencia en estas zonas. La dosis de intimidad que ofrezco en la siguiente micromeditación te enseñará un proceso rápido para aumentar la experiencia de intimidad en tu vida al acercarte más a tu zona de dones. Te invito a usarla tan a menudo como quieras.

MICROMEDITACIÓN
La dosis de intimidad. Tres minutos.

Respira. Sin pensarlo demasiado, responde: ¿en qué punto del diagrama de las zonas de intimidad te encuentras en este momento? ¿En qué zona estás, y dentro de esa zona, a qué distancia del centro te encuentras? Tu respuesta puede ser simple o estar tamizada y ser confusa. Puedes estar en más de una zona a la vez. Vete a dormir con la pregunta y mira qué respuesta surge. Si crees estar en la Zona de dones, celébralo y disfrútalo. Piensa qué necesitaría de ti tu zona de dones en este momento: un paseo, un encuentro con un amigo, cocinar algo. Procura hacer lo necesario. Quédate con tu experiencia… no necesitas seguir leyendo. Estás ahí.

Si te sientes desconectado de tu zona de dones, no te juzgues a ti mismo. Los más de nosotros pasamos largos periodos lejos de ésta, aunque, con frecuencia, no estamos tan alejados como pensamos. Imagina tu zona de dones y visualízate entrando en ella; observa qué sensación te ofrece. Si te resulta difícil por ahora, pregúntate qué podría ayudarte a aproximarte a tu zona de dones. Si se te ocurre algo, evalúa la posibilidad de llevarlo a cabo ahora mismo. Piensa en esto como en una pequeña orden de tu intuición. Si no hay ninguna respuesta, tampoco pasa nada. Sigue practicando esta micromeditación. Conforme repitas este ejercicio harás acopio de toda una biblioteca, de un menú de degustación de elementos que te conducen a tu zona de dones.

Cada vez que haces este ejercicio, estás profundizando tu amor propio, reduciendo tu autocrítica e invocando a la intimidad a tu vida. Da un paso hacia tu zona de dones, un pequeño paso, y observa qué sucede, porque algo ocurrirá. Te sentirás más animado, más motivado y más auténtico. Aun si sientes dolor, si puedes expresarlo en palabras y con suavidad acogerlo con compasión, eso te abrirá a una mayor intimidad. De este modo, puedes controlar y modular la profundidad de tu conexión con tu ser más hondo y los demás, sencillamente dando un paso hacia el interior, a la verdad de lo que sientes. La experiencia de uno de mis pacientes capta a la perfección este viaje.

Lisa estaba en la cama con Jim después de haber pasado juntos una velada maravillosa. Jim intentaba hacer funcionar el control remoto para que vieran una película. Lisa sentía necesidad de contacto íntimo con Jim, por lo que se sintió un poco abandonada mientras él concentraba toda su atención en el aparato. Se sintió desamparada, lo que provocó su enojo hacia él y hacia sí misma. Sintió que esa noche se había desplazado a un nivel más profundo de compromiso con Jim, pero no sabía con certeza si él sentía lo mismo. Quería que compartieran proximidad, no aparatos electrónicos. Sobre todo, se sentía avergonzada de su necesidad. Se habría sentido demasiado vulnerable si hubiera revelado que necesitaba ser abrazada, o que quería asegurarse de que él sintiera lo mismo que ella sentía. Sin embargo, no hacerlo la puso en un estado de soledad y resentimiento.

Intentó realizar la micromeditación de la dosis de intimidad. En primer lugar, se ubicó dentro del diagrama. Determinó que se encontraba en la zona de protección, a poca distancia de la desconexión, pero no atinaba a resolver cómo aproximarse más a la zona de dones. Imaginó qué consejo le habría dado su compañera de aprendizaje para acercarse más a su zona de dones.

Supuso que su amiga le habría dicho: "Pídele a Jim que deje a un lado el control remoto y dile lo que sientes. Exprésale qué tan cerca de él te sientes y que sólo deseas que se acurruquen ahora mismo y que la película puede esperar".

"Uf", pensó Lisa. "Difícil. Vergonzoso. Me siento como una debilucha."

Sin embargo, puesto que ya había aprendido la lección de honrar su vulnerabilidad, Lisa pasó el trago amargo y habló con él.

Jim se mostró sorprendido y preguntó si podía terminar de reparar el control remoto primero. Lisa no traicionó sus sentimientos y respondió: "Sólo quiero sentir que me rodean tus brazos por unos minutos. ¿Puedes dejar el control para después?" La respuesta de Jim fue formidable. Apartó el control y permanecieron acurrucados un rato. Ella le dijo lo que sentía y lo hizo muy feliz. Para él, se trataba sólo de una gran cita más. No estaba viviendo la misma experiencia intensa, pero le fascinó que ella sí. El corazón de Lisa parecía a punto de estallar. Ella habría podido quedarse así la noche entera, pero sabía que Jim de verdad quería ver la película, así que cuando estuvo lista se inclinó hacia él y le dijo que siguiera con el control remoto.

Lisa recordó cuántas veces, ante una situación similar, simplemente había optado por el ostracismo o habría montado en cólera. Ahora conocía su don: qué tanto la afectaba emocionalmente la intimidad. Pudo reconocer su don, ser valiente y vulnerable al mismo tiempo y acercarse a su novio y a su propio don esencial.

Cuaderno de trabajo de *Amor profundo*

EJERCICIOS PERSONALES:

HAZ EL MAPA DE TUS ZONAS DE INTIMIDAD

1) Escribe uno o más recuerdos de estar en tu zona de dones.
2) Escribe dos actividades que te ayuden a entrar en tu zona de dones.
3) Escribe los nombres de dos personas en cuya presencia puedes entrar fácilmente a tu zona de dones.
4) Enlista tres cosas que haces en tu vida diaria para entrar a la zona de protección.
5) Recuerda una época de tu vida en que hayas estado en la zona de desconexión. ¿Qué te ayudó a salir?

EJERCICIO DE AMOR PROFUNDO

Tu zona de dones y tu vida amorosa

Esta práctica cambiará rápidamente el tenor de tus citas amorosas. Si en este momento no estás interesado en nadie, intenta practicar con tus amigos y seres queridos.

Cuando estés en una cita o con alguien nuevo, observa cómo te sientes en su compañía. ¿Te resulta relativamente fácil entrar en un estado ligero de tu zona de dones con esa persona? De ser así, es una muy buena señal. Si no, intenta practicar la micromeditación de la dosis de intimidad y observa lo que sucede. ¿Qué cambios se operan en tu comportamiento? ¿Ocurren los cambios correspondientes en la otra persona? Observa cómo este cambio en tu percepción comienza a provocar otros cambios en tu cita. Comenta tu experiencia con tu compañero de aprendizaje o con un amigo.

EJERCICIO CON TU COMPAÑERO DE APRENDIZAJE

Preséntense y den el primer paso

En su primera reunión, responda cada uno estas sencillas preguntas:

- Comiencen por compartir por qué desean emprender este viaje ahora. ¿Qué sucede en este momento en su vida amorosa? ¿Hay problemas o desafíos con los que siempre se topen, o áreas de crecimiento que noten? Compartan una esperanza que cada uno tenga al comenzar el curso.
- Díganse el uno al otro qué necesitan en su relación de entrenamiento conjunto. Por ejemplo: "He evitado buscar una relación durante años y estoy listo para volver a empezar, pero necesito sentir un respaldo, no consejos sobre qué debo hacer de manera diferente". O, por el contrario, una petición igualmente válida: "Sé honesto conmigo. Cuéntame qué ves y hazme rendir cuentas. Lo necesito. He perdido demasiado tiempo".

Al final de cada plática, planeen y confirmen su siguiente reunión.

2

Tus dones esenciales

Una clave para encontrar a tu ser amado, y a ti mismo

Todo el mundo es un genio, pero si juzgas
a un pez por su habilidad para trepar árboles, vivirá
toda su vida pensando que es un inútil.
Origen desconocido (a menudo atribuido a ALBERT EINSTEIN)

¿Has descubierto el secreto para hacer trampa en un laberinto? En vez de empezar desde afuera, debes comenzar en el centro y seguir el camino al exterior. Resolver un laberinto desde afuera es un proceso lleno de obstáculos, pero si comienzas desde el centro, el camino es fácil. Tienes una vista a ojo de pájaro de todos los callejones sin salida. El camino más seguro se vuelve evidente. Ésta es, también, la manera de alcanzar tus metas más importantes en la vida, incluida la de encontrar el amor. *Comienza desde tu mismísimo centro y sigue el camino desde ahí.* Tus dones esenciales son tu centro.

Conocer tus dones esenciales es como descubrir un pasaje secreto hacia tu capacidad de amar. En este capítulo aprenderás más sobre los dones esenciales y te embarcarás en un proceso de autodescubrimiento que te llevará a identificar dos de tus dones más esenciales.

Tus dones esenciales

Tus dones esenciales están en el centro de tu nueva búsqueda de intimidad, porque son las partes más profundas y sensibles de tu ser, las partes que sienten con mayor intensidad el amor y sus efectos. Los

dones esenciales, en efecto, provienen de nuestra esencia. Son fundamentales para nuestra identidad. Hasta cierto punto, los dones esenciales son universales; por ejemplo, el deseo de amar y la necesidad de
autodeterminación. Sin embargo, también son únicos de cada quien.
Si contemplamos nuestra vida, encontraremos áreas de particular sensibilidad, vulnerabilidad y pasión, activadas por cosas similares. Algo
que hiere tus sentimientos podría resbalársele a otra persona; algo que
te hace sentir una inspiración profunda podría tener muy pocos efectos
en alguien más. Experimentamos la mayor alegría y el mayor dolor en
torno a esas partes de nuestro ser que tienen la mayor carga.

En tus relaciones, quizá seas más propenso a enfadarte o distan-
ciarte cuando te sientes herido en torno a tus dones esenciales. Cuando
sientas inspiración, validación y aceptación en torno a ellos, brillarás.
Conforme llegamos a ver los patrones según los cuales nos afectan
nuestras experiencias vitales, nuestros dones esenciales se vuelven más
claros. Los dones esenciales no son un artilugio, un artículo empaque-
tado que hace las veces de genio para cumplir nuestros deseos más
profundos. Son el ansia, la atracción irresistible, el anhelo interior que
a veces honramos y a veces tratamos de acallar. Son la música que suena de
manera constante bajo la superficie de nuestra mente. Reconocer nuestros dones esenciales es crear una intimidad más profunda con nuestro
ser más fundamental.

En física se nos enseña que mientras mayor sea la masa de un objeto, mayor será su gravedad. Ésta se define como una fuerza que atrae
otros cuerpos hacia el centro del objeto. Conforme reclames y honres
tus dones esenciales, desarrollarás un sentido del yo más concreto, y
este yo contiene la "masa" de tu verdadera identidad. Conforme vivas
de acuerdo con el peso de tu verdadero yo, desarrollarás más gravedad
personal. Las personas que aprecian dones como los tuyos te notarán
y se sentirán atraídas hacia tu centro. Te sentirás más cómodo contigo
mismo. Perderás el interés en la autocrítica implacable y te volverás
una persona más generosa.

¿Por qué nuestros dones esenciales son tan difíciles de descubrir?

Si nuestros dones esenciales están en el centro mismo de nuestra identidad, ¿por qué son tan difíciles de reconocer y de aceptar? La principal razón es que la mayoría de ellos raras veces son llamados dones o tratados con el aprecio que un don merece. Tal vez han sido calificados como rarezas, excesos de sensibilidad, excesos de intensidad o quizá nadie los ha visto como algo especial. A menudo nuestros dones están sepultados entre la historia de nuestra vida, y nos perdemos de su belleza y su importancia a pesar de que esos mismos dones han dado forma a nuestra vida. Sin embargo, a la mayoría de nosotros jamás nos han enseñado cómo encontrar esos dones, darles nombre y cultivarlos. Es como adquirir un nuevo lenguaje. Las investigaciones muestran que con frecuencia no se distingue aquello a lo que aún no se da nombre.[1]

Más aún, nuestra cultura no ve el mundo en términos de dones. En vez de eso, se nos enseña a ver la vida en términos de simples problemas y soluciones. No se nos ha dicho que para entender nuestro sufrimiento más profundo o nuestras mayores alegrías debemos reconocer los dones que yacen en su núcleo. No se nos ha enseñado que honrar nuestra vulnerabilidad nos da un tipo de fuerza distinto.

A menudo nuestros dones son tan básicos para nosotros que jamás hemos sentido la necesidad de señalarlos y nombrarlos, como un pez que intentara comprender el concepto de agua. Son tan básicos para nuestra vida interior que nos resulta complicado creer que no todo el mundo tenga los mismos dones. Esto puede ponernos en serios problemas, dado que esperamos que las demás personas tengan los mismos valores y sensibilidades que nosotros, y cuando éstas no se comportan conforme a la norma que establecemos para nosotros mismos —y ese hecho parece no preocuparles—, asumimos que se debe a que estamos equivocados en algo. Por el contrario, todo radica en darnos cuenta de que nuestros dones son únicos y no todas las personas comparten nuestras sensibilidades.

*Las dos preguntas para descubrir
tus dones esenciales*

La manera más fácil de descubrir tus dones es pasar algún tiempo pensando en estas dos preguntas:

- ¿Qué es lo que más lastima tu corazón?
- ¿Qué es lo que más llena tu corazón?

Estas preguntas son dos de los mejores caminos para entender la historia profunda de nuestra vida y todo nuestro viaje de intimidad. Conocer las respuestas te ayudará a encontrar los mejores atajos en el desconcertante laberinto de las citas. Pero recuerda: comprender tus dones profundos es una labor de toda la vida. Así que disfruta cada pensamiento y cada nuevo entendimiento sobre tus dones esenciales, sin sentir que debes nombrarlos y comprenderlos por completo. Si fueran tan fáciles de identificar, no serían los tesoros que pronto descubrirás que son.

Descubrir tus dones esenciales en tus alegrías

La manera más rápida de acceder a tus dones esenciales es usar los pequeños momentos de alegría y sentido en tu vida como trampolines. Todos, sin importar cuán desesperada sea nuestra situación, experimentamos momentos en los que nos sentimos alimentados e inspirados en nuestra vida. Sabemos cuando nuestro corazón se siente particularmente tocado, cuando nuestro espíritu despierta, cuando nos sentimos amados o cuando marcamos una diferencia en la vida de alguien. Son momentos en los que realmente amamos lo que somos.

Podemos utilizar estas experiencias de dos maneras importantes para cambiar nuestra vida y acelerar nuestro viaje a la intimidad. En primer lugar, cuando nos abrimos más plenamente a estas experiencias positivas y nos quedamos con ellas un poco más de lo que lo haríamos normalmente, en realidad desarrollamos nuestra capacidad de amar. Estos momentos son más que momentos: son verdaderos portales, y mientras más entremos en ellos, más crece nuestra capacidad de amar.

En segundo lugar, cuando ponemos atención a las experiencias que llenan nuestro corazón, descubrimos qué tipos de interacciones y experiencias nos inspiran y nos alientan a abrirnos y confiar. Cuando nos tomamos el tiempo de notar estos patrones, es como un juego de unir los puntos. Lo que surge es una imagen de nuestros dones esenciales.

En la imagen del tiro al blanco nuestros dones esenciales se encuentran en el centro exacto. Podrías imaginar estas partes de tu ser como una joya de múltiples facetas. Cada vez que te conectas con tu alegría es como si un rayo de luz iluminara una faceta de tus dones esenciales. Cada momento de júbilo es distinto e ilumina una faceta distinta de tu naturaleza. Con el transcurso del tiempo comenzarás a desarrollar una profunda familiaridad con estas diversas facetas y a reconocer tus fuentes de amor y alegría. En esos momentos hay un sentido de verdad; no necesariamente una gran verdad universal, sino una verdad personal, un sentimiento que dice: "Esto me afecta en mi vida". Tales momentos, fáciles de pasar por alto, son portales a nuestros dones esenciales.

El mundo anhela alegría

Mientras más cercano te sientas a tus dones, más te notarán y se sentirán atraídas por ti las personas que te convienen. Tus alegrías son algunas de las cosas que tu futura pareja amará más de ti y necesitará más de ti. Incluso en esta misma semana, conforme realizas los ejercicios de este capítulo, notarás cambios positivos en cómo te sientes y en la calidad de tus interacciones.

Además, mientras más tiempo pases con las cosas que te afectan y te mueven, más te notarán las personas adecuadas para ti. *El tipo de persona que buscas es alguien que se siente atraído por tus dones esenciales, tu ser auténtico.* Si esperas conocer a alguien que te ame antes de que reveles esas partes de ti, es como si esperaras la cosecha sin sembrar las semillas. La vulnerabilidad, calidez y humanidad de tus dones son lo que hará que la persona indicada se fije en ti y llegue a amarte.

Pat, una odontóloga, llegó a terapia porque estaba buscando el amor, pero esta vez quería un amor sano. Conforme reconocía sus dones esenciales, comenzó a descubrir y aceptar sus emociones más profundas. Uno de los lugares donde esas emociones la afectaban de manera más intensa era su consultorio dental. Me confesó con cierta vergüenza que cuando trabajaba con sus pacientes, a menudo sentía por ellos un amor y una compasión que temía que pudieran hacerla llorar. Esos sentimientos eran tan inesperados y tan intensos que Pat sentía que debía suprimirlos para seguir trabajando. Le sugerí que esos sentimientos provenían del núcleo de su ser auténtico, y que debía sentirse agradecida por ellos y tratar de disfrutarlos cuando llegaran. Cuando lo intentó, los sentimientos de amor se volvieron más profundos. Descubrió que le llegaban en los momentos más extraños: en el metro, cuando veía a un niño con sus padres, cuando estaba sentada con su gato. Eran parte de ella, y cuando se permitió valorarlos comenzó a sentirse a gusto con esos momentos de júbilo y compasión desbordantes. Al abrirse a esos sentimientos, le pareció que empezaba a conocer su ser más verdadero. Esto cambió por completo su búsqueda de amor. Ahora sabía que ésa era la parte más preciosa de su persona. Si no podía tocar y compartir esa parte de sí misma en una relación íntima, esa relación no valía la pena. Antes de reconocer esa parte de sí como un don, no conocía realmente su belleza ni lo importante que sería poder compartirla en una relación.

MICROMEDITACIÓN
Alguien que hayas amado. Tres minutos.

Piensa en la persona —o una de las personas— que más has amado en tu vida. Puede ser cualquier persona, incluso si ya no vive, pero no debe ser alguien que te haya roto el corazón o que al final no haya estado disponible.

Piensa en la calidad del amor de esa persona por ti. Recuerda un momento en que hayas sentido lo mucho que te quería.

¿Cuál es el atributo que más amas de esa persona? Describe cómo enriqueció tu vida. Busca las palabras para agradecerle. Siente las oleadas de emoción en tu interior. Mientras continúas, siente que mantienes a esa persona en tu corazón.

En la siguiente sección de este capítulo llegarás a nombrar dos de tus dones esenciales: uno que encontrarás en las cosas que llenan tu corazón y otro que hallarás en las cosas que lo lastiman. Aunque estos procesos son edificantes, también son desafiantes, pues te piden que toques lugares profundos en tu interior. Si no estás seguro de estar listo, o si sientes que podría resultar desestabilizante, por favor consigue apoyo antes de intentarlo.

Descubre un don esencial a través de tus alegrías

Dedica un momento de paz y relajación a tu diario para este importante proceso. Responde a cada una de las siguientes preguntas con toda sinceridad, dando espacio a tus sentimientos y sin censurar lo que escribas.

1) Recuerda y describe tres momentos de tu vida en los que te hayas sentido profundamente inspirado, "alimentado" o conmovido en una relación con alguien. Escribe unas cuantas oraciones sobre cada experiencia, en las que describas lo que ocurrió y cómo se sintió.
2) Lee lo que acabas de escribir y permítete disfrutar cada recuerdo por un momento. Siente las oleadas de emoción que cada recuerdo evoca. Ahora tómate un momento para reflexionar: ¿Hay temas comunes en estas tres experiencias? ¿Cuáles son? ¿Qué dicen estos recuerdos sobre ti y sobre lo que te inspira en tus relaciones?
3) Elige lo más importante que esos recuerdos revelan sobre ti y sobre lo que te inspira en tus relaciones. Escribe una oración que describa ese importante atributo tuyo.

4) ¿Cómo se siente cuando esa parte de ti se queda sin oxígeno, aplastada o descuidada en una relación o en cualquier aspecto de tu vida? En una o dos oraciones, describe el dolor que sientes en esos momentos.

5) ¿Quién en tu vida, pasada o presente, ayuda a esa parte de ti a sentirse viva, segura y apreciada? Elige dos personas con las cuales te hayas sentido así. Escribe sus nombres y unas cuantas palabras sobre cómo se siente estar con ellas y compartir esa parte de ti mismo. A continuación, tómate un momento para agradecerles en silencio.

6) Echa otro breve vistazo a lo que escribiste y aprecia los sentimientos que llegan junto con esos recuerdos. Lo que sigue no debe sorprenderte: ¡el atributo que estás describiendo es uno de tus dones esenciales! Recuerda, tus dones esenciales residen en los lugares donde más te importa todo.

Ahora, nombra tu don. Ponlo en palabras, aunque sean imperfectas. En tu diario, describe su mérito, su valor para el mundo, su importancia para ti. Date vuelo. Quizá se sienta extraño atesorar esa parte de ti, pero la verdad es que en el fondo ya lo haces. Sólo se trata de admitir quién eres en realidad.

7) Tómate un momento para ver si puedes sentir este don esencial en ti ahora mismo. Si puedes, maravilloso. ¡Disfrútalo! Si no, piensa en uno de los recuerdos sobre los que escribiste, y simplemente imagina tu don esencial.

8) ¿Hay alguna pieza musical que capture o toque esa parte de ti? De ser así, escribe el título y reprodúcela en tu mente por un momento.

9) ¿Hay en el arte o en la naturaleza una imagen que capture el espíritu de ese don esencial? Escribe cuál es y permítete sentirla en tu interior.

10) Si este don tuviera un mensaje para tu vida, ¿cuál sería?

11) Tómate un momento para honrar tu don esencial. Imagina cómo crecerá tu vida conforme lo honres con mayor plenitud y pases más tiempo con las personas que también saben valorarlo. Escribe unas cuantas oraciones que describan tu futuro conforme aprendas a aceptar y expresar ese don esencial de manera más profunda.

La alegría nos vuelve vulnerables

Al realizar este proceso quizá descubras que necesitas apartarte de la alegría que puedas sentir. Esto es normal. Cuando experimentamos alegría u orgullo por nosotros mismos la mayoría nos sentimos incómodos y procuramos minimizar nuestros buenos sentimientos. "Oh, bueno, todos sienten lo mismo." O bien, de inmediato menguamos nuestra alegría con algún comentario de autodesprecio que degrada o minimiza el sentimiento positivo que acabamos de experimentar. La alegría es difícil de soportar. No debemos engañarnos al respecto. Y está bien, no tenemos que ser capaces de soportar todo a la vez. Es un proceso casi homeopático. Gota a gota aprendemos a soportar la alegría por tiempos cada vez más extendidos. Carl Jung, alumno de Freud y uno de los más grandes psicoanalistas de la historia, afirmaba que toda neurosis es una huida de un sufrimiento auténtico. Pienso que hay mucha verdad en eso, pero también pienso que muchas neurosis son una huida de una alegría auténtica.

En mi trabajo como psicoterapeuta busco esos momentos de inspiración y procuro no dejarlos pasar. Exhorto a mis pacientes a quedarse con su momento inspirador un poco más. Cuando lo hacen, es muy probable que surja algo sorprendentemente profundo. Kevin, un paciente que realizó este proceso conmigo, dijo: "Jamás había expresado esto con palabras, pero ahora sé cómo sobreviví a todo lo que he pasado. Tengo una roca de alegría en mi interior, que nunca me abandona. Nunca lo supe hasta este momento".

Tú tienes dones similares en tu interior, y mientras más disfrutes tus pequeños momentos de inspiración, mejor llegarás a conocerlos y a ser cambiado por ellos.

Sugiero que en este punto te detengas y permitas que estas ideas se filtren a través de ti durante, al menos, unas horas antes de pasar a la siguiente parte. Acabas de realizar un trabajo muy profundo.

Nuestros dones esenciales y nuestras heridas

Experimentamos tanto las más grandes alegrías como el más profundo dolor en relación con nuestros dones esenciales porque sentimos intuitivamente que nuestra identidad reside en ellos. ¿Cómo podría ser de otro modo? Estos dones sostienen nuestros más caros anhelos, nuestra compasión, nuestras partes rotas y nuestras necesidades más profundas.

Las mismas cualidades que más nos avergüenzan, los lugares en los que más hemos sido heridos y donde nos sentimos más inseguros, reflejan nuestros dones esenciales y, por consiguiente, tienen el poder de señalar el camino hacia el amor real. Los lugares en que nuestro corazón se ha roto reflejan la profundidad que pueden alcanzar nuestros vínculos. Las cosas que nos lastiman reflejan los puntos en los que aún somos inocentes, tiernos. Estas partes tiernas de nosotros están en el centro mismo de nuestra capacidad de encontrar el amor. Cuando algo nos hace sentir compasión y cariño —aun si el sentimiento acarrea dolor emocional—, estamos en nuestra zona de dones. Nuestro dolorido corazón es la parte a la que más le importa el amor.

Veo esto en mi hijo, que se apega mucho a las cosas y seres de su mundo. Cuando él era chico teníamos una gata maravillosa y amorosa llamada Katherine. Él la quería mucho. La gata murió cuando él tenía unos seis años, y su duelo fue profundo. Incluso un año después de su muerte, a veces se sentaba con la cabeza y el cuerpo envueltos en una manta y acariciaba un dibujo de nuestra gata, humedeciéndola con sus lágrimas. Yo me preguntaba si eso era un problema, y me preocupaba. ¿Estaría atascado en algo mórbido o poco saludable? Pero me di cuenta de que se trataba de un signo de lo profundo de su capacidad de conexión. Le dije: "Este dolor proviene de tu don, porque muestra cuán profundamente amas, y conforme crezcas y encuentres amores en tu vida, así de plenamente los amarás. Este don significa que tendrás una vida llena de amor, porque así de profundo es tu corazón".

Si lo hubiera reprendido por la profundidad de su sentimiento, él habría tenido que crear una armadura en torno a ese don. Si no le hubiera enseñado cómo honrar la carga casi insoportable de su don, él se habría sentido avergonzado por lo profundo de su amor. Ahora al menos podía honrarse a sí mismo en su duelo, y eso le ayudó a encontrar su propio camino a la sanación.

Una noche, mucho después de la muerte de Katherine, mi hijo estaba llorando en mis brazos; una vez más, sus lágrimas no se detenían. "Bueno —le dije—, tenemos que ir a la playa." Empacamos y caminamos al muelle, y ahí estuvo él, mirando las estrellas y sollozando. Entonces algo ocurrió. Dijo: "Papá, la siento. Siento a Katherine. La siento aquí". Y sus lágrimas pararon. Nos quedamos un rato en la banca, y finalmente caminamos juntos a casa. Esa noche marcó el fin de su duelo implacable.

¿Por qué sufrimos dolor a causa de partes tan profundas y maravillosas de nosotros mismos? A continuación hay cuatro de las más importantes razones por las cuales esto ocurre. Mientras lees la siguiente sección, observa con cuál de estas experiencias te identificas.

En primer lugar, la gente toma ventaja de los dones ajenos, con frecuencia sin darse cuenta. Los cuidadores, con sus propias heridas, con frecuencia "ordeñan" los talentos y dones de los niños a su cargo o los pasan por alto, los descuidan o incluso los desdeñan. Un ejemplo sería un padre soltero o madre soltera que explota el don de la empatía de un niño al usarlo como confidente de temas adultos íntimos y, en otro momento, lo hace sentirse avergonzado por mostrar un "exceso de sensibilidad". Después de que nos usan de esa manera, nos volvemos recelosos de las intenciones de quienes nos rodean.

En segundo lugar, somos más tiernos y vulnerables respecto a los puntos que más nos importan, lo que supone una mayor probabilidad de ser lastimados en ellos. En torno a tus dones esenciales, serás más sensible que la mayoría de las personas. *De hecho, una manera de saber que estás tocando un don esencial es que muchas veces se te ha dicho que eres "demasiado sensible" al respecto.* Lo más probable es que los demás sí te perciban como demasiado sensible en torno a tus dones esenciales, porque no tienen las delicadas antenas que tú tienes. Quizá en tu entorno y en las interacciones que te rodean notes cosas que los demás ignoran por completo.

Expresar estas partes de nuestra alma a quien no las entiende o se aprovecha de ellas es humillante. Algo en nuestro interior se marchita o se encoge. Entonces pensamos: "¿Tengo un problema con esta cualidad?" De hecho, ésta es otra manera en la que podemos conocer nuestros dones esenciales: nos han avergonzado.

Estas partes de nosotros corren el mayor riesgo de ser objeto de abuso, y éste crea un vínculo encarnado entre el dolor y nuestros dones más preciados. Después del abuso, se vuelve difícil experimentar el don sin volver a vivir el dolor asociado con él. Como resultado, a menudo nos sentimos débiles en torno a esas sensibles partes de nuestro ser. Sin embargo, esos puntos de "debilidad" están conectados con nuestros mayores dones, lo sepamos o no.

En tercer lugar, ¡nuestros dones raras veces son sencillos y dulces! Son profundos y pueden exigir mucho de nosotros y de quienes nos rodean. Con frecuencia son desafiantes y a veces amenazadores. Nos llevan a los puntos de mayor verdad, creatividad y libertad, pero no siempre es sencillo experimentar esas cosas. Nuestros dones esenciales pueden darnos la mayor alegría imaginable, pero nunca cesan de desafiarnos a unirnos a ellos en niveles más y más profundos. La alteridad, la pasión y la dulzura de esos puntos tal vez nos hayan atemorizado.

Nuestros dones esenciales tienen sus raíces en una tierra de sentimiento y percepción que es más grande que esta tierra. Podemos honrarlos, pero nunca podremos domeñarlos por completo, ni debemos ser capaces de hacerlo. El genio domesticado es genio perdido. A fin de crecer y desarrollar nuestros dones, necesitamos honrar su fuego, aun si éste nos atemoriza y nos desafía.

En cuarto lugar, todos hemos cometido errores o tenido "encontronazos" en lo que respecta a nuestros dones. De hecho, no es extraño que nuestras manifestaciones más profundas de inmadurez y nuestros puntos más acentuados de disfunción rodeen dichos dones. Es el trabajo de toda una vida aprender a asumir estos dones, y mientras no superemos esos patrones mediante el dolor y el trabajo duro, seguiremos cometiendo los dos mismos errores básicos en relación con nuestros dones esenciales: suprimirlos o expresarlos con actos impulsivos (es decir, manifestarlos de formas que hieren a los demás y a nosotros mismos). Cuando un don no ha tenido oportunidad de desarrollarse, siempre faltará gracia en nuestra manera de expresarlo, que usualmente se manifestará en conductas demasiado agresivas o demasiado tímidas.

Si reconoces alguna de estas dinámicas en ti mismo, has encontrado un punto de sensibilidad profunda. Tu sensibilidad es un atributo de tu yo mayor, sin importar qué tanto dolor te haya causado. Percibir lo que ocurre en nuestro corazón, nuestro entorno y en el corazón de los demás es un don profundo. De hecho, un reconocido maestro budista llamado Jigme Khyentse Rinpoche describe nuestra naturaleza de Buda (nuestro estado de divinidad natural) como un estado de "dulzura insoportable".[2] Supongo, si has llegado hasta este punto conmigo, que te identificas con estas palabras. ¿Has experimentado alguna vez una dulzura insoportable?

Susan vino a terapia cuando su novio la abandonó después de una relación de dos años. Ella había puesto todo su corazón y energías en esa relación y, cuando ésta terminó, se sintió completamente destrozada. En su primera sesión me preguntó: "¿Por qué no puedo dejarlo pasar y seguir adelante como lo hizo él o como me dicen mis amigos que debería hacerlo? ¿Por qué me duele esto mucho más que a otras personas?"

En cuanto comenzó a contarme episodios de su vida, pude apreciar que un poderoso patrón surgía repetidamente. Noté que era muy compasiva y amable y que la mayoría de sus seres amados dependían de dichas cualidades, pero jamás las habían respetado en plenitud ni actuado en reciprocidad con su espíritu generoso. Sus amigos y familiares eran incapaces de comprender la devastación que su ruptura le había causado. Estaban demasiado ocupados. Nadie tenía para ella el mismo tiempo que ella les habría dedicado.

Sus ex novios habían apreciado siempre su don de generosidad, pero, en cierta medida, ninguno de ellos lo entendió nunca. Cuando sus relaciones terminaban, no solamente la lastimaba la pérdida, sino también la sensación de no ser comprendida, de no ser vista y de que se aprovechaban de ella. "¿Por qué siempre me vence mi solidaridad? —preguntaba—. ¿Y por qué sigo saliendo con hombres que me lastiman?"

Susan consideraba a veces que su generosidad y su dulzura eran una maldición. Le sugerí que esas cualidades eran un don y me pareció que la clave de su sanación radicaba precisamente en ello. Le pedí que describiera esas cualidades como si fueran un don. Sus palabras: "Una penetrante capacidad de anteponer al amor, una generosidad innata, sensibilidad y amabilidad".

Parece sencillo, pero el solo hecho de calificar dichas cualidades como un don fue el cimiento de un nuevo futuro para ella. Al ver el valor de sus cualidades pudo aprender a entenderlas, respetarlas e incluso atesorarlas y a percatarse cuando quienes la rodeaban no podían hacerlo. Empezó a culparse menos a sí misma por la insensibilidad de la gente.

Mencionaba a amigos que fallaban después de que ella los había apoyado, y a novios que paulatinamente se habían aprovechado de ella. Se dio cuenta de que en cierto modo había sido educada para sentirse avergonzada por su generosidad y apertura, lo cual a la postre se traducía en odio a sí misma. Por eso se sentía débil y rotundamente devastada cuando sus novios rompían con ella. También advirtió que las más de sus relaciones cercanas en su vida, desde la niñez, habían seguido la misma dinámica. Hablamos de la manera en que el abuso la laceraba en los aspectos que más le importaban, de que su peor dolor provenía de cuando su generosidad era malinterpretada o su sensibilidad era pisoteada.

En algún punto de su fuero interno, Susan siempre supo la valía de su amabilidad, pero detestaba que le dejara una sensación de debilidad.

Se esforzó por aprender a amar su don y reconocer lo preciado que era éste. Practicó el ejercicio de ver su vida a través de ese filtro y quedó claro, de manera instantánea, quién aquilataba su don y quién no. Con el tiempo me dijo que se sentía una guerrera.

Susan finalmente se sintió con derecho a proteger su dulce corazón. Vi crecer su belleza interna junto con su sentido de valía. Dejó de dedicar tanto tiempo a conquistar a quienes no se ocupaban de ella y aprendió a apoyarse en quienes sí lo hacían. Esos verdaderos amigos se encargaban de advertirle cada vez que recaía en el patrón de sentirse responsable por la insensibilidad de otros.

Cuando Susan miró su vida a través de la lente de su don, se sintió triunfante. "¡Siempre tuve razón! —me comentó—. Lo que me molestaba de mis novios tenía una razón. Yo no estaba loca. Simplemente no le tuve respeto absoluto a mi don y conocía a hombres que con muchísimo gusto estaban de acuerdo conmigo."

Cuando Susan aprendió a respetar ese don, su vida comenzó a cambiar. Al enfrentarse a la crueldad no se culpaba a sí misma de inmediato. Contemplé que comenzó a desarrollar una encarnizada sabiduría de protección de su don. Siguió siendo amable y ahora era capaz de dar a la gente que la rodeaba de muchas maneras, pero su radar estaba funcionando y sabía distinguir la amabilidad de la crueldad. Se percató de que podía identificar cuando alguien menospreciaba con sutileza o con dureza su dulzura, lo cual le traía el recuerdo de antiguos sentimientos de profunda ineptitud. Nadie le había enseñado nunca que poseía un don al que era necesario reconocer, cuidar y ayudar a cobrar fuerza en el mundo. Descubrió que evaluaba todas sus relaciones con un nuevo rasero. Hubo amigos y familiares que correspondieron a su amabilidad, y hubo quienes se distanciaron de ella. Hubo amigos que necesitaban mucho apoyo de parte de ella pero no actuaban en reciprocidad, y hubo quienes dieron con tanta generosidad como ella. Eran las personas a cuyo lado necesitaba estar para llevar una vida feliz. Gracias a su don, no podía "permitirse el lujo" de pasar tiempo innecesario con personas insensibles o egoístas. Este mismo cambio modificó todas sus citas amorosas. Aunque siguió siendo "pegajosa" con las personas que eran unas veces amables y otras abusivas, descubrió que había perdido su tolerancia al abuso. Si alguien con quien salía la lastimaba, ella explicaba cómo se sentía, y si él volvía a maltratarla del mismo modo, ella simplemente se retiraba. Pronto comenzó a salir con hombres que la inspiraban con su amabilidad y la creatividad con la que vivían su vida.

El arte esencial del discernimiento

Nuestras lágrimas son un gran don, porque revelan qué es lo que más nos importa. Comprender los dolores que alguna vez estuvieron inexpresados y atascados en nuestro interior, y después darles una explicación, cambia nuestra vida.

¿Cuántas veces has sentido algo "raro" en una relación y te has dicho que eres demasiado sensible, sólo para descubrir más tarde que tenías razón? ¡Por lo general, cuando sentimos que algo anda mal, es porque algo anda mal! Nuestra interpretación sobre qué es exactamente lo que anda mal puede ser incorrecta, pero nuestra intuición de que algo no está bien suele ser precisa y siempre vale la pena hacerle caso. Muchas veces huimos de la incomodidad antes de reconocer su sabiduría.

Nuestra tarea en el viaje de la intimidad es encontrar relaciones que, en esencia, se sientan correctas en los aspectos que más importan. Para reconocer lo que se siente correcto, necesitamos conocer lo que se siente incorrecto, y cómo decirle que no. A lo largo de tus relaciones y tus interacciones cotidianas aprenderás mucho sobre tu camino a la intimidad con sólo notar lo que se siente correcto y lo que se siente incorrecto.

Cuando sentimos que algo no es correcto y no hemos desarrollado la capacidad de manejarlo de manera competente solemos mostrar una de las dos reacciones ya descritas, o ambas: suprimir o expresar con actos impulsivos. Suprimir nuestro dolor o nuestra ira nos debilita. Los actos impulsivos nos lastiman a nosotros y a los demás. Cuando aprendemos a escuchar a nuestra sensibilidad con respecto a lo que sentimos como incorrecto, nos empoderamos. Entonces podemos hablar apropiadamente de las cosas que nos parecen incorrectas, honrando nuestros sentimientos y los de otros que quizá sean los causantes del dolor. Sin embargo, debemos aprender a distinguir quién merece el tesoro de nuestra vulnerabilidad. ¿Estamos compartiendo una tierna sensibilidad con alguien que no deja de herirnos? Eso no es algo que queramos hacer. ¿Estamos compartiéndola con alguien que ha demostrado ser cariñoso y respetuoso con lo que somos? En esos casos puede ser prudente compartir nuestros sentimientos. Conforme aprendemos a honrar nuestra sensibilidad, nuestras defensas se transforman poco a poco en habilidades, y fortalecemos nuestra capacidad de estar en una relación íntima.

Michael, un profesionista muy exitoso, llegó a terapia para trabajar en diversos temas, incluida su ira. En los inicios de su terapia, me contó que temía entrar en una relación amorosa seria por miedo a que su ira pudiera causar daño emocional a su futura pareja.

Durante una sesión me contó una historia que nos ayudó a poner en contexto su ira como un don. Se encontraba en un país del Tercer Mundo y entabló amistad con una joven que vendía tarjetas postales junto a un monumento. Día tras día él compraba nuevas postales y platicaba con ella. Amaba su entusiasmo infantil, su inteligencia y su naturaleza enérgica. Con el tiempo se dio cuenta de que un oficial de policía le exigía a la muchacha parte del dinero que ganaba. Un día, la muchacha se defendió y le dijo que no le entregaría nada. Michael vio este intercambio e intentó mantenerse al margen, hasta que el policía comenzó a golpearla. Él no pudo tolerarlo más. Se lanzó contra el policía, lo empujó contra una valla, le dobló un brazo contra la espalda y le gritó a la joven que escapara. Así lo hizo la niña y, como pudo, también Michael escapó. Sólo hasta después cayó en cuenta del gran peligro al que se había expuesto.

A la luz de este y otros relatos que Michael me contó, me percaté de que todos sus episodios de rabia eran intentos de luchar contra injusticias, por lo regular hacia los demás. Tenía un pasado brutal, pero jamás se comportaba de manera brutal a menos que alguien fuera lastimado o maltratado. Siempre había estado consciente de la destructividad de su rabia, pero jamás había podido ver al héroe, el fiero protector que yacía en su núcleo. Michael aprendió a ver su ira no como una patología que necesitaba una cura, sino como un don poderoso que necesitaba ser encauzado. Su don era como un caballo salvaje. No podía tomar las riendas sino hasta que respetara su belleza y poder.

Descubre tus dones por medio de tus lágrimas

Dedica un tiempo de tranquilidad y relajación a tu diario para este importante proceso. Responde a cada una de las siguientes preguntas con toda sinceridad, dejando aflorar tus sentimientos y sin censurar lo que escribas.

1) Piensa en una parte dulce e importante de ti que haya sido lastimada en más de una de tus relaciones. Recuerda dos ocasiones en que hayas sentido que te hieren, no te entienden, te ignoran o abusan de ese elemento sensible en ti. Describe cada experiencia en unas pocas oraciones cortas. Intenta que cuando menos uno de tus ejemplos provenga de una relación romántica.

2) Mira lo que escribiste. Si se trata de una parte tierna de ti en la cual te has sentido herido varias veces en tu vida, es probable que estés tocando un don esencial. Asigna palabras a ese dolor particular que sientes cuando no se honra esa parte de tu ser. Siente la familiaridad de ese dolor. Es parte de tu viaje, y mientras más la sientas, más te empoderarás para librarte del dolor.

3) Ahora piensa en alguien que forme parte de tu vida y haya sido capaz de apreciar esa parte vulnerable de ti. Escribe su nombre y describe cómo se siente que esa parte de ti sea apreciada, segura y libre.

4) Dedica un momento a agradecer para tus adentros a esa persona, describiendo lo que aprecias de ella. Al hacerlo reforzarás tu propia conexión con esa persona y tu don esencial.

5) Nombra tu don esencial que reside en el centro de esos dolores pasados. Nombrarlo como don, y no como defecto, es un poderoso acto de amor propio. Permíteme darte algunas sugerencias para hacerlo:

Quizá pienses: "Esto no es un don, es una maldición". De hecho, esas mismas palabras son uno de los mayores indicios de un don profundo. Nuestros dones esenciales a menudo parecen maldiciones hasta que aprendemos a manejar su poder y sensibilidad.

Quizá no quieras llamarlo "don" porque te avergüenzan algunas de las cosas que te ha hecho hacer. Ése es otro indicio de un don. Cuando actuamos para suprimir una parte de nosotros, eso señala un don que no hemos aprendido a honrar.

Intenta abandonar tu viejo punto de vista mientras aprendes este nuevo entendimiento del significado de los dones. Describe esta característica tuya como un don y no como una debilidad, aunque sea difícil hacerlo. Te prometo que encontrarás un don ahí. Ponle palabras, aunque sean imperfectas. Si aún te sientes atorado, visualiza a la persona sobre la que acabas de escribir, que valora esa parte de ti. ¿Cómo describiría esa persona tu don?

Si aún se te dificulta nombrar tu don esencial, aquí hay unos ejemplos de las descripciones que dieron otras personas:

- Soy muy leal y no puedo comprender cómo la gente puede abandonar a alguien que ama.
- Soy empático. Siento el dolor de otras personas a mi alrededor, y su dolor me hiere.
- Puedo sentir cuando las cosas van mal o hay cosas no dichas en las relaciones, aun cuando los demás no parecen darse cuenta.
- Me importa mucho la verdad, y hablo con honestidad aun cuando otros temen hacerlo.
- Me esfuerzo por ayudar a los demás.

- Soy generoso y me da felicidad dar a los demás, aunque muchas personas se han aprovechado de esa generosidad.

Ahora, escribe una o dos oraciones que identifiquen el don esencial que has encontrado en tus lágrimas.

6) Piensa en cómo te sientes cuando tu don es apreciado y honrado, en vez de degradado o herido. Permite que se te ocurra una imagen que represente ese sentimiento y escríbela. Imagina cómo sería tu vida al aprender a honrar ese don y rodearte de gente que también lo honra como tú honras los suyos.

Te exhorto a que te hagas una promesa a ti mismo. No sigas saliendo con nadie que no respete ese don tuyo de manera básica y consistente. Y cuando salgas con alguien que respete esa parte de ti, permítete aprender a acostumbrarte a la nueva y quizá extraña sensación de seguridad y felicidad que sentirás.

Honra tus dones

Cada vez que sientas un don esencial en tu interior, tómate un momento extra para quedarte con tu experiencia. Cuando lo hagas, muy probablemente sentirás un calor en tu interior. Ese momento es oro. Permite que el calor pase a través de ti. No tienes que hacer nada más. Apreciar ese sentimiento te enriquecerá y permitirá que ese mismo don surja con mayor frecuencia. El amor propio y el amor por otros comienzan con honrar nuestros dones esenciales.

Sólo entrando en contacto con nuestros dones esenciales podemos aspirar alguna vez a trascender nuestras heridas y nuestra "falta de mérito". Porque, de alguna manera, aun cuando nos acerquemos a nuestros demonios, cada capa hacia el interior nos hace sentirnos más convencidos de quiénes somos y cuál es nuestra razón de ser en el mundo. Cada capa hacia el interior nos lleva a otro nivel de pasión, nos permite amar con más fuerza y nos adiestra en un nuevo nivel de habilidad, valentía y sabiduría.

Puesto que hemos sufrido heridas profundas, casi todos nos hemos cerrado ante aspectos de nuestros dones esenciales. Cuando nuestros dones son malinterpretados, una parte de nuestro corazón se rompe. Así, pues, nos endurecemos y pensamos: "No voy a sobrevivir en este mundo si muestro estas partes de mí mismo". Las apartamos y encerramos, incluso fuera de nuestro alcance.

Susan, por ejemplo, no permitía que sus parejas se enteraran de que necesitaba el mismo tipo de alimento que ella les prodigaba. No se percataba de que al hacer caso omiso de sus dones cometía un acto de violencia silenciosa contra sí misma, la cual siempre causó un tipo de daño en sus relaciones.

He descubierto que la manera más sabia de comprender nuestros dones es dar un paso atrás y asombrarnos ante ellos. Lo he experimentado innumerables veces con mis pacientes cuando han revelado la profundidad de su amor, su necesidad, su dulzura y su dolor. En esos momentos me siento más como un testigo que como cualquier otra cosa. Imagina que estás de pie frente a la vastedad del Gran Cañón. No puedes atravesarlo. No puedes agrandarlo ni encogerlo. No puedes poseerlo ni controlarlo, pero sí puedes ponerte de pie al borde su vastedad y, simplemente, sentir asombro. El asombro desaparece cuando nos criticamos a nosotros mismos por nuestras imperfecciones. Regresa cuando nombramos nuestros dones y reconocemos su humanidad. Si puedes pensar en cualquier don y sentir asombro, entonces tu don tiene el poder de entrar en contacto contigo, de hacerte cambiar.

Para comprender nuestras heridas y desafíos más profundos, necesitamos hacernos esta pregunta: "¿Qué don esencial está intentando expresarse en el corazón de este forcejeo?" En ocasiones la respuesta se reduce a una palabra o una frase, y, con frecuencia, necesitamos la perspicacia de los demás para ayudarnos a descifrar dichos dones. Crear una relación con nuestros dones esenciales es la labor de toda una vida. La mayoría de nosotros necesita practicar la exposición a sus dones esenciales en pequeñas dosis e incrementar paulatinamente nuestra tolerancia a su poder, su dulzura… y el inmenso reto que representan. Nuestros dones más profundos pueden crecer y madurar, pero es imposible domesticarlos. Jamás cabrán en las bienintencionadas cajitas de seguridad donde quisiéramos mantenerlos. No dejarán de desbordar los límites, meternos en problemas, engatusarnos para que lleguemos al límite de la autenticidad, provocarnos lágrimas que no entendemos y estremecernos con sus verdades plenas de emoción.

Dedicamos demasiado tiempo a intentar que nuestros dones nos escuchen, que se formen en una línea ordenada, que nos obedezcan. ¿Puedes adivinar quién pierde la batalla, una y otra vez? Hasta que estimemos el don que se encuentra en el corazón de nuestros defectos, viviremos para siempre en una maraña y, lo que es más importante, nos perderemos de la magia que nos da identidad y permite que las personas valiosas que están hechas para nosotros descubran dónde estamos.

Ignorar tus dones esenciales es cometer un acto de violencia silenciosa contra ti mismo. Albergo la esperanza de que puedas permitirte el asombro sin cuestionamientos frente a su misterio y su humanidad.

En este capítulo has comenzado el proceso de descubrir tus dones esenciales. Este rico e invaluable proceso continúa en los ejercicios, que te llevarán en un fascinante viaje de autodescubrimiento en torno a tus dones. Estos ejercicios son parte fundamental de esta etapa. Te ayudarán a entender mejor el genio oculto de tus dones esenciales.

Cuaderno de ejercicios de *Amor profundo*

EJERCICIOS PERSONALES
Encuentra tus dones por medio de tus alegrías y tus lágrimas
Realiza juntas las partes *A* y *B* de este ejercicio a lo largo de dos días. En ese tiempo aprenderás mucho sobre los dones esenciales que siempre han vivido en tu interior, y desarrollarás una apreciación mucho más profunda del "genio" de tus sensibilidades únicas. No omitas estos

ejercicios. Tienen el poder de ayudarte a construir un fundamento de amor propio para el resto de tu viaje de intimidad.

A. Encuentra tus dones por inspiración

Durante dos días toma nota de las interacciones con otras personas que te provoquen júbilo, te conmuevan o te inspiren. Cada día responde a estas preguntas para una de tus interacciones inspiradoras:

- ¿Qué tipo de interacción fue?
- ¿Qué sentimiento agradable te provocó? Describe el sentimiento.
- ¿Qué don tuyo se vio validado o enriquecido con esta interacción? Asígnale palabras a ese don, ¡aunque te sientas egoísta o incómodo!
- ¿Qué te dice este hecho sobre la otra persona y su relación?

B. Encuentra tus dones por medio de lo que te lastima

Durante dos días toma nota de las interacciones que te causen un dolor (aunque sea pequeño) que de alguna manera te parezca familiar. Responde las siguientes preguntas para una interacción dolorosa cada día. La mayoría tendemos a permitir que nos lastimen de la misma manera en repetidas ocasiones. *Cuando así ocurre, hay un don esencial que subyace al patrón, y que no hemos aprendido a respetar.* Responde las preguntas, y recuerda: cuando intentes articular el don que subyace al dolor, no busques fuerza. No busques un talento o una habilidad. Busca sólo el corazón palpitante de tu humanidad. Ésa es la señal de que un don esencial yace debajo. Ahora sí, responde estas preguntas:

- ¿Qué tipo de interacción fue?
- ¿Qué sensación de dolor o incomodidad te provocó?
- ¿De qué manera te recuerda otros tipos de heridas que has sufrido?
- Identifica el don esencial que se vio herido con esta interacción. Permítete, quizá por primera vez, honrar la profunda sensibilidad de tu don. No digas solamente: "¿Qué está mal en mí por ser tan sensible?"

• Considera si esa interacción señala un problema en tu relación con la otra persona. Si es así, ¿cómo entiendes ese problema? ¿Puedes atenderlo de manera amorosa y segura para ti y para la otra persona?

Después de llevar a cabo estos ejercicios durante dos días, reflexiona acerca de lo que escribiste y responde lo siguiente:

1) ¿Qué has aprendido sobre ti mismo y sobre tus dones esenciales? ¿Te ayuda a explicar alguna de las alegrías y dolores de tus relaciones íntimas pasadas?
2) Vuelve a la definición del don esencial que encontraste en tus alegrías y a la del que encontraste en tus lágrimas. ¿Tienes más ideas sobre estos dones?

EJERCICIOS CON TU COMPAÑERO DE APRENDIZAJE
Nombra tus dones esenciales
Comparte tus reflexiones en torno a tu trabajo en este capítulo con tu compañero de aprendizaje. Si te sientes bloqueado al intentar nombrar tus dones, deja que tu compañero te ayude. Revisa tu respuesta a cada una de las preguntas y ejercicios de esta sección. Trabaja con tu compañero y permítele ayudarte a profundizar en tu conocimiento de tus dones esenciales.

3

Cómo amarte a ti mismo primero

Es una certeza humana absoluta que nadie puede conocer
su propia belleza o […] valor hasta verlo reflejado
en el espejo de otro ser humano amoroso.
JOHN JOSEPH POWELL, *El secreto de permanecer enamorado*

Conforme empiezas a vislumbrar la promesa que reside en tus dones, quizá también notes lo desafiantes que éstos pueden ser. Una vez que aceptes tus dones esenciales, comenzarán a tener vida propia. Te pedirán que dejes tus patrones de protección y desconexión y aprendas nuevas y más auténticas maneras de vivir en el mundo. No pueden soportar que los aplasten o los menosprecien. Anhelan nuevos niveles de comunicación, intimidad sexual, risa y aventura. Conforme te permitas aceptar y revelar estas partes más auténticas y vulnerables de ti mismo, encontrarás un nuevo reto: ¿cómo puedes protegerte mientras expresas tu autenticidad con mayor valentía y plenitud en tu vida amorosa?

De las defensas a las habilidades

Muchos libros sobre citas se enfocan en enseñarnos cómo fortalecer y pulir nuestra armadura protectora. Este libro enseña una manera de honrar nuestro ser más tierno, que está bajo la armadura, y aun así ser fuertes, valientes y fieles a nosotros mismos. Este enfoque conlleva el reconocimiento de la sensibilidad que quizá tengamos en torno a nuestros dones, y el desarrollo de nuevas habilidades para protegerlos.

En la naturaleza, los seres vivos están dotados de exoesqueletos o bien de endoesqueletos. Los primeros ocultan sus órganos blandos dentro de una armadura; los segundos tienen cuerpos que están formados alrededor de una estructura interior sólida, pero flexible: su esqueleto. Sus órganos blandos pueden estar expuestos, debido a la integridad de su estructura interna. Cuando acogemos nuestra verdadera identidad y comenzamos a aceptar nuestras limitaciones, sentimos que contamos con un endoesqueleto, o una columna vertebral, y nos sentimos seguros al confiar en su presencia. Podemos encontrarnos con el mundo piel con piel. Cuando nos avergonzamos de ser quienes somos, o carecemos de las habilidades necesarias para protegernos, existe una sola opción: ocultarnos tras una frágil armadura de defensas que mantengan al mundo a cierta distancia. Cuando el mundo nos parece inseguro —y sobre todo cuando no hemos aprendido o no se nos ha enseñado a honrar nuestros dones—, nos apoyamos en nuestras duras defensas habituales para proteger esas tiernas partes de nuestro ser.

Todos construimos distintos tipos de armaduras para protegernos. Los tipos de defensas que creamos son tan variados como nuestras personalidades. Algunos usan el humor para mantener el mundo a raya; otros usan la ira, y otros más buscan complacer a la gente. Estas defensas envuelven nuestros dones y nuestras heridas, y no dejan que entre nada peligroso. En sus formas más extremas (o "primitivas"), estas defensas se manifiestan en blanco y negro. Reaccionan de manera exagerada y son habituales, y las llevamos a casi todas las relaciones que iniciamos. En última instancia, no funcionan.

Existe una fórmula que rige la arquitectura de toda nuestra vida íntima: en la medida en que descuidamos nuestros dones, cometemos un acto de violencia silenciosa contra nosotros mismos. Al deshonrar nuestros dones, creamos un vacío en el interior de nuestro ser, en el lugar mismo donde deberían residir nuestros dones. La naturaleza aborrece el vacío; por consiguiente, este vacío se llena con relaciones poco saludables, o con autosabotaje o dolor. Después de décadas como psicoterapeuta, y una vida entera de ser yo, aún me asombra el poder de esta dinámica. Jamás he visto que no sea cierta.

Por consiguiente, conforme aprendemos a vivir a partir de nuestro centro, es decir nuestros dones, necesitamos evolucionar más allá de las frágiles y limitantes defensas en las que nos hemos apoyado en el pasado.

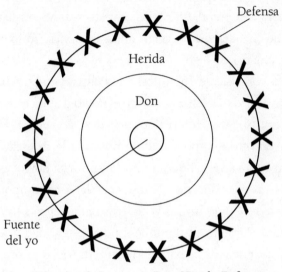

Diagrama 2: La matriz Don-Herida-Defensa

Una protección más sabia

Aunque nuestras defensas pueden lastimarnos a nosotros y a quienes nos rodean, y pueden refrenar nuestro potencial, han sido forjadas con el noble objetivo de protegernos. Al comprometernos a expresar nuestros dones esenciales, enfrentamos una importante tarea: debemos aprender a dejar atrás nuestras defensas e interactuar piel a piel con el mundo. Podemos comenzar a hacerlo encontrando los dones que subyacen a nuestras defensas y heridas.

Aquí hay una manera de entender todo tu viaje de intimidad. La llamo Matriz Don-Herida-Defensa (véase el diagrama 2):

- En el centro de toda defensa hay una herida.
- En el centro de toda herida hay un don.

• En el centro de todo don hay un portal hacia la fuente del yo: la llave a nuestro amor más profundo y el sentido de nuestra vida.

Puesto que nuestras defensas, nuestras heridas y nuestros dones son parte de la misma matriz, podemos usar cada una de estas cosas como punto de entrada para comprender las otras. Nuestros dones revelan nuestras heridas, y nuestras defensas revelan nuestros dones. Todo es parte de la misma totalidad.

Volvamos con Lisa, del capítulo 1, para ilustrar nuestro diagrama de la matriz Don-Herida-Defensa. Cuando el novio de Lisa estaba concentrado en el control remoto en vez de conectarse con ella, Lisa comenzó a enfadarse. En otro tiempo se habría puesto a la defensiva y habría expresado su enojo levantando un muro frente a su novio, a la vez que se enfurecía consigo misma por ser tan sensible. Esos comportamientos eran sus defensas. Como hemos visto, bajo cada defensa hay una herida. La herida de Lisa era su sentimiento de inseguridad y separación, causado por su anhelo de proximidad con su novio, y su preocupación de que él no sintiera lo mismo. Además, Lisa sufría una herida aún más profunda: un sentimiento de vergüenza en torno a su gran necesidad de conexión y afirmación. El diagrama 2 muestra que bajo cada herida hay un don. Esa noche, después de usar el ejercicio de la dosis de intimidad, Lisa logró experimentar su don: una profunda necesidad de cercanía y una capacidad de apoyarse en el amor. Al pedir lo que necesitaba de manera amorosa, descubrió cuán seguro era su novio para ella, pues él no se burló, no la criticó ni la ignoró; de hecho, dejó el control remoto a un lado, se acurrucó con ella, escuchó sus sentimientos y le dijo que también a él le importaba mucho. En la felicidad que sintió en ese momento, Lisa experimentó una sensación interna de que todo estaba bien con ella y con su novio. En esa experiencia, abrió un portal hacia una sensación de amor profundo y significado en su vida: una conexión con su fuente del yo.

Como Lisa descubrió esa noche, nuestra verdadera protección no surge de poner más capas a la armadura, sino de honrar nuestro don y hacer lo mejor que podamos para elegir a una persona bondadosa, generosa y que acepte lo que somos. Siempre que sientas que tus defensas toman el control, puedes usar este modelo para descubrir la herida que estás protegiendo, el don bajo esa herida, y la profunda sensación de amor y sentido que ese don puede ofrecerte.

Encontrar tu don a través de tus defensas

Tomemos un momento para hacer un emocionante descubrimiento que hará que esta idea cobre vida para ti, y abrirá de un modo maravilloso tu búsqueda de amor. Observa lo que sucede cuando intentas este breve pero poderoso ejercicio mental:

1) ¿Qué parte de ti mismo suprimes o dudas en revelar en tu vida amorosa?
2) ¿Cómo te comportas para suprimir esa parte de tu personalidad? Ésta es tu defensa.
3) ¿De qué manera te han herido o no te han apreciado en relación con esa parte de ti? Ésta es tu herida.
4) ¿Quién ha respetado y apreciado esa parte de ti?
5) ¿Cómo te sientes cuando estás con alguien así?
6) En una o dos oraciones, describe esa parte de ti como un don. Describe su valor y su potencial. Quizá sientas que es demasiado, pero hacerlo te abrirá puertas. Éste es tu don.
7) Si honraste y expresaste esa parte de ti con generosidad y sabiduría cada vez mayores, ¿cómo podría eso llevarte a un amor más profundo y al sentido de tu vida? Éste es tu portal hacia tu fuente del yo.

En la mayoría de los casos la cualidad que más dudamos en revelar en nuestra vida amorosa es en realidad uno de nuestros dones más esenciales y definitorios. Si puedes comenzar a honrar esa parte de ti mismo —revelarla más y juntarte con esas preciosas personas que saben valorarla—, tus citas amorosas y toda tu vida íntima cambiarán en formas que aún no imaginas. ¿Puedes visualizarte permitiendo que ese don se desarrolle, y estando con alguien que en verdad lo aprecie? Ése es uno de los fundamentos de un amor duradero, y ese hombre o mujer está en algún lugar ahora mismo, en espera de alguien como tú. Esa cualidad tuya ha sido uno de los eslabones faltantes en tu búsqueda de amor. Aprende a valorarla, y te prometo que tu vida se desarrollará en formas admirables.

El secreto para valorarte a ti mismo

La sensación de que nuestros dones no son valiosos es como una vieja y dolorosa hipnosis. Existen dos caminos para liberarse de esa hipnosis. En primer lugar, al ver esos atributos como dones y construir con ellos una relación amorosa, poco a poco nos liberamos de esa dolorosa esclavitud. En segundo lugar, al encontrar nuestra "tribu", es decir, las personas que nos honran y nos aprecian por lo que somos, abrimos nuestra vida a la verdadera felicidad. Ambos pasos son necesarios para amarnos a nosotros mismos, y para encontrar el amor.

Desarrollar una relación con nuestros dones

Nuestros dones esenciales son como nuestros hijos: nacen de nuestro interior. Debemos alimentarlos si queremos que prosperen. Dependen de nosotros porque somos el intermediario entre ellos y el mundo. Nuestras decisiones rigen su existencia. Pueden rebelarse, pueden fingir, pueden cerrarse, pero no pueden ayudarnos a tomar decisiones para nuestra vida si no les damos voz y voto. Quizá no siempre nos guste lo que decidan, o lo que tengan que decir. De hecho, como todo buen padre, debemos resignarnos a que nuestra vida quede completamente trastocada por las necesidades de nuestros hijos, y encarar nuestros puntos ciegos o débiles simplemente porque es nuestro deber, por lo mucho que los amamos.

Disfrutar nuestros dones

En su libro *Las raíces de la felicidad adulta en la niñez*, el doctor Edward Hallowell enseña que una de las cosas más importantes que podemos hacer para que nuestros hijos se conviertan en adultos felices es, simplemente, disfrutarlos.[1] Esto, más que cualquier otra cosa, les infunde la profunda creencia de que son agradables, queridos y valiosos. Simplemente disfrutarlos es, quizá, la mayor determinante de la futura felicidad de nuestros hijos. Lo mismo ocurre con nuestros dones. ¿Estamos disfrutándolos? ¿Jugamos y nos deleitamos con ellos? ¿Los miramos y saboreamos las posibilidades que introducen en nuestra vida? Así se volverán felices, poderosos y seguros.

Nuestros dones necesitan lo que requiere todo niño: tiempo de calidad con nosotros. Una relación llena de honestidad y autenticidad. Un verdadero diálogo con nosotros para que finalmente puedan respirar, tener oxígeno en este mundo. Sin embargo, a diferencia de los niños, nuestros dones siempre nos tendrán a nosotros como relación primordial. Nadie más puede cumplir esa función. El mundo puede ser difícil, abusivo y cruel, pero si nuestros dones saben que los protegemos, habrá un profundo sentimiento de seguridad que les proporcionará libertad.

Estimular nuestros dones

Hallowell afirma que otra manera de asegurar que nuestros hijos se vuelvan adultos felices es enseñarles el dominio: dominar sus miedos. Creer que pueden superar obstáculos. Nuestros dones esenciales anhelan ser respetados lo suficiente para desarrollarse. Ansían ponerse a sí mismos a prueba y superar miedos, obstáculos e "ilusiones de obstáculos". Desean independencia, libertad creativa y expresión.

Un niño dotado ansía que sus dones sean vistos y reconocidos. Nuestros dones ansían un mentor que los respete, se deleite con sus excesos, proteja su vulnerabilidad y los saque al mundo para que se arriesguen. Nuestros dones no se estancan. Anhelan llevarnos a algún lugar. Nos incitan a arriesgarnos, a dar vuelta en la siguiente esquina, encarar el próximo desafío, devorar nuestra siguiente limitación.

Cuando aprendemos a llamarlos "dones" en vez de imperfecciones, se liberan de nuestra limitante cautela. Entonces adquieren una feroz y jubilosa hambre de aprendizaje, y la vida se vuelve realmente emocionante. Sin nuestro apoyo, nuestros dones son como niños que temen hacer un intento. Es nuestro deber como padres alentarlos. En tu búsqueda de amor, "hacer el intento" significa compartir tu auténtico yo y buscar a las escasas y valiosas personas que respetan esas partes de ti.

Mostrar nuestros dones

Nuestros dones también necesitan saber que las personas los necesitan. Ansían dar algo al mundo y ser recibidos, porque la generosidad sin límites es una de las alegrías absolutas de la vida. Tus dones esenciales deben entregarse, compartirse y tocar a los demás, y tú debes ver que eso ocurra antes de poder sentir que tus dones, y por extensión tú mismo, son valiosos.

En mis muchos años de experiencia como psicoterapeuta he visto algo muy importante: los pacientes que tienen un espíritu generoso son los más capaces de encontrar la mayor felicidad. También son los más resilientes ante el trauma y el desastre. Si, además, son lo bastante sabios para elegir relaciones en las que su generosidad sea apreciada y correspondida, su vida se vuelve profundamente grata.

Cuando empieces a conocer a alguien nuevo te sentirás menguado si limitas tu generosidad. Si no aprovechas el momento y tomas su mano cuando te dan ganas, pierdes algo. Decir "te amo" y tocar sexual o sensualmente a tu pareja de una manera que exprese lo más profundo de tu corazón son actos de generosidad, y la experiencia de que alguien responda con alegría y reciprocidad otorga a tus dones una profunda sensación de dominio. Comienzan a decir: "Puedo vivir en este mundo. Puedo ser poderoso. Puedo ser generoso. Soy querido. Puedo amar".

Cultivar el complemento de nuestros dones

Nuestros dones deben tener cimientos firmes en el mundo. Paradójicamente, para que esto ocurra requerimos desarrollar en nosotros su cualidad opuesta y complementaria: para poder compartirse en el mundo, nuestra vulnerabilidad necesita valentía. El visionario precisa cultivar el pragmatismo para que sus creaciones vean la luz. Una persona pragmática necesita cultivar al soñador que lleva dentro para llenar su vida de belleza. El generoso debe aprender a decir "no".

Sin duda, es difícil cultivar la cualidad opuesta a tus dones dominantes. En cierto nivel, la mayoría de nosotros preferiría no hacer el esfuerzo. Sin embargo, cuando lo hacemos sucede algo magnífico: descubrimos que nuestro respeto por nosotros mismos crece. Nos sentimos más firmes, más confiados, sentimos que tenemos el control.

En tu búsqueda de amor, ten en mente este fascinante pensamiento: mientras menos cultivemos las cualidades opuestas a nuestros dones, más nos sentiremos atraídos por personas que ejercen esa cualidad complementaria de manera negativa. Por ejemplo, una persona de espíritu generoso, pero que no puede ponerse límites, tenderá a sentirse atraída por alguien que toma mucho pero no da nada a cambio. Mientras más cultivemos las cualidades complementarias, más nos atraerán las personas que aprecian nuestros dones y que no abusarán de nosotros.

Respetar el costo de nuestros dones

Cada uno de nuestros dones tiene su costo, y esos costos son reales. Alguien que tiene un profundo sentido de lealtad, por lo general conoce el gran dolor de prolongar demasiado una relación que no le hace bien. Alguien que puede descubrir la hipocresía y no soporta la deshonestidad conoce el dolor de ser castigado por decir la verdad. Las personas humildes conocen el dolor de no ser vistas, y quienes establecen lazos profundos sienten más que nadie el dolor de la separación.

Conforme aprendemos a entender y honrar nuestros dones, podemos disminuir el dolor que conllevan. Mientras mejor sepamos usarlos de maneras sensatas —y esto es una labor de toda la vida—, menos pesados nos resultarán. Sin embargo, hasta cierto punto, parte de la labor de manejar bien un don es aceptar el dolor que lo acompaña. Es el precio de nuestra grandeza interior. Es el costo de ser humano y tener alma. Muchos huimos de nuestros dones porque nos aterra pagar su precio. Madurar implica aprender a reconocer y respetar el costo de nuestros dones en este mundo.

Piensa en uno de tus dones esenciales. Piensa en el costo de ese don en tu vida. Tómate un momento para reconocer que te importó tanto que pagaste el precio, ya fuera prudente o imprudentemente.

Conforme aprendas a honrar ese don y respetar su costo, serás mucho menos propenso a desperdiciarlo en personas y situaciones que no lo honran.

Nuestros dones ansían su propia grandeza

Nuestros dones esenciales también ansían la grandeza; pero así como nos hemos replanteado el significado de los dones, también podemos replantearnos el de la grandeza.

La grandeza no es fama ni éxito, sino algo mucho más humilde y desafiante. Mientras alimentamos las ansias de nuestros dones esenciales, nos encontraremos tocando la orilla de algún tipo de grandeza, que quizá ni siquiera pueda expresarse en palabras. Sentimos que estamos más cerca de alguna patria sin nombre que quizá nunca hayamos visto, pero que hemos añorado toda la vida.

El amor de nuestra sociedad por la fama es una expresión barata de esta hambre de grandeza personal. A veces, cuando estoy cocinando y conversando con un ser querido, siento que mi corazón se llena de una felicidad que es casi dolorosamente aguda, pero a la vez infinitamente simple. Eso, para mí, es la grandeza.

Nuestros dones necesitan que discernamos

No podemos evadir el hecho de que en verdad nos arriesgamos cuando compartimos las partes más vulnerables de nuestro ser. Es por eso que debemos recordar que mientras más revelemos nuestra vulnerabilidad, nuestra ternura, nuestro corazón, más debemos ejercer nuestra capacidad de discernimiento diciendo no a las situaciones y personas que no nos alimentan ni nos apoyan. En el capítulo 2 hablé del arte de discernir. Ahora llevemos ese concepto un poco más lejos.

A menudo, y sobre todo cuando intentamos crecer, ser generosos o mostrarnos espirituales en nuestras relaciones, suprimimos nuestra idea de lo que es incorrecto, diciéndonos que debemos pasar más tiempo cultivando la gratitud y menos tiempo siendo "negativos". Cultivar la gratitud es una de las mejores cosas que podemos hacer por nosotros mismos, pero también debemos aprender a honrar nuestros sentimientos de no gratitud, como la sensación visceral de que algo anda mal. Estos perturbadores sentimientos son la mitad de la clave para alcanzar nuestras metas más preciadas. En nuestra búsqueda de amor debemos madurar más allá de la creencia deshumanizadora de que, siempre que no somos agradecidos, somos negativos. Ignorar nuestro discernimiento natural conduce a la duda debilitante, no a la iluminación. A menudo, lo contrario a la gratitud no es la ingratitud, sino el discernimiento.

En innumerables ocasiones he visto a las personas tratar de convencerse de ser más resignadas, más pacientes, más disciplinadas —ser personas "mayores"— cuando su incomodidad visceral está en lo correcto. He visto a muchos seres queridos y pacientes permanecer demasiado tiempo en relaciones poco sanas, sólo porque pensaban que no eran lo bastante fuertes, agradecidos o disciplinados para arreglar las cosas.

Michael Clemente, un talentoso artista que murió de sida a principios de la década de 1990, y uno de los amigos más cercanos que he tenido, anunció una vez que había encontrado la manera de "sacar sangre a una piedra", y quería enseñar a su público su método infalible, perfeccionado a lo largo de años de relaciones con parejas emocionalmente distantes. "Sólo tomen una roca y golpéense la cabeza con ella", dijo. "¡Después de un rato estarán tan desorientados que no sabrán si la sangre es suya o de la piedra!" Esta dolorosa imagen representa lo que nos hacemos a nosotros mismos cuando nos esforzamos demasiado por ignorar nuestra incomodidad en ciertas relaciones y situaciones.

A riesgo de simplificar demasiado, y excluyendo los casos de adicción activa y desórdenes psicológicos sin tratar, nos sentimos bien cuando las cosas importantes en nuestra vida van bien. Registramos ese "ir bien" con sentimientos de paz, gratificación y estabilidad. Son señales de que nuestros dones esenciales, esos barómetros de nuestra alma, son honrados, vistos y aceptados. Cuando sentimos que las cosas van mal, nos sentimos vacíos, tristes y doloridos. Son señales de que, de alguna manera, nuestros dones esenciales no son vistos u honrados por los demás y, muy probablemente, tampoco por nosotros mismos. Los lugares en los que nos sentimos más rotos a menudo no necesitan arreglarse: lo que necesitan es ser escuchados.

Encuentra tu tribu

Por fin llegamos al que quizá sea el elemento más importante de la protección prudente de uno mismo: encontrar a las personas que valoran tu naturaleza profunda, y por quienes tú sientes lo mismo. Permíteme contarte una historia para introducir esta idea.

En cierta tribu del este de África se considera que la concepción ocurre en el momento en que la madre piensa en su hijo por primera vez. Cuando esto ocurre, la mujer se sienta a la sombra de un árbol para escuchar la canción espiritual del nonato. Cuando ha escuchado y aprendido la canción del niño, regresa y la enseña a su esposo, después a la partera y a la aldea entera. Cuando el niño nace llega al mundo escuchando esa canción. En sus cumpleaños, festivales y otros momentos decisivos en su vida, la aldea entona la canción para el niño. Durante el resto de la vida del niño, en momentos de crisis profunda o transición, los integrantes de la tribu cantarán para él o ella esa canción, en el entendido de que al recordar su canción hallará un camino para salir de su sufrimiento.[2]

Creo que esta historia refleja una hermosa visión de la manera en que nace y se nutre a través de la relaciones el amor a uno mismo. Todos necesitamos que se nos recuerde que tenemos una canción, que es bella y resulta valioso escucharla. Y no lo aprendemos mediante la fuerza de voluntad o el "pensamiento positivo" forzado, sino por medio de la intimidad. Como demuestra la historia de la canción espiritual, nuestra canción nace y renace con el apoyo de los demás.

Todo el mundo ha escuchado este lugar común de la autoayuda: "Necesitamos amarnos a nosotros mismos antes de poder amar a los demás". Quizá suene sabio, pero omite una gran verdad: si queremos experimentar la verdadera intimidad, necesitamos que la gente que nos rodea nos enseñe a amar ciertos aspectos de nosotros mismos, en repetidas ocasiones. Por mucho que queramos controlar nuestro propio destino, la verdad es que a veces la única manera de aprender el amor propio es ser amados por otros, precisamente en las partes de nosotros mismos que sentimos más inseguras y tiernas. Cuando somos amados de ese modo, sentimos que tenemos libertad, alivio y permiso de amar más profundamente. Ningún "pensamiento positivo" puede replicar esa experiencia. Es un don de intimidad, no de fuerza de voluntad. Cuando nos rodeamos de personas que respetan nuestros dones, y cuyos dones respetamos, nuestra vida florece.

Sin embargo, si nuestra vulnerabilidad es recibida con sorna o desinterés, algo tierno se encoge y se retrae en nuestro interior, y quizá lo pensemos dos veces antes de volver a compartir esa parte de nosotros. Cada vez que enfrentamos la decisión de compartir nuestro ser profundo, estamos parados en un precipicio. Muchas veces nos asusta demasiado dar un paso adelante.

Imagina poner a una mascota que amas en un patio rodeado por una cerca eléctrica invisible. Cuando el animal intente salir del espacio permitido, lo aturdirá una descarga eléctrica ligera, pero inesperada. Bastarán pocas descargas para que tu mascota entienda el mensaje: si llega demasiado lejos, el castigo será instantáneo. En poco tiempo, actuará como si los límites no existieran: simplemente los evitará. Al ser empujada hacia la zona de peligro, mostrará signos de ansiedad cada vez mayores. El mundo fuera de la cerca no valdrá la pena.

Ahora imagina que apagas la cerca invisible y colocas un tazón de comida fuera de su perímetro. Quizá tu mascota tenga hambre, pero aún temerá cruzar hacia el espacio recién liberado. Cuando al fin cruce la línea para llegar al tentador plato de comida, lo hará temblando en anticipación de nuevas descargas. Lo mismo ocurre con nosotros: aunque anhelamos la libertad de experimentar nuestro verdadero ser, un profundo reflejo instintivo intenta protegernos de ser heridos de nuevo.

Esta vergüenza en torno a nuestros atributos más vulnerables es casi universal, y hasta la fuerza de voluntad más poderosa a duras penas la afectará. Así, pues, ¿cómo podemos liberarnos de la esclavitud de la vergüenza y el miedo aprendidos con respecto a nuestros dones? La mejor salida, y a veces la única, es por medio de relaciones que nos enseñen el valor de nuestro ser más vulnerable.

De todas las personas que conoces, ¿quién ve y aprecia tu verdadero ser? ¿Quién no tiene miedo de tu pasión ni envidia tus dones? ¿Quién tiene la generosidad de espíritu para alentarte en tu camino hacia una mejor expresión de ti mismo? Estas personas son oro. Procura apoyarte más en ellas y darles más a cambio.

Quizá creas que una comunidad de seres amados puede llegar después y que lo que necesitas en realidad es una pareja. Si piensas así, es probable que estés saboteando tu búsqueda de amor. Si estás buscando amor, pero no lo estás construyendo en tus relaciones con amigos y familia, hay grandes probabilidades de que no lo encuentres. En una conferencia a la que asistí, la renombrada maestra espiritual Marianne Williamson dijo: "A medida que envejezco, mis amigos parecen más bien amantes y mis amantes, amigos".

Nuestro carácter es como la cera. Si nos dejan solos en la frialdad de la vida cotidiana, nos endurecemos y adquirimos cualquier forma que nuestro entorno nos genere. La cera debe calentarse para ser moldeada.

Entramos en calor cuando nos encontramos en la zona de dones, y cuando estamos en presencia de las personas con quienes nos sentimos seguros. Comenzamos a suavizarnos. Nos volvemos maleables cuando adquirimos confianza y abrimos otra vez esas tiernas partes de nuestro ser. En ese momento, necesitamos las manos amables y compasivas de los demás para que nos ayuden a tomar una nueva forma. No podemos lograrlo por nuestra cuenta.

MICROMEDITACIÓN
Tus héroes de la intimidad. Dos minutos.

¿Quién en tu vida ha apreciado tus dones esenciales? ¿Quién ha adverti-do dichas cualidades profundas en ti y te ha mostrado que son buenas y valiosas? Quizás esa persona jamás empleó la palabra don, *pero hubo en algo en su trato que te llevó a sentir el valor de esas partes de tu ser. Mi abuela jugó ese papel en mi vida. Nunca usó la palabra* don, *pero por medio de sus actos amables y cariñosos me enseñó la bondad que ambos compartíamos.*

¿Quién se te ocurre? ¿Qué cualidad advirtió y apreció esa persona en ti? ¿Qué parte de tus dones esenciales vio y validó? ¿De qué manera cambió el curso de tu vida? En silencio o en voz alta, busca las palabras de agradecimiento hacia esa persona por lo que te dio. Siente el estreme-cimiento de emoción que esta meditación provocará en ti.

Tu círculo de dones

Lo anterior nos lleva a uno de los procesos más importantes y capaces de afirmar la vida en el amor profundo: el círculo de dones, que será una comunidad cuidadosamente elegida e integrada por personas que conozcas bien y que te darán invaluables opiniones sobre tus dones esenciales. Quizá te sientas asombrado por todas las cosas nuevas e importantes que aprenderás sobre ti mismo gracias a tu círculo de dones, y por el gran placer y sentido de empoderamiento que este proceso te dará. A continuación encontrarás algunas citas de personas que han creado sus propios círculos de dones:

- "Paso los días con una sensación profunda de felicidad. Creo que nunca había entendido mis dones esenciales como lo hago ahora."
- "Jamás me di cuenta de lo amada y respetada que soy, y eso ha cambiado cómo me siento respecto a mí misma."
- "Me reí, lloré, me sentí *visto* como nunca antes. Gracias por esto."

Cómo crear tu círculo de dones

Para formar tu círculo de dones, intenta pensar en entre cuatro y seis personas que consideres seguras, que te conozcan profundamente y cuyas opiniones valores. Invítalas a formar parte de tu círculo de dones. Puedes hacerlo por escrito, en persona o por teléfono. Si es por escrito puedes emplear para empezar la "Muestra de carta a tus ayudantes del círculo de dones" de la página 253. También puedes usar esa carta como ayuda para decidir qué decir cuando hables con esas personas.

Existen muchas formas de crear un círculo de dones, así que debes encontrar la que mejor te funcione. Lo ideal es que todos se reúnan en persona, pero también puedes organizar una conferencia telefónica, reuniones o llamadas individuales o correos electrónicos individuales o grupales, para que los miembros de tu círculo puedan ver lo que otros escribieron y trabajar sobre eso. La desventaja de los correos electrónicos es que el impacto de la experiencia puede disminuir un poco; la ventaja es que es más fácil de hacer, y siempre tendrás a la mano lo que te han escrito. Ya que las personas están regularmente muy ocupadas, es probable que este proceso tome unas pocas semanas.

Explica a los integrantes de tu círculo de dones que estás trabajando en la profundización y expansión de la intimidad en tu vida. Pide a cada persona que describa las cualidades que más respeta y aprecia de ti. Sugiéreles que intenten describir la esencia de tu espíritu, aquello que más atesoran de tu persona. La regla principal de este proceso es que sólo se acepta crítica constructiva. Asegúrate de que todos en el grupo entiendan esta regla y estén de acuerdo. Por supuesto que hay cosas que necesitas cambiar, pero el propósito de este ejercicio es ayudarte a entender y apreciar tus dones con mayor profundidad.

La mayoría de las personas, según mi experiencia, subestiman y menosprecian sus dones. Con frecuencia es necesario que un ser amado describa nuestros dones para que nos percatemos de ellos. En algunos casos nuestros dones son tan obvios para nosotros, tan básicos, que ni siquiera los vemos como dones. "¿Qué no todo el mundo es igual?", preguntamos. Gracias a nuestro círculo de dones vemos que las cualidades que muchas veces damos por sentado en realidad han influido en la vida de otras personas con mucha fuerza. Con frecuencia nuestros dones esenciales están enmarañados con nuestras imperfecciones perceptibles, aquello de nosotros mismos que más nos disgusta o nos hace sentir más inseguros. En dichas ocasiones necesitamos un punto de vista exterior que nos recuerde las profundas fibras de belleza que brillan en medio de nuestra imperfecta humanidad.

Asimismo, al escuchar la mención de nuestros dones esenciales comenzamos a entender las formas en que la vida nos ha herido con mayor profundidad respecto a nuestros dones, y logramos apreciar de nueva forma cómo han moldeado nuestra vida dichos dones.

Guarda ese nuevo aprendizaje en tu corazón. Es real y lo has ganado. Supongo que tu compromiso de vivir según esos dones te ha provocado dolor y ha conllevado grandes esfuerzos. Tienes el derecho a sentirte gratificado. Cuanto más reconozcas el enorme valor de tus dones, tanto mejor los expresarás, y cuanto mejor los expreses, tanto más amor encontrarás.

Tal vez te percates de que al recibir la crítica constructiva haces oídos sordos, en especial si ocurre de manera verbal y no por correo. Puede ser difícil recibir crítica constructiva o creerla. No te preocupes: es normal. Aun así, muchas de las ideas llegarán a ti.

Cuando cada miembro del grupo haya terminado, dales lo mismo que te han dado, si así lo desean. Describe los dones que ves en ellos. Esto te ayudará a integrar en su totalidad la experiencia.

La experiencia de ver reflejados tus dones puede equivaler al surgimiento de un mapa entre la bruma que señala quién eres y las posibilidades de quien puedes llegar a ser. Cuando tienes una imagen positiva de tu identidad, puedes encontrar con mayor facilidad la energía para sortear los obstáculos, los miedos y la niebla que te separa del amor.

Si aún no te sientes listo para crear un círculo de dones, intenta hacerlo con una sola persona. Si eso aún te parece demasiado difícil, también puedes probar esta variante: escríbete una carta a ti mismo, e imagina que te la escribe un ser amado o un grupo de seres amados. Aunque provenga de ti mismo, bien puede contener verdades y, por tanto, serte útil.

La creación de tu propio círculo de dones parecerá algo abrumador e incómodo. Sólo dalo por sentado e inténtalo. El júbilo y el sentido que obtendrás de esta experiencia valdrán cada gota de incomodidad que puedas experimentar al establecerlo.

Cuaderno de ejercicios de *Amor profundo*

EJERCICIOS PERSONALES

Tu círculo de dones

El ejercicio principal para esta lección será construir y crear tu círculo de dones. Piensa en cómo te gustaría planearlo, a quién deseas incluir y cómo quieres organizar la logística para que suceda.

EJERCICIO DE AMOR PROFUNDO

El don que temes mostrar

En este capítulo te pedí que identificaras un don que suprimes a menudo. Estos dones suprimidos suelen ser especialmente importantes en nuestra búsqueda de amor. Esta semana tu tarea será intentar revelar con gentileza esa parte de ti en cualquier cita que tengas, y usar el discernimiento para determinar con quién se siente seguro ese don. Cuando encuentres una persona que aprecie tus dones, ya sea que se convierta en "la elegida" o no, experimentarás una sensación de libertad y comodidad. Si no sales con nadie en este momento, practica el ejercicio con cualquiera que creas que responderá de manera positiva. Escribe tus reflexiones sobre lo que sentiste al revelar esa parte de ti y los resultados que obtuviste.

Ejercicio con tu compañero de aprendizaje

Junto con tu compañero de aprendizaje, elabora una lista de candidatos a tu círculo de dones. Ayúdense mutuamente a entrar en contacto con esas personas y comenzar a integrar sus respectivos círculos. Conforme reciban respuestas, compártanlas entre ustedes. Intenten articular el don esencial más importante que se les haya revelado en este proceso.

APRENDE QUÉ TIPOS DE ATRACCIÓN TE GUÍAN AL AMOR Y CUÁLES AL DOLOR

En los tres capítulos anteriores comenzaste el proceso de descubrir y nombrar tus dones esenciales. Ahora pasaremos a la segunda etapa de tu viaje. En esta fase aplicarás tus dones esenciales en tus citas amorosas en una forma que podría desatar un mar de cambios en tu búsqueda del amor. Aprenderás nuevas maneras de entender tus atracciones románticas y sexuales, y te explicaré el principio que he descubierto que es más importante para encontrar un amor inspirador y duradero.

Con este conocimiento serás capaz de trazar un camino hacia un futuro amoroso mucho más feliz. Finalmente, aprenderás dos técnicas exquisitamente simples, pero profundas, para encontrar las raíces más hondas de tu ser, y para que éstas te guíen en tu búsqueda de amor.

EL VIEJO MAPA AL AMOR

Cuanto más intensa sea una atracción inmediata, tanto más poderosos serán tu amor y tu pasión futuros. En la mayoría de los casos es inmediatamente obvio cuando alguien te atrae. Haciendo a un lado las señales de alarma obvias, ésa es la persona para ti. ¿Por qué pasar tu futuro con una persona que no te enciende?

EL MAPA NUEVO

Con frecuencia nuestras pasiones más intensas son en realidad señales de indisponibilidad y riesgo emocional. Por el contrario, muchas relaciones saludables, amorosas, apasionadas y duraderas comienzan de manera más suave y se intensifican con el tiempo. No se nos ha enseñado que podemos hacer crecer la pasión romántica y sexual. "Podemos provocar que la gente prácticamente se enamore", explica el psicólogo Arthur Aron. En un famoso experimento, él y cuatro colegas formaron parejas de desconocidos y les pidieron que respondieran preguntas que revelaban aspectos cada vez más vulnerables de su ser. A continuación le pidieron a cada participante que describiera qué le gustaba más de la otra persona. Estas acciones provocaron un enorme incremento en los niveles de atracción entre las parejas.[1]

Otros estudios demuestran que actividades como mirarse a los ojos, tocarse con suavidad, reír, respirar al unísono, realizar actividades emocionantes y novedosas o comprometerse con la relación tienden a aumentar el deseo romántico y sexual.[2] Podemos cultivar de manera consciente estados más profundos de deseo. Desafortunadamente, a casi nadie se le enseña cómo hacerlo.

4

Atracción por privación
y atracción por inspiración
La diferencia más importante

Permanece con aquellos que ayudan a tu ser.
RUMI

La atracción se forja en la profundidad de nuestro ser. Nace de fuerzas innumerables y con frecuencia incognoscibles, incluidas influencias psicológicas, evolutivas y biológicas. La manera en que respondemos a ella dará forma a gran parte de nuestro futuro: la calidad de nuestros días, el nivel de felicidad e intimidad en nuestra vida, y quizá incluso la huella que dejemos en el mundo.

Todos sabemos lo mucho que las atracciones eróticas y románticas rigen nuestras relaciones. Sin embargo, se nos lanza al mundo de las citas amorosas sin ningún tipo de aprendizaje sobre cómo trabajar con su tremendo poder. Mucho de lo que aprendemos resulta superficial, ingenuo o absolutamente falso. Con un entendimiento más pleno de nuestras atracciones, podemos ahorrarnos muchísimo tiempo y sufrimiento en nuestra búsqueda de amor verdadero y duradero.

Comprender la atracción

Imagina entrar a un cuarto con una hermosa y sofisticada consola que te permite jugar con incontables figuras de luz y un rango de colores casi sin fin, cada uno con numerosas intensidades y tonos. Tal es la riqueza de posibilidades a nuestra disposición con nuestras atracciones sexuales, sensuales, espirituales y emocionales.

Ahora imagina que eres conducido de esa espléndida consola a un sencillo y polvoriento interruptor de luz. Sólo hay dos opciones: "Encender" y "Apagar". Eso es todo lo que tienes.

Así se nos enseña a entender la atracción. Una persona te atrae ahora mismo o no te atraerá jamás. No se reconoce cómo la calidad de nuestra conexión con una persona afecta nuestra atracción hacia ella, ni los factores que provocan que la pasión crezca o se disipe. Limitados por la pobreza de nuestra cultura en cuanto a conocimientos sobre la atracción, muchos de nosotros simplemente seguimos nuestras atracciones más intensas y esperamos tener la suerte de enamorarnos de alguien leal, honesto, bondadoso y exitoso, que también nos ame. En la mayoría de los casos esta estrategia ofrece las mismas posibilidades de éxito que una máquina tragamonedas de Las Vegas. Sin embargo, la máquina sólo puede robarnos nuestro dinero. Una decisión imprudente en el amor nos roba alegría, bienestar y un futuro feliz para nosotros, nuestra pareja y nuestros hijos. Si queremos crear un futuro de amor duradero, debemos desarrollar un entendimiento más sofisticado de cómo funcionan las atracciones y cómo podemos trabajar con ellas.

Por ejemplo, Ann mostraba cierta predilección por los hombres un tanto arrogantes, aunque no le gustaba que nadie la tratara de forma irrespetuosa, ¡mucho menos su novio! Ésa era la razón principal por la que todas sus relaciones terminaban. Sin embargo, los muchachos altaneros le gustaban de manera visceral, y los amables no. Deseaba en verdad tener un esposo y una familia, pero sabía que no podía casarse con alguien que no le atrajera. Era un verdadero problema: quienes le atraían no eran buenos candidatos al matrimonio, pero quienes resultaban buena opción matrimonial la aburrían.

Si te sientes identificado con Ann, estás lejos de estar solo. Este dilema afecta la vida de innumerables solteros.

Tres revelaciones sobre la atracción

Trabajar con nuestras atracciones es un arte que a la mayoría de nosotros jamás se nos ha enseñado. Las siguientes tres revelaciones ofrecen una idea de las posibilidades a nuestro alcance cuando nos acercamos a nuestras atracciones con más sabiduría.

En primer lugar, nuestras atracciones, sean o no saludables, revelan nuestros dones esenciales y la calidad de nuestra relación con ellos. Por ejemplo, mientras menos valoremos un don esencial en particular, más nos sentiremos atraídos por personas que no valoran ese don. Por el contrario, mientras más valoremos un don en particular, más nos sentiremos atraídos por personas que también lo valoren, personas que puedan ayudar a ese don a cobrar vida y sentirse seguro en el mundo. Los tipos de personas que nos atraen con frecuencia revelan información fundamental sobre lo que somos. *Nuestras atracciones pueden educarnos.*

En segundo lugar, podemos cambiar y dar forma a nuestras atracciones sexuales y románticas. Aunque jamás podremos cambiarlas por la fuerza, sí podemos formar una alianza más sensata con ellas. De hecho, conforme aprendas a honrar tus dones esenciales, notarás que comienza a suceder algo asombroso: tus atracciones empezarán a cambiar. Poco a poco te sentirás más atraído por personas que sepan apreciar tus cualidades innatas y profundas, y perderás el gusto por las personas que intentan hacerlas menos. *Podemos educar nuestras atracciones.*

En tercer lugar, existe un invaluable principio rector que puede cambiar por completo la forma en que buscas el amor: aprender a distinguir entre "atracción por privación" y "atracción por inspiración". Entonces, sigue *únicamente* los casos de "atracción por inspiración". Ése es el camino más sabio hacia el amor, pero "sabio" no equivale a "sencillo". La atracción por privación puede resultar incontrolablemente persuasiva y hacerse pasar por amor verdadero mientras nos lleva a la orilla del precipicio, en tanto que las relaciones inspiradoras entrañan retos que pocos fuimos educados para enfrentar. Saber distinguir entre estos dos tipos de atracción nos permite dirigir nuestra búsqueda de amor de manera mucho más prudente. *Podemos usar nuestras atracciones para guiarnos hacia el amor duradero.*

Atracciones por privación

¿Has estado locamente enamorado de alguien que no estaba emocionalmente disponible? ¿Has dedicado demasiado tiempo intentando enseñarle a alguien a tratarte bien? ¿Has intentado continuamente demostrar tu valor a alguien que jamás pensó que fueras tan maravilloso? ¿Te has sentido desesperado por el afecto de alguna persona que te trató de forma maravillosa en algunas ocasiones pero en otras mal? Si nada de lo anterior te ha ocurrido, ven y preséntate: no nos hemos conocido aún. Este tipo de atracción puede ser el más desesperadamente seductor de todos.

Todos nos sentimos atraídos por cierto tipo de persona que nos paraliza: un tipo físico, un tipo emocional o un tipo de personalidad. Estas formas "icónicas" de atracción nos hacen flaquear y detonan tanto nuestras inseguridades como nuestro anhelo. Con frecuencia, también acaban en dolor, por razones que descubriremos en este capítulo y los siguientes.

Las atracciones por privación nos atrapan y luego nos derriban, como la resaca de las olas. Si no escapamos a tiempo, es casi seguro que saldremos heridos. No dejamos de sentir que tenemos que hacer algo para ganar el amor, la aprobación o el cuidado de nuestra pareja. Pasamos demasiado tiempo preocupándonos por lo que hemos hecho mal o por lo que podríamos hacer de manera diferente para arreglar las cosas. Estas relaciones pueden disparar una sensación de necesidad y anhelo que nos quita el equilibrio. Con algunas atracciones por privación notamos los signos de peligro a tiempo, pero no podemos detenernos. Con otras, los aspectos de privación de la relación no se revelan de inmediato.

Meryl, una asesora vocacional de 35 años de edad que trabajaba en el sistema de educación pública, se sentía más feliz que nunca. Estaba profundamente enamorada de su prometido, Jeff, un atractivo y muy exitoso agente de bienes raíces que se desempeñaba como consejero voluntario de jóvenes talentosos en condiciones desfavorables. Era un hombre brillante, generoso y seguro de sí mismo. Todo parecía indicar que su entrega era mutua, y pasaban horas y horas compartiendo sus sueños de un futuro juntos. El sexo entre ellos era mágico; por momentos parecía trascendente.

Jeff había llegado a la vida de Meryl cuando ella pasaba por un momento de mucha vulnerabilidad. Acababa de atravesar una serie de tragedias, incluida la muerte de su hermano. La presencia reconfortante de Jeff y sus promesas de un futuro amoroso y seguro colmaban las necesidades más imperiosas de ella. Lo amaba con una intensidad que a veces la asustaba. Meryl creía, más allá de toda duda, que él la amaba por igual.

Sin embargo, pasado el tiempo surgieron en la relación ciertos patrones que comenzaron a causarle molestia a Meryl. No estaba dispuesta a creer que su futuro estaba en juego, pero sabía que los problemas eran serios. Para empezar, la relación de poder era dispareja; Jeff necesitaba ser en todo momento la autoridad. Pocas veces visitaba la casa de Meryl; después de todo, la de él era más bella. Los amigos de Meryl notaron —y le advirtieron— que la generosidad y sabiduría de Jeff eran con frecuencia una herramienta para impresionar a los demás. Le fascinaba hablar de sí mismo y con sutileza acostumbraba criticar la apariencia de Meryl, sus maneras, la decoración de su hogar y a sus amigos. Jeff era el amor de su vida, pero en demasiadas ocasiones se sentía herida.

Meryl tenía una capacidad extraordinaria de dar a quienes la rodeaban. Sus regalos eran discretos, pues no le interesaba llamar la atención. Jeff tenía que ser el centro de atención en todo y daba enorme importancia a que se le percibiera como alguien brillante e incluso heroico. Ella y Jeff acostumbraban reírse de aquello que llamaban "tensión creativa" entre sus personalidades. Aun así, Meryl comenzó a sentirse "inferior" en la relación. Con frecuencia tenía que defenderse de las críticas sutiles de Jeff y no dejaba de sentir que tenía que probarle su lealtad.

Frustrada, lo persuadió de que acudieran a terapia de pareja. Aunque él accedió, no estaba dispuesto a colaborar en el proceso de sanación. Resultaba demasiado amenazador para su sentido de sí mismo. En un momento asombroso de ira puso fin a la terapia de manera abrupta, sin aviso ni conclusión, culpando de sus problemas a un exceso de sensibilidad de Meryl.

Ella quedó devastada. Parecía que sus sueños se derrumbaban a su alrededor. Al cabo, terminó con él. La decisión de separarse era angustiante porque la bondad de Jeff era real y muchos aspectos de su relación estaban llenos de pasión y dicha. A la postre, sin embargo, la suya se había convertido en una relación de dolor. Cuando comenzó a sanar del dolor de su pérdida pudo ver los signos que se había negado a encarar. En aspectos esenciales, aquélla había sido una atracción por privación.

Intentar despertar el amor de quienes no aprecian nuestros dones es por lo regular una práctica de castigo autoimpuesto. Amén del dolor de la relación, hay un costo secundario: nos transmiten la idea de que nuestros dones, esos elementos tan sagrados y esenciales de nosotros mismos, son un defecto y motivo de vergüenza.

Si estas atracciones son tan dolorosas, ¿por qué resulta tan difícil liberarse de ellas? Una de las razones es que las atracciones por privación son lo que los teóricos conductistas llaman "sistemas de recompensa intermitente". En éstos, la persona recibe una recompensa sólo de manera esporádica, y no puede controlar el momento en que llegará. Se trata de los sistemas de refuerzo más persuasivos y de los que resulta más difícil liberarse. La ludopatía es un ejemplo perfecto de recompensa intermitente.

A continuación, seis grandes signos de una atracción por privación. Mientras lees y piensas sobre estos signos en conexión con otros, te exhorto a que también consideres si tú mismo presentas alguna de estas conductas saboteadoras de la intimidad.

Mentiras y engaños. Si no puedes confiar en la integridad de tu pareja, careces de bases para establecer un futuro común sano y feliz. Punto.

Conducta egoísta. La generosidad es el medio en el que el amor crece. Todos somos egoístas de una u otra forma, pero si no percibes una generosidad esencial en tu pareja, esto también es signo de una atracción por privación.

Falta de disponibilidad. No podemos esperar que nuestra pareja iguale nuestro nivel de disponibilidad. Sin embargo, si persiste en su falta de compromiso con el paso del tiempo, o aún está con otra persona o constantemente pasa de estar interesado a no estar disponible, ten cuidado: éstas son señales de una atracción por privación.

Conducta adictiva. Si la persona con la que sales sufre una adicción activa, eso es motivo de serias preocupaciones. Si tu pareja no está dispuesta a conseguir ayuda, te exhorto a que sigas adelante —o al menos que no pases al siguiente nivel de compromiso— a menos que finalmente consiga ayuda seria y continua, y se mantenga sobria por un periodo importante.

Conducta nociva. Si la persona con la que sales es abusiva física o emocionalmente, si con sutileza denigra, critica o minimiza tus ideas, tus conductas, a tus amigos, tu vida profesional o tus rasgos físicos, debes alejarte de esa relación. Con frecuencia, este tipo de comportamiento se alterna con afecto, cumplidos y muestras de generosidad, lo cual hace la situación más "enloquecedora". Si la persona es abusiva físicamente, consigue ayuda y aléjate de inmediato.

Desórdenes emocionales o psicológicos sin tratamiento. Si la persona con la que sales tiene tendencias bipolares, depresión o cualquiera de una amplia gama de problemas psicológicos significativos, no es el fin del mundo, a menos que se niegue a recibir atención correspondiente a la severidad de su condición. Si dicha condición es grave y tu pareja se rehúsa a recibir ayuda, da por hecho que su futuro como pareja será infeliz.

Conducta manipuladora y achacamiento de culpas. Si la persona con la que sales frecuentemente te culpa, te manipula y te castiga, da por hecho que esos rasgos sólo se acentuarán con el tiempo, a menos que realmente esté esforzándose por cambiar.

Después de varias décadas de presenciar muchas rupturas amorosas, quiero ofrecer una lúgubre advertencia: si te embarcas en una relación con una persona que padece un desorden psicológico grave y sin tratar, o una adicción activa, y no está dispuesta a recibir ayuda seria y apropiada, debes dar por hecho que esa relación fracasará, y probablemente de manera muy dolorosa.

Hasta cierto punto, todos mostramos algunos de los atributos que acabo de mencionar, y sin importar lo buena que sea nuestra pareja, aun así nos lastimará y nos decepcionará en algunas ocasiones. Toda relación pasa por un proceso que el psiquiatra Daniel J. Siegel llama "ruptura y reparación":[1] la conexión se rompe y ambas partes se esfuerzan por encontrar las herramientas para repararla. La ruptura ocurre en el punto de separación entre las diferentes perspectivas y necesidades en conflicto. Cuando estemos frente a frente, mi derecha siempre será tu izquierda. La ruptura ocurre de manera natural en las relaciones, y por lo general duele. En una relación saludable, la reparación es posible cuando ambas partes están dispuestas a hacer el trabajo necesario. Las atracciones por privación son disfuncionales y rebasan las rupturas normales que ocurren en toda relación.

Las atracciones por privación son una huida de la intimidad

La atracción por privación es también una de las maneras más astutas de huir de la verdadera intimidad. En estas relaciones, nuestro miedo a la intimidad se esconde a plena vista. Buscamos con desesperación un amor firme de alguien que en el fondo sabemos que no nos lo dará. Cuando sentimos una atracción por privación, de alguna extraña manera estamos a salvo. He descubierto que las personas más propensas a este tipo de relaciones con frecuencia experimentan signos de incomodidad o temor, falta de valía o ira cuando se confrontan con una pareja amable, estable y disponible. *Cuanto más seducidos nos vemos por este tipo de atracción, tanto más incómodos nos sentiremos al estar con personas disponibles y cariñosas*. La mayoría necesitamos desarrollar el gusto por las relaciones saludables y estables.

Con frecuencia las atracciones por privación nacen por el miedo a nuestro propio poder y, no pocas veces, nuestro miedo al amor. En el fondo, se trata de distractores que desvían nuestra atención de la causa de todos los miedos: el desafío de nuestros propios dones en la vida y los retos inherentes en una relación sana. Mientras nos enfoquemos en conseguir que alguien más nos ame de la manera correcta, no tendremos el tiempo necesario —ni nuestro sentido de nosotros mismos— para vivir nuestra noción de misión más profunda. En el caso de una mala relación, tenemos carta abierta para escapar del desafío de nuestras luchas auténticas, ¡y la acompaña la compasión de nuestros seres amados!

Meryl huyó de los desafíos de su propia vida por la protección ilusoria de Jeff y, en última instancia, tuvo que regresar a la realidad de su vida, la cual en ese momento sufría el vacío de su hermano y ahora el de Jeff; pero era *su vida* y, por primera vez en mucho tiempo, recordó el bienestar que significaba recuperarla. Supo que nunca volvería a relacionarse con quien necesitara eclipsar su sentido de valía propia para alimentar su propio ego. Acaso los dones de ella eran menos ostentosos que los de Jeff, pero eran dones reales y ahora había aprendido la importancia de estar junto a un hombre que los valorara.

Al igual que Meryl, mientras menos respetemos nuestros dones, mayor atracción sentiremos hacia personas que también consideren que merecemos esa falta de respeto. Cuanta más vergüenza o ambivalencia experimentes respecto a un don esencial, tanto más atraído te sentirás por una persona que desdeñe o descuide dicho don. De manera inconsciente expresamos impulsivamente la denigración de esa preciosa parte de nuestro ser que no hemos aprendido a aceptar. Esto es muy importante. Significa que puedes evaluar el grado al que atesoras tus dones esenciales de acuerdo con el tipo de personas que te atraen.

Las relaciones basadas en la privación imprimen en nosotros la idea de que nuestros dones, esos elementos tan sagrados y esenciales de nuestro ser, son inherentemente indignos. En el siguiente capítulo exploraremos en mayor detalle las raíces de estas atracciones.

Para romper el ciclo de la atracción por privación

Para Meryl, alejarse de su dolorosa relación fue inmensamente difícil. La mayoría la pasamos muy mal al dejar atrás una mala relación, porque creemos que nos quedaremos con las manos vacías. Una separación es por lo regular un proceso mucho más lento y tormentoso de lo que podríamos imaginar.

Una parte de nosotros se aferra a la atracción por privación porque se parece demasiado al amor real que estamos buscando; pero debemos volver con gentileza y de manera repetida a relaciones verdaderas basadas en la inspiración hasta que éstas comiencen a hacernos sentir cómodos y deseables. Si estás atrapado en una atracción por privación, necesitas hacer acopio de todo el apoyo interior y exterior que puedas. Acude a asesoría de pareja si sientes que hay esperanza para la relación y de verdad quieres seguir adelante con ella. Busca la ayuda y el respaldo de amigos. Prueba con reuniones de doce pasos, terapia o asesoría. Si la relación no cambia, debes pensar en abandonarla. A menudo no podemos dar ese paso solos. Si deseas terminar con la relación, busca toda la ayuda y apoyo que puedas obtener antes, durante y después de la ruptura.

El rompimiento, cuando se trata de relaciones basadas en la privación, puede dejarnos con frecuencia con un sentimiento de vergüenza por haber estado enamorados de alguien que, en retrospectiva, resultaba inadecuado. Graba en tu memoria las palabras de la psicoterapeuta e instructora de Deeper Dating, Kathryn Janus: "Después de una ruptura, mis pacientes dicen cosas como: 'Me siento como un idiota. ¡No puedo creer que haya amado a alguien así! ¿Qué estaba pensando?' Mi respuesta siempre es: '¿Qué hiciste que fuera tan horrible? Amaste a alguien, lo cual es bueno. Usarás esta relación como una oportunidad de aprendizaje que te ayudará a elegir a alguien en el futuro. Es probable que la próxima vez tomes una decisión distinta, pero nunca te avergüences por amar a otro ser humano. Nunca' ".[2]

Atracción por inspiración

Ahora, llegamos al camino más directo a la felicidad en el amor. El gran secreto para encontrar el amor duradero radica en elegir y cultivar sólo la atracción por inspiración. Y no más. Es muy sencillo, pero a la mayoría nos cuesta décadas llegar a esta verdad, si alguna vez lo hacemos. Una atracción por privación raras veces se convierte en una relación basada en la inspiración, aun con amor, compromiso y mucho esfuerzo. ¡No necesitamos montar la montaña rusa de la atracción negativa para crecer! En cambio, podemos crecer por medio de la inspiración.

La atracción por inspiración es cálida y sencilla. En las relaciones de este tipo, nuestro desafío es aceptar y devolver el cariño de nuestra pareja, no ganarlo. Nuestra pareja puede desafiarnos a ser mejores, pero, en el fondo, nos ama por ser quienes somos. La atracción por inspiración se alimenta del bienestar real que la relación despierta en nosotros, no por la incesante "comezón" de aquello que nos es negado. Este tipo de atracción con frecuencia se despliega lentamente y se enriquece con el tiempo. Puede ser que exija mucho trabajo, pero permite el trabajo de la intimidad. Nos hace sentir amor, no desesperanza. Es la única clase de relación sobre la cual construir una vida; la única que merece el don de nuestro yo más íntimo. Y te doy mi palabra de que existe.

Podemos medir la calidad de nuestra vida por las relaciones de inspiración mutua que hemos cultivado. Éstas son las relaciones que nos permiten confiar en la vida. Son el verdadero cimiento de la alegría. Sin dicha inspiración, cualquier amor se marchitará, y sin las relaciones de esta naturaleza, también nosotros nos marchitaremos, volviendo a ser versiones menores, más a la defensiva y más heridas de nosotros mismos. Los seres humanos somos como ligas de hule: nos encogemos hasta alcanzar una longitud corta y cómoda a menos que fuerzas externas a nosotros nos hagan estirarnos. Las relaciones basadas en la inspiración nos hacen expandirnos a un tamaño que nunca alcanzaríamos por nuestra cuenta.

Este tipo de relaciones no solamente son el camino hacia el amor, sino el sendero a nuestra propia grandeza. A través de ellas podemos dejar atrás los miedos y heridas que nos reducen. La psicología popular nos dice que sólo podemos amar a los demás si nos amamos a nosotros mismos primero, pero en realidad con frecuencia ocurre lo contrario: pocos seremos capaces de amarnos con plenitud a nosotros mismos hasta que alguien vea y ame nuestros puntos de mayor vulnerabilidad (por lo común, los que corresponden a nuestros dones más profundos). Tal es el gran beneficio de las relaciones basadas en la inspiración. Percibimos que nuestro ser amado mira al interior de nuestro núcleo preciso y aprecia lo que ve. Como consecuencia de esta experiencia hay una sensación de valentía, un deseo innato de compartir nuestros dones, no por obligación, sino por una sensación de alegría desbordada. Y esto nos convierte en el tipo de persona que estamos buscando: alguien que inspira a los demás simplemente por ser quien es.

Éstas son algunas reglas para identificar una atracción por inspiración:

- ¿Te inspiran el cuidado y la aceptación (casi) constantes por parte de tu pareja?
- ¿Te inspiran la bondad, la decencia y la integridad de tu pareja?
- ¿Se alimenta tu amor del respeto hacia el tipo de persona que es tu pareja?
- ¿Están dispuestos tu pareja y tú a hacer el enorme esfuerzo de sanar las áreas de debilidad de la relación?
- ¿Te gusta ser quien eres y en quien te conviertes en presencia de tu pareja? ¿Él o ella te convierte en una mejor versión de ti?
- ¿Está tu pareja exenta esencialmente de las cualidades de las características de la atracción por privación que se describen en las páginas 98 y 99?

Si respondiste afirmativamente a estas preguntas, celébralo. Estás en el caso de una atracción por inspiración y debes atesorarla: es el tipo capaz de sustentar un futuro de amor. Por supuesto, ninguna atracción es solamente de inspiración. Nada es blanco y negro. Sin embargo, todos deseamos elegir relaciones en las que el grado de inspiración sea alto y el de privación en las áreas más importantes sea relativamente bajo.

Las relaciones basadas en la inspiración no son solamente para algunos afortunados. Todos podemos encontrarlas si elegimos nuestras citas con más sabiduría. El primer paso en este camino es desarrollar un "buen ojo para la inspiración"; dicho de otro modo, *buscar motivos de inspiración tanto como buscamos el atractivo sexual*. La siguiente micromeditación te ayudará a reconocer y aceptar los casos de atracción por inspiración, incluidos los que no sean de naturaleza romántica. Inténtala durante un día —o, mejor aún, cada día— y disfruta las lecciones que aporta.

MICROMEDITACIÓN
Atracción por inspiración. Un minuto.

Puedes hacer esta micromeditación cada vez que te conmueva la amabilidad, la exuberancia, la calidez, la creatividad o cualquier atributo positivo de una persona. Cuando eso suceda, no sólo lo adviertas y lo dejes pasar. Dedica un poco más de tiempo a paladear ese placer. Deja que perdure y extienda sus ondas en tu interior. Por ejemplo, un padre que sonríe o ríe junto a su hijo, o el dependiente de un almacén que muestra cierta especial afabilidad y paciencia con un cliente de la tercera edad, o un desconocido que te sonría en la calle. En la calidez que sientas después de presenciar esos breves momentos de humanidad encontrarás un reflejo de tus propios dones. Siente el cálido placer que acaba de encenderse en tus adentros. Disfruta esta micromeditación cada vez que experimentes momentos de inspiración y sigue adelante con tu día, un poco más enriquecido cada vez. Mientras más veces pongas en práctica este ejercicio, más feliz te sentirás y más capaz serás de reconocer los signos de inspiración.

Cultiva la atracción por inspiración

¿Qué ocurre cuando conocemos a alguien que nos inspira y sentimos una chispa de atracción, aunque no suficiente como para enamorarnos? Es importante que entiendas este punto: los casos de atracción por inspiración son distinguibles de los basados en la privación. No esperes sentir el mismo fuego de la atracción frente a una persona afable y disponible que ante un caso intenso de atracción por privación. A veces sentimos un deseo inmediato por una persona que nos atrae por inspiración, ¡y eso es genial! Sin embargo, no debes pensar que una atracción es menos valiosa simplemente porque comienza con calidez más que con fuego. Puedes experimentar "agrado a primera vista" y verlo convertirse en amor. Muchas personas —quizá la mayoría— que están en relaciones no sintieron amor a primera vista con su actual pareja: sus sentimientos fueron creciendo conforme se conocían mejor.[3] No digo que debas "conformarte" con una atracción que no es sólida sólo porque la persona te conviene. Simplemente te aconsejo que reconozcas la diferencia entre el "oro de los tontos" y el oro de verdad, y decidas por ti mismo. El amor más maravilloso de todos es aquel en el que la decencia, integridad y nivel de compromiso de nuestra pareja hacen que nuestro corazón se sienta pleno, y nuestra vida sexual se enciende debido a eso. Cuando eso sucede, sabemos que hemos encontrado un amor bueno y verdadero. No se trata de conformarse, sino de encontrar lo que has soñado.

¿Hay una chispa sensual o sexual con esa persona? ¿Hay una sensación creciente de calidez y placer? ¿Toca esa persona tu corazón? Si es así, es muy probable que hayas encontrado a un ser maravilloso. No cometas el error de huir al comparar esa atracción tranquila con la emoción desbocada de lograr que una persona que no está disponible ni es sana te ame por un corto tiempo. Ese nivel de intensidad nos provoca temblores y desequilibrio, y, en última instancia, nos damos cuenta de que hemos perdido el tiempo y nuestro equilibrio, y denigrado nuestros dones para mantener la relación en marcha.

En realidad, la atracción sexual es mucho más mutable que lo que nos han enseñado. Claro que todos tenemos tipos de personas que nos provocan de inmediato y con intensidad; pero la atracción también puede crecer. No estoy afirmando que deba atraerte alguien que no te seduzca físicamente, pero si alguien te atrae sólo un poco y posee otras cualidades que te gusten, la atracción puede florecer. Cuando conozcas a alguien, no tomes una decisión precipitada con base en si te atrae o no de inmediato en el plano físico. Si no estás seguro, sigue conociendo a la persona. Con el tiempo, puede ocurrir un feliz suceso: que tu atracción crezca de manera sorprendente. En caso contrario, sabrás que ha llegado el momento de dejar de salir con esa persona.

Mark y su esposa tienen una de las más sólidas relaciones que conozco. Los cimientos de su unión estriban en un fuerte compromiso con la apertura, la honestidad y la vida en pareja, aun cuando eso resulte sumamente difícil. Ésta es su historia:

Mark tuvo una infancia difícil. Su madre murió cuando él era pequeño y su padre era un hombre demasiado pasivo. No tuvo mentores reales, ni orientadores que lo ayudaran a superar el trauma de la pérdida de su madre. Su vida parecía una lucha constante hasta que encontró su vocación como terapeuta físico. Por esas fechas conoció a Sarah.

Mark se había desempeñado en su trabajo durante unos seis meses cuando recibió su primera recomendación para trabajar con alguien a domicilio. La primera sesión fue terrible. En sus propias palabras: "Toqué a la puerta y apareció una mujer con una niña pequeña en sus brazos; comenzó a darme órdenes y a decirme cómo debía ser la terapia. No hubo atracción física de ninguna parte. Era una persona muy difícil". Mark nunca pensó que el arreglo duraría.

Pues bien, sí duró. Llevan juntos 22 años y contando.

"Aquella puerta a la que llamé era la de la casa donde estoy de pie en este momento, 22 años después. Y aquella niña es hoy mi hijastra, y tengo también un hijastro."

Mientras entrenaban, Sarah y Mark se hicieron muy cercanos, pero en un plan estrictamente platónico. Llegaron a ser los mejores amigos.

Un día, algo cambió sin que se dieran cuenta. Cruzamos una mirada extraña, y eso fue todo. Su atracción sexual floreció por completo, y fue algo maravilloso para ambos. Después, ella comenzó a tomar las cosas en serio, pero Mark estaba seguro de que no era la persona para él. Estaba acostumbrado a salir con mujeres con aspecto de modelos, y Sarah, aunque era atractiva, no correspondía a ese tipo. Mark no quería conformarse. La atracción era demasiado importante. Eran grandes amigos, sí; el sexo era increíble, sí; pero, ¿pensar en el matrimonio? ¡De ninguna manera!

> Hoy puedo admitir que yo era una persona superficial —dice Mark—. No tenía contacto con mis sentimientos íntimos. No estaba en contacto con el amor. De repente, comencé a sentir algo muy profundo respecto a esa persona. Estaba completamente confundido. Una parte de mí decía: "¡Guau! Ella es asombrosa, me hace feliz. Tengo una amistad increíble y sexo maravilloso con ella. Es muy lista. Me siento muy bien con ella, me siento empoderado y muy a gusto", pero la otra parte sabía que no me sentía físicamente atraído lo suficiente. Eso era muy importante para mí.

Mark se sentía tan confundido que sabía que debía regresar a terapia para trabajar en ese tema. Tenía que enfrentar que el problema se relacionaba con su necesidad de mejorar su autoestima llevando del brazo a una persona atractiva. Sarah le ofrecía mucha riqueza de amor, intimidad y audacia sexual. Sabía que resolver la confusión y superar ese escollo lo convertiría en una mejor persona y gozaría de una vida más feliz. Ahí estaba el hombre que quería llegar a ser, pero no era él, todavía.

> El dolor era tan poderoso, no puedo explicarlo —dice Mark—. Me mataba pensar: "¿Cómo puedo permitir que esta relación muera?" Cada día era como una montaña rusa, porque si no me casaba con ella, no sabía qué sería de mí. Ella era mi complemento. Me convertía en una mejor persona, y yo sabía que ambos floreceríamos en mayor

grado si podíamos estar juntos, pero ese impedimento sobre la apariencia física era tan poderoso que no podía quitármelo de encima.

Finalmente, optó por el rompimiento. Le dijo a Sarah: "No puedo hacerlo", y ella estuvo de acuerdo en que aquello no funcionaba y era hora de dejar de intentarlo. Estuvieron separados tres meses. Uno o dos meses después ni siquiera intercambiaban correos electrónicos. Todo había acabado. Mark ni siquiera pensaba tanto en ella.

Sarah atravesó su propio viaje tumultuoso mientras luchaba con su relación con Mark. Antes había tenido un matrimonio muy doloroso, y lo había dado por terminado. En retrospectiva, ella se da cuenta de que, aunque tuvo la valentía de terminar ese matrimonio, aún estaba en busca de un príncipe azul que la salvara. Si Mark quería una modelo de pasarela, Sarah quería un hombre exitoso y rico. Durante dos años ella y Mark salieron de manera intermitente. En cierto momento dejaron de contarles a sus amigos cuando se separaban o volvían a juntarse, porque sentían que ya habían perdido toda legitimidad como pareja. Cuando Sarah acordó con Mark que debían terminar con la relación, le advirtió que no debía volver a menos que estuviera cien por ciento listo para casarse. Después de eso, sintió una calma que no había sentido en varios años.

Sarah dice: "Cuando me separé de Mark, por fin sentí que yo dirigía mi propio barco. En verdad fui estupenda con los niños; me volví mejor madre, y me relajé mucho. De manera sorprendente, o quizá no tan sorprendente, me volví muy popular. Comencé a tener citas como loca".

Uno de los hombres con los que salió Sarah empezaba a tomárselo muy en serio. Incluso quería casarse con ella. Aunque Sarah no estaba lista, se sentía feliz con el estado de las cosas: con él y con su vida en general. Mark también estaba contento, hasta que todo su mundo cambió.

Mark todavía se estremece al recordar lo que ocurrió después. Estaba en su departamento con una ex novia. Ella era una beldad y el sexo con ella era fabuloso, pero no había nada más. Era cerca de la una de la mañana y Mark dormía profundamente. Despertó de pronto, atónito. Fue como si alguien lo hubiera sacudido mientras le decía: "¿Qué estás haciendo, Mark? ¿Qué estás haciendo?" Se incorporó de golpe, sudando frío. Aún recuerda el pánico que sintió mientras pensaba: "Dios mío, ¿qué he hecho? Perdí a Sarah". Se preguntó una y otra vez: "¿Qué voy a hacer?"

Esto es lo que hizo: a primera hora de la mañana, fue con su mejor amigo a comprar un anillo y fue a toda prisa a la casa de Sarah a proponerle matrimonio. Al principio lo rechazó, aunque sólo por unos 30 minutos. Aún estaba enojada, pero sabía que él la amaba y que amaba a sus hijos. El matrimonio era para los cuatro, y Sarah sabía que era lo que todos querían.

Al recordar su experiencia de aquella noche, Mark dice: "Creo que fue mi madre quien me despertó a tirones. Murió cuando yo era muy pequeño. Pude advertir que quien me 'sacudió' se preocupaba mucho por mí. Fue como si me hubiera dicho: 'Escúchame, despierta. Más te vale que vayas a su casa o tu vida no va a ser lo que podría ser'. Sentí la presencia de mi madre".

Otro detalle que Mark quiso decirme:

Una vez que tomé esa decisión, mi viaje en la montaña rusa terminó. No volví a sentir aquella angustia. Hoy miro a Sarah y es 20 años mayor que cuando me asaltaba esa preocupación por su físico. Los años han pasado, su tonificación muscular no es la misma, es lo que sucede con la edad. No estoy ciego ante la realidad, pero no me molesta. La amo más que nunca. La amo por sobre todo.

Pero no fue una elección de tipo intelectual. Ahí radica su belleza. Creo que lo que me ocurrió es que cambié. Me dispuse a mirar de verdad en lo profundo de mi ser y crecer. Mi decisión me convirtió en una persona mucho mejor. Estuve cerca de pasar toda mi vida buscando a la persona que se ajustara a mi tipo físico exacto y, al cabo, no habría significado nada. He crecido mucho a lo largo de estos 20 años y lo sigo haciendo, y ello se debe a que la persona de mis sueños me está ayudando a crecer. Eso es lo más importante de todo.

Elegir la felicidad:
la inspiración *vs.* la privación

Las atracciones por inspiración raras veces nos llevan a un estado de obsesión. Como en el caso de Mark y Sarah, su poder se basa en la conexión, no en la indisponibilidad. Las atracciones de privación a menudo nos ponen eufóricos y nos hacen sentir vivos. El anhelo por lo que no podemos tener y la necesidad de hacernos dignos de obtenerlo pueden ser más imperiosos de lo que imaginamos. Muchos confundimos una atracción por privación con el amor real, debido a su poderosa fuerza sobre nosotros. Cuando este tipo de atracción nos decepciona, creemos que se debe a una falta nuestra, no a una deficiencia implícita en esa atracción.

Sandy, paciente mía que sufría a raíz de una serie de relaciones basadas en la privación, se había cerrado al romance. Tuvo un día una epifanía durante la sesión. Los hombres de los que se enamoraba siempre seguían amando a sus ex esposas, no estaban seguros de su sexualidad, o estaban indisponibles por alguna otra razón. Por consiguiente, decidió dedicar su atención a su exitoso restaurante y renunciar a los hombres por el momento. Prefería estar sola a sentir dolor, y sabía que los hombres que elegía siempre acababan por causarle dolor. Un día, en su terapia, tuvo una importante epifanía: si bien era verdad que los casos de atracción más intensa que había vivido habían sido hacia hombres que no estaban disponibles, también podía sentirse atraída por cualidades positivas. Sí, la atraían hombres que no podían comprometerse, pero también cualidades como la amabilidad, el decoro y la disponibilidad. Recordaba a un novio cuyo amor por la comida la había inspirado a volverse chef, y recordó el apoyo y cariño constantes que él le dio, ¡y ella se enamoró de él! Eso significaba que era capaz de enamorarse por las razones correctas. El problema radicaba en que buscaba primero la incitación y después la inspiración.

Dicho llanamente, sus prioridades no estaban en orden. La incitación es simple: se basta por sí misma. Advertir la inspiración requiere tiempo y la decisión consciente de buscarla. Por supuesto, ella tenía que sentirse atraída físicamente por alguien, pero estaba segura de que había hombres capaces tanto de atraerla como de inspirarla.

La epifanía de Sandy fue profunda. Se percató de que tenía dos sistemas totalmente diferentes de conexión y que podía elegir cuál de los dos seguir. Podía optar por la imperiosa atracción por privación o seguir la atracción que alimentaba los mejores aspectos de su ser. A partir de ese momento, comenzó a buscar personas que la inspiraran con su bondad. Entonces, en sus citas amorosas comenzó un verdadero cambio.

La mayoría estamos programados para desear lo que resulta difícil de obtener. Cuando alguien no nos desea por completo, de manera inconsciente le conferimos una mística especial. La gente que nos devalúa nos hace querer convencerla de nuestra valía. Éstos son nuestros circuitos de privación.

Sin embargo —y ésta es la parte más importante—, contamos también con los circuitos para desear a las personas que nos inspiran, nos valoran y están disponibles. Que mostremos una propensión volátil a las relaciones negativas no significa que las relaciones inspiradoras no puedan atraernos profundamente. Es sólo que jamás se nos ha enseñado que podemos elegir el amor sano y cultivar de manera consciente su pasión e impulso sexual.

En cada uno de nosotros operan dos circuitos distintos: la atracción por privación y la atracción por inspiración. Ambas pueden conducir a un profundo apego, con la salvedad de que es probable que la primera lleve a un infierno emocional, mientras que la segunda puede conducir a un futuro de amor y felicidad. Así ocurre en la amistad y en la búsqueda de una pareja, y es verdad que nadie nos lo enseña. Tomar la decisión de invertir sólo en atracciones por inspiración afecta en quién nos fijamos y comienza a cambiar realmente nuestras atracciones; ya lo verás.

La regla del 90 por ciento

Con frecuencia les menciono a mis pacientes la "regla del 90 por ciento": al menos 90% de las personas a las que conoces —incluidas aquellas con las que hay una química mutua— no serán compatibles contigo. Sencillamente, sentirás que tus dones más profundos no están a salvo con ellas o no les corresponden. El objetivo no es endurecernos ni desarrollar una armadura, sino buscar a esas valiosas personas con quienes nos sintamos naturalmente inspirados y percibamos que nuestros dones son vistos, apreciados y amados. Dichas personas son oro puro y el camino a un futuro de feliz intimidad. Si aplicamos la regla del 90 por ciento nos salvaremos a nosotros mismos de la constante duda que nos carcome al pensar que somos demasiado exigentes o que estamos equivocados.

Tal vez te preguntes: "Si aplico la regla del 90 por ciento, ¿tengo que resignarme a esperar casi para siempre? Si son tan pocas las personas compatibles conmigo de esa manera, ¿acaso eso no reduce de forma drástica mis posibilidades?"

Mi respuesta es: "De ningún modo". Cuando sabemos que sólo deseamos atracciones por inspiración, y damos por hecho que la mayoría de las personas no cumple ese criterio, nos movemos con mayor rapidez. Nos volvemos sabios guerreros que no pierden el tiempo, porque sólo elegimos las relaciones en las que sentimos inspiración. Sigue la regla del 90 por ciento y te ahorrarás muchísimo tiempo, además de evitarte muchos dolores. Cuando tu meta principal en tus citas es encontrar (y ser objeto de) una atracción por inspiración, no sólo te vuelves más propenso a encontrar y valorar a esas personas, sino que también te sientes cada vez más atraído por ellas, simplemente porque cumplen tu nuevo objetivo personal. En 2008 los investigadores Gráinne Fitzsimmons y J. Y. Shah reportaron que nos atrae más la gente que nos ayuda a cumplir las metas que más nos importan. Además, notamos a esas personas y nos acercamos a ellas con mayor rapidez y las evaluamos de manera más positiva, mientras que nos interesan menos las personas que no nos ayudan a cumplir nuestras metas.[4] En otras palabras, el simple acto de comprometerte a elegir sólo atracciones de inspiración hará que notes más pronto a esas personas maravillosas, las abordes sin demora y en verdad te sientas más atraído por ellas. Ocurrirá lo contrario con tus atracciones por privación. Volvamos a Sandy, quien era la dueña de un próspero restaurante de comida mexicana ubicado en un suburbio de Nueva York. En su trabajo, estaba inmersa en un constante frenesí social. Cuando regresaba a casa se sentía sola, y aunque sabía que vivía en un aislamiento exagerado, le gustaba, porque se sentía segura. Uno de los dones esenciales de Sandy era su profunda honestidad. Me dijo que se mantenía distante por un rasgo suyo que consideraba una debilidad. "Para mí es fundamental la honestidad. Si siento que alguien no es honesto conmigo, algo muy profundo en mí se cierra completamente. Creo que debo ser muy quisquillosa. La mayoría de las personas no son lo bastante honestas para mí. Siento que tengo una fijación por el tema de la honestidad, y si no relajo mis estándares, evitaré al mundo."

Le enseñé la regla del 90 por ciento y su primera reacción fue como la de la mayoría de las personas: "¡Qué deprimente! En ese caso, ¡tal vez tenga que darme por vencida!" Hasta que se lo expliqué de esta manera: "Imagina a un cliente hambriento que va a tu restaurante y no sabe qué quiere comer. Ahora imagina a alguien que sabe que quiere un burrito de carne. ¿Qué orden se servirá más rápido?" Entonces comenzó a entenderlo. Evitaba la intimidad porque no sentía que su don estuviera seguro en el mundo. Para sentirse segura en una relación íntima, Sandy necesitaba de esas escasas y preciosas personas que, como ella, tuvieran una brújula que apuntara por naturaleza hacia el norte de la honestidad.

Le indiqué que si honraba el valor de su don y comenzaba a aplicar un mayor discernimiento en ese aspecto crítico, dejaría de temer tanto a la intimidad. "Y cuando te decidas a pasar tiempo solamente con las personas que comparten tu don —le dije—, probablemente experimentarás la felicidad y paz que has estado esperando toda tu vida."

Sandy tomó todo esto muy en serio. Comenzó a aplicar la regla del 90 por ciento y a vivir como si su honestidad fuera un don precioso.

Esto hizo que todo cambiara para ella. Comenzó a fijar límites más adecuados. Cuando salía con alguien, indagaba la habilidad de esa persona para ser honesta aun cuando resultara difícil hacerlo. Cuando conocía hombres que pertenecieran a ese poco numeroso grupo, reconocía su valía. Pasados seis meses, comenzó a salir con Ed, un cliente asiduo de su restaurante durante años. Ed es un hombre divorciado, padre de tres hijos. Posee el mismo don de la honestidad esencial, y un sentido de lealtad silenciosa en la que ella ha llegado a confiar y apoyarse. Están comprometidos y ella siente que encontró un hogar en el mundo, cuya búsqueda la había llevado a la desesperación.

Te invito a que hagas un compromiso contigo mismo en este preciso momento. Decídete a elegir sólo relaciones basadas en la inspiración y casos de atracción por inspiración. Quizá pienses: "Es un cuento de hadas. Encontrar a alguien así es como hallar una aguja en un pajar", pero creo que quedarás sorprendido al saber qué ocurre cuando sólo buscas las situaciones de atracción por inspiración. Nuestro rechazo a dedicar tiempo y energía a dinámicas basadas en la privación abre un espacio que se llena con mejores relaciones. Tenemos el poder de cambiar nuestras citas amorosas —y nuestro futuro— mediante este compromiso sencillo y de amor propio.

Cuaderno de ejercicios de *Amor profundo*

EJERCICIOS PERSONALES
Desarrolla "buen ojo" para la inspiración
Piensa en un atributo tuyo que haría que alguien más sintiera por ti una atracción por inspiración. ¿Qué persona en tu vida te ha enseñado más sobre cómo volverte esa clase de persona? Recuerda algún momento en que esa persona te haya inspirado con la manera en que te trató a ti o a alguien más. Tómate unos momentos para recordar y apreciar a esa persona.

EJERCICIOS DE AMOR PROFUNDO

Inspiración y privación en una cita

Cada vez que estés en una cita o conozcas a alguien nuevo, fíjate en sus cualidades de inspiración o privación. ¿Te transmite esa persona una sensación de calidez? ¿Sientes integridad? ¿Esa persona es considerada? ¿Interesante? ¿Sabe escuchar y se interesa por ti, o sólo habla de sí misma? ¿Cómo es la calidad de su conexión? Puedes hacerte todas esas preguntas. Si notas cualidades de inspiración, permítete valorarlas. Si percibes cualidades de privación que continúan a lo largo del tiempo, considera seguir tu camino.

EJERCICIOS PARA REALIZAR CON TU
COMPAÑERO DE APRENDIZAJE

1) Compartan dos historias sobre su vida: una sobre una atracción por inspiración y otra sobre una atracción por privación.

2) Hagan el ejercicio "Desarrolla 'buen ojo' para la inspiración" y compartan lo que cada uno aprendió y experimentó en su cita.

5

Cómo tus atracciones revelan tus dones esenciales

El tipo de ser humano que preferimos revela
los contornos de nuestro corazón.
JOSÉ ORTEGA Y GASSET

En el último capítulo compartí el principio más simple y más importante que conozco para las citas: encontrar y seguir únicamente tus atracciones por inspiración. Esta elección es la base de tu futura felicidad en el amor. Mientras más reconozcas las características específicas de tus atracciones por privación y por inspiración, más podrás dirigirte de manera consciente hacia una relación verdaderamente maravillosa. En este capítulo crearás un retrato de tus dos tipos de atracciones y descubrirás los dones esenciales subyacentes.

Cómo nuestras atracciones revelan nuestros dones

Podemos descubrir nuestros dones esenciales y evaluar qué tanto los respetamos si notamos qué tipo de personas nos atraen. Dentro de cada atracción por privación existe un don esencial que no ha sido reconocido o valorado. Por ejemplo, si no hemos aprendido a respetar nuestra sensibilidad profunda, probablemente nos sentiremos atraídos por quienes denigren o hagan menos dicha sensibilidad. Si no hemos aprendido a respetar nuestros dones de pasión e intensidad, una de nuestras atracciones más fuertes será hacia personas que en última instancia intenten criticar o desinflar nuestra pasión. Si no hemos aprendido a respetar nuestro anhelo de conexión, el tipo de pareja que nos atraerá con intensidad será alguien que se resista al compromiso, nos aparte de sí o no respete nuestra necesidad de cercanía. Es casi como si nuestras atracciones por privación fueran la manera que tiene el universo de decir: "Tienes trabajo que hacer en torno a tu relación con este don".

Por fortuna, en todos estos casos también es cierto lo contrario: mientras más aprendamos a valorar esos atributos de nosotros mismos, más nos veremos atraídos por personas que aprecian esas cualidades y procuran no abusar o aprovecharse de ellas.

Jung explicó por qué ocurre esto. Él pensaba que cuando reprimimos una parte de nosotros mismos porque la juzgamos con dureza o nos sentimos avergonzados o asustados, ésta se convierte en nuestra "sombra": un aspecto de nuestro ser que intentamos sepultar. Sin embargo, el yo auténtico no puede destruirse; su poder y energía necesitan ir a alguna parte. Así, pues, esa parte negada de nuestro ser toma forma en nuestra vida exterior como una "proyección", una versión distorsionada y exagerada de la cualidad que intentamos ocultar. Cuando esto sucede nos encontramos continuamente atraídos o atrapados con personas que expresan esa parte negada de nosotros de manera exagerada y negativa, ¡y a menudo la usan contra nosotros! En las citas amorosas esto se traduce en que, si negamos o deshonramos un don esencial, es probable que elijamos a alguien que también lo deshonre, y seamos vulnerables a cualquier juicio negativo que esa persona tenga sobre nosotros. Nuestras proyecciones nos atacan y nos empequeñecen en forma de atracciones por privación y amores poco saludables, hasta que reclamamos los dones profundos que hemos rechazado. Cuando eso sucede, perdemos poco a poco nuestra atracción magnética hacia las personas que denigran nuestros dones.

Cuando acogemos nuestros dones, éstos nos alimentan y nos hacen ser mejores. Cuando los negamos, nos persiguen, con frecuencia mediante parejas que desprecian esa parte precisa de nosotros mismos.

La anterior afirmación nos conduce a una idea clave: en el centro de toda atracción, sin importar cuán poco sana sea, hay un don, una parte profunda de nosotros mismos que busca expresión, gratificación, conexión y validación. Te exhorto a que honres el don en el centro de cada una de tus atracciones, incluidas las que sabes que son malas para ti. En el centro de nuestro anhelo de amor, por descarriado que esté, está nuestra alma. Si podemos sentir una atracción y el don que subyace, es mucho más probable que tomemos decisiones prudentes en relación con esa atracción.

Conforme realices los ejercicios de este capítulo, te enfrentarás cara a cara con muchas de tus atracciones. Algunas serán inspiradoras y hermosas, y otras quizá resulten perturbadoras. En tales momentos es importante recordar dos cosas. En primer lugar, no te apresures en calificar tus atracciones de patológicas. Muchos tenemos atracciones que otros quizá juzguen como confusas o inaceptables, o con las que nos sentimos incómodos. Si se trata de una atracción por inspiración que no causa daño alguno, brinda felicidad y es mutua, entonces merece ser explorada, y no resistida debido a algún prejuicio cultural sobre lo que constituye una relación apropiada. En vez de comenzar con algún frío juicio sobre esa atracción, intenta honrar la riqueza que puede ofrecerte.

En segundo lugar, recuerda un postulado central de la teoría de los dones: tus heridas más profundas surgen de tus mayores dones. Una vez que identifiques los dones detrás de tus atracciones poco sanas, tendrás el principio de una ruta hacia la sanación. *No podrás deconstruir conductas negativas si no rescatas el don en su interior y lo orientas hacia algo mejor.*

El mito del amor perdido

Nuestras atracciones por privación se alimentan de una falta de amor propio, pero para la mayoría de nosotros este vínculo no resulta evidente de manera inmediata. Necesitamos un entendimiento más profundo de cómo nuestro rechazo inconsciente de nosotros mismos se convierte en atracción poco saludable. Ser conscientes de nuestro "mito de amor perdido" puede aclarar esta conexión. Cada uno de nosotros ha creado un mito del amor perdido, una historia capaz de definir nuestra vida a la que recurrimos para explicar por qué no fuimos amados como lo necesitábamos cuando éramos niños y qué podemos hacer para restañar ese dolor o protegernos de volver a experimentarlo. Este mito cobra vida cuando nos sentimos inseguros en una relación, y puede sacudirnos hasta nuestro centro mismo. Debbie es un buen ejemplo de cómo este mito del amor perdido puede desarrollarse en nuestras relaciones íntimas.

Debbie peleaba con frecuencia con sus novios. Ninguna relación parecía durar. Uno o ambos integrantes de la relación quedaban demasiado dañados como para seguir adelante. En cierto momento de la terapia, Debbie trajo a colación un recuerdo de su infancia. Tenía más o menos cuatro años de edad y encontró una mariposa monarca muerta en el pavimento. Confrontar la realidad de la muerte de un ser tan bello le rompió el corazón. Recogió la mariposa, llorando, y se la llevó a su tía, quien estaba de pie en el porche. Su tía miró el rostro de Debbie bañado en llanto y estalló en sonoras carcajadas. Debbie dejó caer al insecto, tomó impulso y ¡golpeó a su tía! Hasta entonces, Debbie sólo había visto ese recuerdo como algo gracioso, pero ahora nos daba la clave para entender una parte importante de su historia amorosa.

Al describir su furia infantil, Debbie finalmente reconoció el mensaje de su recuerdo, que versaba sobre su tierno corazón y la furia apasionada que emergió a la superficie en el momento en que su vulnerabilidad fue desdeñada. Al ver ambas partes de su ser con tanta claridad, rompió en llanto, pero esta vez sus lágrimas se mezclaban con risas de comprensión. Su temperamento volátil finalmente comenzó a tener sentido. Cada vez que sentía que alguien no valoraba su alma, estallaba su cólera… y esto la metía en problemas.

El mito del amor perdido tiene tres aspectos principales. El primero es la historia que comenzamos a contarnos a nosotros mismos en la infancia, sobre el mundo como un lugar inseguro y hostil. El padre le pidió el divorcio a la madre cuando Debbie tenía sólo siete años de edad. Madre soltera con cuatro hijos mayores y una pequeña niña sensible que mantener, la madre de Debbie tenía poco tiempo o energía para ella. Todo el tiempo parecía estar molesta. Los intentos de Debbie de demostrarle amor a su madre recibían respuesta en ocasiones, pero a veces recibían el rechazo o la ignorancia absolutos. Debbie recordaba pocas ocasiones en que su madre le hubiera demostrado un cariño real. En ocasiones, su madre la humillaba si mostraba su "lado flaco". En consecuencia, Debbie creció experimentando el mundo como un sitio frío donde el amor verdadero era casi inasequible. De manera inconsciente elaboró su propio mito del amor perdido, que explicaba por qué su madre le negaba su amor. Llegó a la conclusión de que el mundo era un lugar frío que pagaba la vulnerabilidad con humillación.

En segundo lugar, el mito del amor perdido explica que merecemos ese castigo. Cuando era niña, Debbie no tenía manera de saber que su madre era el problema. Amaba a su madre y así explicaba las limitaciones de ésta en términos que tuvieran sentido para una niña. "Es mi culpa, no soy digna de recibir amor." Debbie creció sintiendo que de un modo u otro *ella* era la razón por la que el amor real era inalcanzable. Nuestro mito del amor perdido continúa su camino de daños al decirnos con exactitud qué nos hace indignos de amor. El mito de Debbie explicaba sus defectos en los términos más devastadores. Se centraba en sus cualidades más vulnerables y apremiantes, y en las cualidades que ella sentía que eran más ignoradas o incomprendidas —sus dones esenciales de la dulzura y la emocionalidad apasionada—, y la convenció de que esos dones precisos eran culpables de su pérdida de amor. Le enseñó que su vulnerabilidad e intensidad eran rasgos humillantes que la hacían indigna de amor. Como su vulnerabilidad era motivo de vergüenza en vez de ser objeto de amor, Debbie simplemente fue incapaz de experimentarla como algo bueno.

En tercer lugar, nuestro mito del amor perdido explica cómo podemos defendernos del mundo inseguro y hostil. Siendo niña, Debbie aprendió a quedarse callada frente a la ira de su madre. Intentaba ser la mejor niña del mundo, pero la cólera que echó raíces en la Debbie niña afloró en su totalidad cuando ella se hizo adulta. Aunque seguía tratando de ser la mejor niña del mundo, se juró a sí misma no permitir que nadie volviera a humillarla. Entonces, cada vez que se sentía vulnerable, cada vez que sentía *miedo* de ser despreciada, lanzaba un ataque preventivo. Su cólera repentina y desmedida minaba y terminaba por destruir toda relación incipiente.

Como adulta, Debbie había aprendido a despreciar los dones del núcleo de su identidad. Creía, de modo bastante erróneo, que su vulnerabilidad, su dulzura y su sensibilidad eran debilidades que tenía que vencer. En realidad se trataba de señales que marcaban los dones esenciales de Debbie, de manera que todos sus esfuerzos por vencerlas o suprimirlas fracasaban en última instancia. Dichos dones —su vulnerabilidad y su naturaleza exaltada— eran parte central del ser completo de Debbie. Mientras intentaba alejarse de ellos, un vínculo invisible la mantenía atada a ellos. En cierto punto, la cuerda simplemente dejó de estirarse. Ella se dio cuenta de que no había encontrado el amor que buscaba, que la vida con la que había soñado pasaba de largo junto a ella. Sentía un inexplicable vacío interior, y no sabía qué hacer al respecto.

En terapia, Debbie descubrió que al suprimir sus dones esenciales en realidad rechazaba su ser. En nuestras conversaciones, descubrió una importante semejanza entre casi todos sus novios del pasado: ninguno de ellos se sentía a gusto con su vulnerabilidad, ni con la de él mismo. Es más, todos la hacían sentirse avergonzada de esa vulnerabilidad. Ahora Debbie tenía los planos de la estructura de sus atracciones por privación. Se dio cuenta de que sus atracciones más intensas —pero no sanas— eran hacia personas que no podían apreciar sus dones esenciales; personas que, como ella misma, no sabían cómo valorar la vulnerabilidad, la dulzura o la sensibilidad.

Debbie se dio cuenta de que el dolor que había sentido en sus relaciones pasadas *era el dolor de un don que jamás había sido amado a plenitud*. Había desperdiciado años de su vida intentando que la amara y la aprobara alguien que la juzgaba con tanta fuerza como ella misma.

Finalmente, se percató de que suprimir sus dones esenciales nunca la llevaría a la intimidad genuina que deseaba. La tarea de Debbie en este punto consistía en seguir esa cuerda invisible hasta llegar a los dones que había dejado atrás, identificarlos, amarlos y permitirles conducirla a un hombre que también pudiera reconocer y atesorar sus dones. Ese tipo de hombre sería su atracción por inspiración.

Ahora, la poderosa voluntad de Debbie se proponía una nueva meta: ése sería el único tipo de hombre que aceptaría. No tenía que ser alguien que se sintiera perfectamente a gusto con la vulnerabilidad —pues ella misma no se sentía así—, pero sí debía ser alguien que jamás la avergonzara a propósito por ser vulnerable. Comenzó a evaluar a las personas con las que salía según ese criterio. Mientras empezaba a rodearse de gente que valoraba su vulnerabilidad, poco a poco fue experimentándola de una nueva manera: como algo tierno, pero fuerte y valioso. Este nuevo sentido de discriminación y autoconsciencia modificó el tenor de todas sus citas amorosas… ¡con rapidez!

Aprende de tus atracciones de privación

El siguiente proceso, que es el de crear una imagen clara de tus atracciones por privación, te ayudará a identificar las cualidades negativas y restrictivas que no dejan de constreñirte. Como resultado de este proceso, también serás capaz de identificar los dones que necesitas honrar más plenamente. Sin embargo, debes tener en cuenta que este ejercicio implica revivir algunos recuerdos dolorosos. Si has experimentado trauma o abuso en relaciones pasadas, si estás recuperándote de una adicción o si tienes algún motivo para creer que este proceso podría desestabilizarte, te exhorto a que lo realices sólo con el apoyo de un psicoterapeuta calificado.

Ten en cuenta, además, que el propósito de este proceso no es criticar a tus ex parejas, sino usar un filtro particular para descubrir tus dones esenciales.

Descubre tus atracciones por privación

1) En tu diario, aparta cinco páginas consecutivas para este proceso. Al principio de la primera página escribe: "Mis atracciones por privación". Escribe los nombres de los amores más importantes de tu pasado que te hayan hecho sentir herido, privado, descuidado o traicionado. Si algunas relaciones tuvieron aspectos tanto de inspiración como de privación, nombra a la persona y anota sólo sus atributos de privación. Deja unas cuantas líneas para cada nombre. Si lo deseas, siéntete libre de anotar relaciones no románticas importantes, incluidas las de la infancia.

2) Para cada persona de tu lista, apunta todos los rasgos que te hayan herido, frustrado o te hayan hecho sentir ignorado o no reconocido. No te preocupes si la culpa pudo haber sido tuya en parte. Escríbelos de todos modos. Incluye rasgos físicos y de personalidad que te hayan parecido sensuales pero también negativos, como un ingenio sarcástico, un contoneo altanero o una boca fruncida por el enojo.

3) El siguiente paso es una potente medicina: pregunta a tus mejores amigos cómo caracterizarían tus relaciones basadas en la privación (el tipo de personas que eliges y que te tratan mal a ti o a otras personas). Agrega esos rasgos negativos a tu lista.

   Por lo general, nuestros amigos pueden ver la parte de privación de nuestras relaciones, aun cuando nosotros sólo vemos la atracción. Permite que tus amigos sean el espejo que te ayude a ver tus atracciones por privación más allá de tus puntos ciegos. Si crees que no estás listo para escuchar la opinión de un amigo, o si sientes que te causará vergüenza o hará que te enojes con él, no hagas este paso. De lo contrario, no lo pases por alto. Nuestros amigos pueden decirnos en un instante cómo nos cerramos al amor real. Pero ¿les preguntamos? ¿Los escuchamos? Ésta es tu oportunidad de aprender algo muy importante sobre los patrones que te alejan del amor.

4) En la segunda página escribe: "Mis patrones de privación". Mira toda tu lista de personas y sus características de privación. Elige los rasgos negativos que te hayan lastimado más profundamente o con mayor frecuencia en tu vida romántica. Anota quién tenía cada rasgo. Por ejemplo, veamos las respuestas de Dana:

- Resentía mi éxito (James, Brad, David, Rob)
- Arrogante, presumido (James, Peter, Brad, Steven)
- Bebía demasiado (James, David, Rob, Brad)
- Vena de malicia (James, Peter, Steven, Rob)
- Me engañó (Brad)

Aislar los rasgos que te han lastimado más y/o que han aparecido con mayor frecuencia te permitirá descubrir las características centrales de tus atracciones por privación. Si no tienes suficiente experiencia en el amor para responder estas preguntas, usa tus relaciones no amorosas.

5) Sobre el margen superior de la tercera página escribe: "Un retrato de atracciones por privación". Repasa tu lista, incluidos los comentarios de tus amigos, y recopila un perfil de los tipos de personas que te atraen y los rasgos suyos que te causan más dolor.

Por ejemplo, Dana escribió: "Me atraen los chicos malos. Los que no tienen empacho en expresar su enojo o sus necesidades, los que no temen a las peleas. James tenía una vena de malicia que salía a relucir conmigo y con su madre. Hombres iracundos. Hombres que no me necesitan como yo a ellos. Hombres que no necesitan la validación que yo sí. Muchos de ellos bebían demasiado. Brad me engañó durante algunos meses. Tal vez fue la peor experiencia de mi vida. Todos eran sensuales por su bravuconería. A mis amigos muchos de ellos les parecían arrogantes, sobre todo Brad, ¡y yo ni siquiera me daba cuenta! Muchos tenían menos éxito que yo en su vida profesional. La mayoría estaban resentidos por mi éxito. Me criticaban y terminé por sentirme culpable muchísimas veces. Me atraen los hombres que tienen cierto desdén en la mirada. Los hombres malhumorados en las calles, que parecen incluso un poco peligrosos, me vuelven loca".

6) En el margen superior de la cuarta página escribe: "Cómo me sentí en estas relaciones". Responde por escrito esta pregunta: ¿Qué impacto tienen este tipo de relaciones en mi sentido de mí mismo? Describe los sentimientos que la pregunta te haga evocar.

Por ejemplo: "Me siento pequeña, débil, disminuida, insegura de mí misma, y eso me hace sentir furiosa. Odio sentirme débil. No quiero mostrar mi enojo porque temo que me abandonen. Me siento culpable, como si tuviera la culpa de la frustración y enojo de todos ellos. Al mismo tiempo, siento amor; quiero ayudarlos. Y al mismo tiempo que los deseo, quiero ponerlos en su lugar".

7) Finalmente, en la última página escribe: "Los dones esenciales subyacentes en mis atracciones por privación". Tus respuestas al punto 6 revelan las heridas que rodean tus dones esenciales. En este paso identificarás los dones que no fueron honrados en esas relaciones. Son las partes de tu ser más esencial que no has aprendido a valorar. Mientras más los nombres, los entiendas y los aprecies, menos propenso serás a esas atracciones por privación, y más propenso a las atracciones por inspiración.

Las siguientes dos revelaciones te ayudarán a descubrir tus dones esenciales en el centro de tus atracciones por privación.

Primera revelación: A menudo, las características negativas que descubres constantemente en tus relaciones son los atributos opuestos a un don esencial que no has aprendido a honrar. Por ejemplo, uno de los dones esenciales de Dana era ser competente y ambiciosa, pero se sentía avergonzada y culpable por su poder. Por consiguiente, sus atracciones por privación eran hacia hombres sin éxito, que se saboteaban a sí mismos: rasgos exactamente opuestos a su don esencial.

¿Qué rasgos negativos de tus ex parejas eran los más comunes o los más dolorosos? Piensa en la cualidad positiva opuesta a esos rasgos. Describe esa cualidad como un don esencial que no has aprendido a aceptar.

Segunda revelación: Los sentimientos más dolorosos que experimentes en una atracción por privación reflejan un don esencial que jamás ha sido amado a plenitud. Cuando tenemos un don esencial que no ha sido reconocido, respetado o valorado en nuestra vida, experimentamos dolor y la sensación de no ser adecuados al entrar en contacto con ese don. Cuando honramos ese don, comenzamos a experimentarlo no como un déficit, sino como algo positivo, que poco a poco se fortalece. Por ejemplo, en el ejercicio anterior, Dana describió sentirse débil e insegura de sí misma, a pesar de ser eficiente y exitosa. Su poder innato, jamás honrado ni amado a plenitud, lo experimentaba como insuficiencia. Conforme aprenda a elegir amigos y una futura pareja que disfruten su poder innato, comenzará a experimentar ese poder como un don esencial.

Elige un sentimiento que haya sido el más doloroso o el más persistente en tus atracciones por privación. Describe ese sentimiento doloroso como un don que jamás ha sido amado a plenitud.

Si aún no tienes claro cuáles son los dones subyacentes en esas atracciones, date tiempo. Se trata de conceptos complejos y novedosos. Conforme descubras tus dones en otras áreas, los dones detrás de tus atracciones por privación quedarán más claros.

Dedica unos minutos a leer lo que escribiste y toma nota de tus sentimientos al hacer este repaso. Procura no juzgarte a ti mismo; este doloroso conocimiento es exactamente lo que te liberará de reincidir. Ahora tienes una imagen mucho más clara de los rasgos específicos de tus atracciones por privación: una verdadera lista de "señales de peligro". La próxima vez que notes esos rasgos en alguien con quien salgas, serás más consciente, más respetuoso de ti mismo y más propenso a tomar una decisión prudente. ¡Felicidades por completar uno de los ejercicios más difíciles de este libro!

Descubrir tus dones en tus atracciones por inspiración

Para algunos de nosotros la atracción por inspiración no resulta familiar. Estamos acostumbrados al dolor de anhelar, la emoción de perseguir, la sensación familiar del deseo mezclado con la incertidumbre. Muchos necesitamos cultivar el gusto por la inspiración, la paz y la consistencia. Esto no significa que la relación deba ser aburrida. Las relaciones inspiradoras pueden ser maravillosamente emocionantes, pero esta cualidad estriba en la posibilidad de expresar las diferencias y revelar nuevos niveles de pasión, entusiasmo, vulnerabilidad y aventura sexual. La emoción puede existir en las relaciones sanas, sólo que no suele parecerse a la emoción de las relaciones no sanas. Al cultivar nuestra capacidad de intimidad real es mucho más probable que notemos y busquemos nuestras atracciones por inspiración.

Mi padre es sobreviviente del Holocausto. Era un niño sensible y algo rebelde. Por las noches leía poesía bajo las sábanas, aunque ése era un secreto que sus compañeros jamás descubrirían. Estaba muy apegado a su madre, una madre soltera amorosa y buena. Cuando llegaron los nazis, los pusieron a ambos en el mismo campo de concentración, pero separados por sexos. Ésa fue la última vez que vio a su madre. Tenía 16 años de edad. Después de sobrevivir a años de horror, cuando las fuerzas Aliadas liberaron el campo de concentración, mi padre comenzó a buscarla de inmediato. Habían acordado encontrarse en cierto pueblo si sobrevivían. Fue ahí y la esperó durante meses, hasta que se hizo consciente de la posibilidad de que ella hubiera muerto.

Cuando supo que no quedaba esperanza alguna de encontrarla emigró a los Estados Unidos. Pocos años después conoció a mi madre. La bondad y el cariño de ella tocaron la misma parte de su alma que había tocado su madre, y supo que en ella había encontrado su hogar en el mundo. Mi madre también se enamoró de él, pues era la clase de persona que siempre acude cuando alguien tiene un problema. Si había un trabajo que hacer, se podía contar con que Eric lo hiciera. Mi padre simplemente sabía que ella era la indicada para él, así que después de tres citas, le propuso matrimonio. Ella tenía 19 años y estaba aterrada. Voló a Chicago, donde vivía, para traer sus pertenencias. Mi padre esperó… y esperó. Ella se había convertido en su cuerda de salvación hacia la esperanza de una vida buena y feliz. Representaba cosas a las que él había cerrado su corazón durante años, pero que ahora sabía que deseaba y necesitaba más que nada. Le escribió una carta sencilla y apresurada en la que, en esencia, le rogaba que se casara con él. Mi padre, en ese momento de su vida, no permitía que nadie viera su vulnerabilidad. Apenas puedo imaginar el trabajo que le habrá costado escribir aquella carta. Sin embargo, el hecho cambió el curso de la vida de ambos. Ella le entregó su corazón. En medio de la turbulencia emocional que sintió en respuesta a su súplica, ella se percató de que lo amaba y le dio una respuesta afirmativa. Apenas tenía 19 años y era una artista bohemia que comenzaba a explorar el mundo, pero ya sabía que debía decir "sí" a un futuro con mi padre. Hoy ambos son octogenarios y aún llevan una de las relaciones más amorosas y sólidas que he conocido.

Mi padre refiere el enorme miedo que tenía de volver a amar. Su miedo más profundo era enamorarse y tener hijos, porque, de acuerdo con él, "cuando amas a alguien el mundo puede tomarte como rehén". Cuando se enamoró de mi madre, tomó la decisión más aterradora posible: volver a amar y, por tanto, a arriesgarse.

Mi madre también me contó una hermosa historia. En el tiempo en que conoció a mi padre, salía con otro hombre a quien le gustaba mucho. Un día quedó claro a quién escogería. Ella y el otro hombre estaban sentados en una banca de un parque. Él tenía una bolsa de bocadillos, pero sólo una. Tomó de la bolsa primero y se la ofreció entonces a ella. Mi madre imaginó a mi padre y supo que él habría llegado con dos bolsas de bocadillos, o que si hubiera tenido una sola, le habría ofrecido primero a ella. En ese breve instante imaginó dos versiones de su futuro, y supo cuál quería.

Mi padre y mi madre se sintieron inspirados por la bondad de cada cual, y ambos se dieron cuenta de que seguir la inspiración era el camino a la felicidad, aun cuando, en sus propias palabras, los asustaba lo que esa decisión significaría para ellos. A través de innumerables problemas y luchas, esa base de respeto por la bondad del otro los mantuvo juntos y enamorados durante todos esos años.

En la siguiente sección aprenderás a reconocer los signos de tus propias atracciones por inspiración.

Descubre tus atracciones por inspiración

1) En tu diario, aparta tres páginas consecutivas para este proceso. En el margen superior de la primera página escribe: "Mis casos de atracciones por inspiración". Enlista todas tus relaciones amorosas pasadas que hayan tenido un elemento de inspiración. Si algunas relaciones también tuvieron aspectos de privación, incluye el nombre de la persona de todos modos. Deja unas cuantas líneas para cada nombre.

2) Después de cada nombre, anota los rasgos de tus ex parejas que te hayan inspirado, tocado o conmovido. No te preocupes si estas cualidades también mostraban un lado oscuro. Anota sólo las partes buenas. Incluye rasgos físicos que hayan sido atractivos por ser inspiradores; por ejemplo, unos ojos risueños, una boca amable, etc. Si en el desarrollo de este ejercicio adviertes que sientes nostalgia, amor o arrepentimiento, deja que esos sentimientos afloren y observa si puedes sentir gratitud hacia tus ex parejas por sus cualidades inspiradoras.

3) En el margen superior de la segunda página escribe: "Un retrato de mis atracciones por inspiración". Vuelve a la lista que acabas de escribir y comienza a elaborar un perfil de las cualidades que

te inspiran. Escribe desde el fondo de tu corazón y permítete disfrutar el proceso.

Por ejemplo: "Siempre me han atraído los hombres que son lo suficientemente valientes como para hablar y vivir según su verdad, aun si resulta difícil. Tal vez ésa sea la cualidad más importante de todas. De verdad necesito a alguien que valore a la familia. Cuando estoy con alguien cuya lealtad es profunda, comienzo a fluir y confío. La amabilidad significa mucho para mí. Cada vez que veo a un hombre que es amable con desconocidos, hace trabajo voluntario o es paciente con los niños como creo que nunca lo seré, me siento profundamente conmovida. Amo estar con alguien que sea capaz de compartir con profundidad y honestidad, incluso en condiciones adversas. Cuando estoy con alguien a quien puedo decirle la verdad sin que huya de mí, mi corazón se derrite. Un hombre que verdaderamente se entregue en la cama, que me permita sentir su pasión pero también sus necesidades... me mata".

4) Respira. Lee lo que escribiste y deja que te imbuya. Ahora, vislúmbrate en una relación con una persona disponible que posea esas cualidades. Mientras más vívida sea la imagen, más la anhelarás y más harás para que se haga realidad.

5) En la tercera página escribe: "Mis dones esenciales". Mira las cualidades de inspiración que anotaste en el paso 3. Ahora, piensa en cuáles te describen a ti. Me imagino que son varios, porque es por eso que te tocan tan profundamente cuando los ves en otra persona. En la mayoría de los casos serán dones que no te avergüencen, dones que te permitas honrar. Anota estas cualidades y permítete apreciar el trabajo, tiempo y costo de haberlas cultivado en el mundo.

Por ejemplo: "La honestidad me importa profundamente. Es un don esencial poderoso y Dios sabe que me han lastimado y sorprendido lo suficiente en relaciones con hombres que no valoraban la verdad como yo lo hago. Además, soy alguien que no oculta su verdad emocional. La comparto. Y no abandono a nadie. Muchos hombres con los que he salido nunca me compartieron qué les disgustaba de la relación y me dejaron casi sin ninguna explicación. Yo nunca le haría lo mismo a nadie. Yo le diría qué me parece mal y le daría otra oportunidad. Éste es un don increíble y, según puedo ver ahora, muy raro".

Ahora que conoces algunos rasgos de tus atracciones por inspiración, puedes buscarlos de manera enfocada, y eso provocará cambios maravillosos en tu búsqueda de amor.

Si este capítulo te hizo pensar en viejas atracciones por inspiración que quizá no supiste apreciar en el pasado, tal vez alguna de esas personas está soltera y disponible. No hay vergüenza en volver a contactarlas. Tal vez, al hacerlo, reconozcas tu miedo del pasado, y quizá se vuelvan tus amigos… o incluso algo más.

Cuaderno de ejercicios de *Amor profundo*

EJERCICIO PERSONAL
Convertirte en atracción por inspiración para alguien más
¿Qué puedes hacer para ser una atracción por inspiración para las personas con las que salgas? Elige un comportamiento que te gustaría desarrollar. Compártelo con tu compañero de aprendizaje, pruébalo en tu siguiente cita o en cualquier interacción, y reporta tu experiencia.

EJERCICIO CON TU COMPAÑERO DE APRENDIZAJE
Tus atracciones por privación y por inspiración
Hablen sobre los resultados de sus ejercicios sobre la atracción por inspiración y por privación. Describan con la mayor claridad posible los atributos de su tipo ideal en lo referente a atracciones por privación y por inspiración.

6

Accede a las raíces profundas
Cómo cinco minutos al día pueden cambiar tu vida

Mira, una voz sagrada te llama; a través de los
cielos una voz sagrada te llama.
ALCE NEGRO

Si nuestra meta es encontrar el amor, será prudente comenzar por nuestra conexión con la fuente misma de ese amor en nuestro interior. Al acercarnos a esa fuente sentimos la presencia de algo grande, algo que entraña una enorme promesa. Nuestros dones esenciales, esos puntos en los que sentimos más profundamente nuestra humanidad, son nuestros puntos de acceso a esa fuente del yo. Es ahí donde sentimos la mayor conexión con el mundo y con los demás. Es ahí donde nuestro espíritu anhela interactuar con el mundo.

En este capítulo aprenderás técnicas para aliarte con tu fuente de sabiduría, creatividad y amor mientras buscas a tu ser amado. A final de cuentas, espiritualidad e intimidad son lo mismo: el amor es la meta final. No es necesario creer en ningún tipo de deidad para seguir las lecciones de este capítulo; puedes simplemente pensar en la fuente de donde emanan tu amor y tus dones más profundos.

Podemos pensar en nuestros dones esenciales como fragmentos de esa vasta fuente que hay en nuestro interior; fragmentos que se originan en una vastedad, profundidad y humanidad mayores de lo que nuestra mente puede concebir. Es por eso que nos meten en tantos problemas. Imagina un trozo de algo tan profundo, tierno e inimaginablemente vasto, en el interior de una persona frágil y ensimismada, que vive en un cuerpo pequeño y limitado que envejecerá y morirá. Como puedes imaginar, semejante situación puede conducir a mucho sufrimiento o a una gran belleza, lo que suena muy parecido a la condición humana. Nuestros dones siempre serán mayores que nosotros. Surgen de una fuente mucho más profunda de lo que nuestros pensamientos más brillantes pueden intuir.

MICROMEDITACIÓN
Tu fuente del yo. Tres minutos.

¿Has tenido en tu vida un momento tan hermoso que podrías llamarlo trascendental o sagrado? Quizá fue un momento en la naturaleza, o una experiencia espiritual, un sentimiento de amor profundo o una experiencia intensa escuchando música. Sea lo que sea, recuérdalo lo mejor que puedas. No te exijas demasiado: basta el recuerdo. Intenta rememorar dónde estabas cuando ocurrió y qué sentiste. Fue un momento en que estuviste cerca de tu fuente del yo. Si la experiencia conllevaba algún mensaje, ¿cuál es? Retén el recuerdo un momento más. Inhala y siente sus oleadas.

Percepciones guía: tu GPS hacia una vida de amor y sentido

Enterradas entre todos los molestos "deberías" de la autoayuda están nuestras percepciones guía: mensajes de nuestro yo más profundo que tienen el poder de cambiar nuestra vida.

Las percepciones guía nos obligan a actuar; se sienten como órdenes marciales de nuestro yo más profundo y nos invocan cuando nuestra guardia está abajo. ¿Alguna vez te has despertado a las tres de la mañana para verte sumido en un difícil momento de reflexión sobre tu vida? ¿O has escuchado una canción y sentido una intensa conexión con alguien importante en tu vida? La experiencia de Mark cuando se sintió sacudido por la noche fue una percepción guía que le cambió la vida. Conforme pasas más tiempo en la cálida humanidad de tu zona de dones, puedes esperar visitas de estos casi mágicos aliados.

Las percepciones guía afectan aspectos vitales en ti; pueden desafiarte o confortarte, pero llegan a tu corazón. Sabes que son importantes. Tal vez provoquen que tu corazón duela (ese mismo dolor es, con frecuencia, señal de una percepción guía); tal vez representen una liberación o una caricia que reconforta, o tal vez te causen pavor. Tal vez no estén bien definidos, se hallen en estado embrionario o en formación incluso mientras te abres paso a tientas hacia ellas; si no resuenan profundamente en ti, entonces no son tus percepciones guía, no importa qué tan prácticas sean. Las percepciones guía no te dirán el domicilio de tu futura pareja (¡a menos que seas extremadamente afortunado!). Puedes sentir incluso que no tienen ninguna relación con tus citas amorosas, pero misteriosamente te guían hacia el amor. Tu deber es escucharlas, reconocerlas cuando se presenten e intentar actuar según los mensajes que te envíen.

La búsqueda de amor basada en la intimidad se parece más a la búsqueda de un tesoro que a un viaje en auto hacia un lugar exacto. En la búsqueda de un tesoro, las instrucciones sólo revelan el siguiente paso que debes dar: "Camina dos calles al oeste y busca debajo del buzón la pista siguiente". Si quieres continuar el viaje, simplemente debes seguir esa pista. Tus percepciones guía son como esas pistas: no te dan la respuesta definitiva, sólo te ofrecen un atisbo de tu siguiente paso. Cuando hagas caso al mensaje, te llevará a alguna parte, y otro mensaje llegará a su debido tiempo.

Sin embargo, las percepciones guía raras veces llegan en una forma tan clara como las notas de una búsqueda del tesoro. Llegan en susurros, en un momento en que las prioridades de la vida se aclaran: sentir una atracción de inspiración por alguien que no habías notado antes, una revelación que te salva de un doloroso predicamento, o un inesperado sentimiento de aprecio por alguien que amas. Esos susurros son invitaciones personales a la intimidad, que nos envía nuestro ser profundo. Cuando las escuches, hónralas. Escríbelas. Cada cierto tiempo, pide que se te muestren tus percepciones guía. Cuando empiece ese proceso, nuevas percepciones comenzarán a surgir con mayor frecuencia en momentos inesperados de tu vida diaria. Si lo permites, te guiarán cada vez más en tu viaje de intimidad. Con el tiempo comenzará a surgir una imagen de tu camino personal hacia el amor y el crecimiento. Si estás dispuesto a honrar las percepciones guía en tu vida, tus citas amorosas van a cambiar, y sentirás comodidad y conexión al saber que estás menos solo en tu búsqueda de amor de lo que imaginabas.

MICROMEDITACIÓN
Invita a tus percepciones guía. Cuatro minutos.

Esta micromeditación suave, aunque poderosa, te ayudará a entrar en sintonía con tus percepciones guía. Sólo pregúntate lo siguiente: "¿Qué me pide el amor en este momento?" Tómate un rato para asimilar la pregunta y observar las respuestas que llegan a tu mente. Tu respuesta quizá sea poco específica o poco clara. Quizá sea sorprendente; pero si te suena correcta, permítete aceptarla. Piensa en cómo podrías actuar al respecto. Tómate un momento más para reposar con el "susurro" que te haya llegado. Si no te llegó nada, inténtalo de nuevo en otro momento del día. (Esta micromeditación puede ser increíblemente útil durante un conflicto, porque crea un punto de reinicio y te mueve hacia la calidez y creatividad de tu zona de dones.)

Repite este proceso tantas veces como desees. Intenta no autocensurarte. Estás aprendiendo un nuevo lenguaje.

Sigue el llamado de tus percepciones guía

Cuando tenía 44 años vi la brillante película de Pedro Almodóvar *Todo sobre mi madre*. Uno de los temas centrales de esa película es la fuerza del cariño hacia los demás. Después de verla experimenté una extraña sensación en mi interior. No tenía idea de qué era. Caminé hacia un rincón tranquilo del vestíbulo del cine y cerré los ojos. ¿Qué sentía? Después de un minuto, ese tirón en mi interior se hizo claro.

Quería ser padre. Yo era un hombre homosexual soltero en la cuarta década de mi vida y de ningún modo acaudalado, pero estaba seguro de estar recibiendo el llamado de la paternidad. Cerca de un año después traje a mi hijo desde Camboya y nos convertimos en una familia. Ha sido la mayor y más dichosa bendición de mi vida entera. Me preocupaba que las exigencias de ser un padre soltero me impidieran encontrar el amor, pero, de hecho, ocurrió todo lo contrario. Conocí a mi maravillosa pareja, Greg, padre él también, en una actividad de nuestros hijos.

Si sigues tus percepciones guía, tu vida se desarrollará de maneras sorprendentes y pasarás más tiempo en tu zona de dones. Si actúas con base en dichas lecciones te volverás más creativo. Presentarás menos tolerancia a las relaciones basadas en la privación y tanto más te atraerán las relaciones basadas en la inspiración. Te convertirás en un mejor amigo para contigo mismo y tus seres amados. Éstas no son promesas vacías y no existe una fórmula secreta. Nuestros corazones nos susurran todo el tiempo, y a veces nos gritan. El problema no radica en que no recibamos la llamada, sino en que preferimos ignorarla.

Y he aquí un asombroso beneficio extra: cuanto más sigas tus percepciones guía, tanto más atractivo resultarás… para el tipo de persona que en realidad estás buscando. Cuanto más sigas los llamados de tu corazón, advertirás que el tipo de personas con las que sales comenzará a cambiar en realidad.

Apreciar la lección

A veces no estamos preparados para responder al llamado de nuestras percepciones guía. Cuando aún no estamos listos para actuar, una medida sabia es simplemente apreciar la lección a sabiendas de que aún no podemos poner manos a la obra. Poco a poco la sola proximidad de nuestra lección nos hace cambiar, crea una fricción en nuestro interior, un malestar notable que lentamente nos transforma. El solo hecho de apreciar una lección nos cambia y nos acerca al día en que podamos actuar con base en ella.

Digamos, por ejemplo, que una de tus percepciones guía dice que es necesario que desaceleres la marcha, que estás tan concentrado en tus siguientes tareas y problemas que los momentos y relaciones importantes en tu vida te están dejando atrás. Con todo, no tienes la fuerza o capacidad para desacelerar el carrusel de tu vida. En lugar de reprenderte a ti mismo o pensar que dejarás este problema para cuando seas más fuerte y sabio (como la mayoría creemos que debe ser), intenta otra cosa. Aprecia la voz que te está diciendo que debes frenar. Piensa en su sabiduría, en tu tristeza en los momentos perdidos con tus seres amados. En lugar de evitar ese malestar, deja que cobre vida en ti. Con el paso del tiempo, esa percepción te hará cambiar porque se volverá imposible vivir de la vieja manera mientras tu ser profundo te está instigando —a través de tu propio malestar— al cambio.

Accede a la fuente de tu yo

El ejercicio que voy a enseñarte te ayudará a acercarte a ella. Este ejercicio podría marcar una diferencia mayor en tus citas amorosas que cualquier otro elemento en juego, con la salvedad de un gran compañero de aprendizaje. Implica tener acceso a tu fuente del yo para obtener orientación e inspiración en tu búsqueda de amor. Esta fuente es el lugar desde el cual amas. Este simple ejercicio te ayudará a acercarte a ese lugar. Plantéate esta pregunta: "¿Siento dentro de mí una especie de atracción gravitacional hacia la intimidad?" ¡Por supuesto que sí!

Imagina ahora que sigues ese sentimiento hasta su fuente en tu interior, como si pendieras de una soga en una cueva. Imagínate siguiendo la soga hasta tu centro, hacia el poder y el amor que yacen en tu Fuente del yo, hacia el manantial vivo de tu bondad. Es posible acceder a ese manantial.

Cuando accedemos a ese manantial en el centro de nuestro ser, sentimos la presencia de algo grande, algo que entraña una enorme y positiva promesa. No es necesario que le pongamos nombre. Sólo amarlo y pasar "tiempo de calidad" con él basta para cambiarnos. Cuanto más nos aproximemos a esa fuente, cuanto mejor la conozcamos piel con piel, cuanto más tiempo de calidad pasemos con ella, tanto mayores serán la transformación, la simplificación y la inspiración en nuestra vida. Cuanto mayor sea nuestra intimidad con esta fuente, más partes congeladas de nuestro corazón comenzarán a deshelarse. Y entonces el amor y su gemelo, el deseo de amor, comenzarán a emerger en nuestra vida. En mi opinión, ése es el único camino espiritual.

El terapeuta de pareja y escritor David E. Greenan ha escrito: "Creyentes, agnósticos y ateos por igual reconocen el poder de la conexión, la paz y calma que surgen al abrir nuestro corazón a otra persona. En esos momentos sabemos que estamos en presencia de algo que inspira asombro, algo que, por sinergia, es mayor que nosotros mismos".[1]

Creemos una práctica personal para obtener la ayuda de esta misteriosa y benévola fuerza en nuestro viaje hacia el amor.

Tu meditación de cinco minutos sobre el amor

Encuentra un lugar donde te sientas a salvo y en paz. Siéntate en ese lugar con papel y pluma. Piensa en el lugar con el que quieres conectarte, la fuente de tu amor. Quizá tengas un nombre para esta fuente, o quizá no: el gran misterio, tu potencial por descubrir, un poder superior… todos esos nombres están bien.

Ahora, veamos si puedes crear peticiones de ayuda en tu búsqueda de tu ser amado. Encuentra las palabras que expresen tu deseo o anhelo de amor. Puedes pedir ayuda y orientación para encontrar tu alma gemela, o para aprender a no huir del amor. Sé valiente y emplea las palabras que te atraigan, que enciendan tu anhelo. Siéntete libre de usar también palabras, afirmaciones y plegarias que hayas leído o escuchado y que hagan eco en ti. Puede ser una frase, una palabra o unas cuantas oraciones. *El único requisito es que las palabras te muevan o toquen tu corazón al decirlas o pensarlas.* Prueba las palabras que hayas elegido. Si lo necesitas, refínalas hasta que se vuelvan realmente precisas. No te preocupes por lograr que suenen sabias o pulidas. Incluso la palabra *ayuda* es suficiente.

Escribe tus palabras. Las usarás en tu primera práctica de cinco minutos, pero no necesitas quedarte con ellas para siempre. Pueden cambiar muchas veces, según lo que sientas, ¡incluso durante el mismo periodo de cinco minutos! De ahora en adelante puedes usarlas tan seguido como quieras, o simplemente emplear las palabras que desees cada vez.

Si prefieres usar una afirmación, también está bien. Crea o encuentra una oración que te parezca esperanzadora, creíble y conmovedora. Por ejemplo, puedes imaginar a tu próxima pareja y repetir: "Mi amor, abro el corazón a ti". Sabrás que tu afirmación es correcta cuando suene verdadera y te conmueva.

Una vez que hayas elegido tus palabras o tu afirmación, ponte cómodo en el lugar que hayas elegido. Permítete imaginar la fuente de amor en tu interior. No te preocupes por lograr una imagen exacta: imaginarla de manera imperfecta es suficiente.

Di las palabras que has elegido, volcando tu corazón en el proceso. Descansa un momento y siente las reverberaciones en tu interior. Ahora vuelve a decir las palabras y tómate otro momento para sentir las reverberaciones emocionales. No te preocupes si no te llega ningún sentimiento. Toma tiempo.

Continúa diciendo las palabras desde tu corazón y tomándote un momento para sentir lo que te llegue después de cada repetición. A veces notarás que una ola de sentimiento se aproxima a ti; quizá sientas anhelo, tristeza o alegría. Lo que sea que sientas proviene de tu interior, y es señal de que algo ahí se abre. Tómate el tiempo necesario para que esa ola de sentimiento pase a través de ti. En esos momentos ocurre algo que puede transformarnos y orientarnos. Es como si descargáramos información que cambia nuestros circuitos de manera sutil. Deja que la descarga termine y siente sus reverberaciones.

Cuando esa ola de sentimiento termine de pasar, vuelve a repetir las palabras. Continúa con este proceso gentil pero sumamente poderoso. Después de cinco minutos, descansa y ábrete a lo que sientes.

Cuando pedimos repetidas veces aquello que más deseamos, empleando el lenguaje interno de nuestro deseo personal, generamos calidez, emoción y anhelo. Es posible que surjan nuestros miedos. Quizá sintamos que no merecemos el deseo de nuestro corazón. Tal vez empecemos a temer que nunca llegará. Se trata de momentos difíciles de tolerar. O podríamos sentir agudamente nuestro anhelo, nuestra necesidad apasionada y deseo de una pareja y una familia. Ese anhelo también lastima.

Así pues, ¿por qué hacer algo que lastima tanto, así sea durante cinco minutos? Porque funciona. Cambia nuestra vida. Cambia nuestro carácter y nuestra conducta. Pone en movimiento fuerzas que subyacen a nuestra mente consciente. Nos alinea con nuestros deseos. Desplaza nuestras capas protectoras de insensibilidad, distracción y fijación en asuntos menores.

Esta breve meditación nos recuerda aquello que más nos importa. Nos salva de extraviarnos en los dramas relativamente insignificantes pero enormemente llamativos que llenan nuestros días. Mientras desarrollamos nuestra práctica espiritual, nuestro corazón comienza a descongelarse y nuestro anhelo de amor se libera. Cuando así ocurre, una puerta se abre. Comenzamos a recibir mensajes más claros de orientación. Estas percepciones guía son nuestros siguientes pasos y nos revelan qué necesitamos hacer a continuación para acoger y descubrir el amor.

Haz este proceso tan auténtico y creativo como te sea posible. Cualquier método que te ayude a conectarte con tu fuente del yo en apoyo a tu búsqueda de amor es algo maravilloso. Conozco a una mujer que salía a su patio todas las noches antes de dormir, miraba al cielo y pensaba en el hecho de que había alguien allá afuera, en algún lugar del mundo, también solo y en busca de alguien como ella: simplemente, aún no se habían encontrado. Mientras imaginaba a esa persona y la invitaba a su vida, cantaba la canción "Goodnight My Someone", del musical *The Music Man*. Hoy, atribuye en parte a esas noches de cantar en su patio el hecho de haber conocido a su esposo.

Quizá, en vez de pedir, prefieras practicar la confianza. Arielle Ford, autora de *The Soulmate Secret*, creó una maravillosa técnica que empleó para encontrar a su ser amado. Antes de encontrar su alma gemela, escribió:

> Tenía una *sentimentación* ritual: todos los días al ponerse el sol, encendía varias velas, ponía mi disco favorito de cantos gregorianos y me sentaba en mi silla grande y cómoda. Con los ojos cerrados, me dejaba caer en el sentimiento de felicidad por tener a mi alma gemela en mi vida. Experimentaba estos maravillosos sentimientos en cada parte de mi cuerpo, sabiendo que en ese mismo momento él estaba en camino hacia mí. Hubo días en que pensé que estaba tardando demasiado, pero simplemente dejaba ir esos pensamientos y volvía a sentirme en un estado de gracia, segura de su llegada.[2]

Una vez más, sólo hay un requisito para la práctica que elijas: que te toque y te conmueva. Si pruebas una práctica unas cuantas veces y descubres que eso no sucede, procura encontrar nuevas palabras o crear una práctica distinta.

Intenta apartar cinco minutos todos los días para tu práctica. Incluso puedes crear un lugar especial en tu casa para hacerlo.

Elogio de la práctica espiritual descuidada

Llevar a cabo ejercicios como el anterior, aunque sea por cinco minutos, es una disciplina exigente pero inmensamente gratificante. Te aconsejo que te permitas hacerlo mal. No te preocupes si tu atención divaga. Si tu corazón se enfoca en el proceso, aunque sea por momentos, comenzarás a experimentar el cambio.

Yo soy un gran ejemplo de práctica espiritual descuidada. ¿Qué significa eso? Mi mente divaga. Pierdo el interés. Paso demasiado tiempo haciendo listas o rumiando agravios. He practicado la meditación de manera descuidada —y constante— durante unos 25 años. Sin embargo, incluso con mi terrible forma y mi descuido total, mi vida meditativa es más rica de lo que jamás imaginé. La meditación es como una presencia gentil y sabia dentro de mi corazón. ¿Por qué? ¡Porque he meditado mal durante tantos años!

Deja que la práctica cambie como desee. No intentes controlarla. Permite que cobre vida propia. A veces puedes sentirla completamente seca y forzada. Es de esperarse. Sin embargo, otras veces te tocará y se encenderá tu anhelo, o quizá sientas paz o esperanza. Cuando eso ocurre, estás en tu zona de dones. Mantén tu corazón ahí, aunque el anhelo sea doloroso. La ola pasará. Disfruta esos momentos en los que, sin previo aviso, la meditación tome vuelo. Lo hará. Esto puede tardar semanas en ocurrir, o puede ocurrir al primer intento. Pase lo que pase, te desafío a intentar esta práctica todos los días durante todo tu trabajo con este libro, y aun después. Cambiará tu vida.

Cuaderno de ejercicios de *Amor profundo*

EJERCICIO PERSONAL

Crea y comienza a practicar tu meditación de cinco minutos sobre el amor

Practica este proceso transformador durante cinco minutos al día por el resto de este curso —y ojalá sigas haciéndolo después—. Si no puedes hacerlo por cinco minutos, que sean tres o dos. Incluso eso marcará una diferencia. Por supuesto, si quieres hacerlo por más de cinco minutos, será maravilloso. Este proceso cobrará vida propia y verás los cambios que ocurren en tu vida como resultado.

EJERCICIO DE AMOR PROFUNDO

Pide una percepción guía

En cualquier momento del día en que puedas concentrarte, pide una percepción guía sobre tu vida amorosa. Pon atención a cualquier posible "susurro", cualquier indicio de una percepción guía, ahora y en los días venideros. Cuando obtengas una, escríbela. Entonces, asegúrate de emprender la acción que tu percepción te sugiera. Tu intuición surgirá con mayor libertad si la honras escuchando y siguiendo sus consejos.

EJERCICIOS CON TU COMPAÑERO DE APRENDIZAJE

Tus percepciones guía

Comparte tus percepciones guía con tu compañero de aprendizaje y tus seres amados. Sus respuestas te ayudarán a entender tus percepciones guía en nuevas maneras y a traducirlas en nuevas conductas.

Tu práctica de cinco minutos

Hasta donde te resulte cómodo, comparte tus experiencias con tu compañero de aprendizaje. El área de la espiritualidad es una zona muy sensible. Puede ser más difícil hablar de espiritualidad que de sexo, sobre todo si tu espiritualidad no cae en ninguna categoría sencilla. No compartas nada que no consideres listo para compartirse. Al menos apóyense mutuamente para crear y seguir sus prácticas, incluso si no comparten detalles específicos de la práctica en sí.

APRENDE LAS HABILIDADES PARA TENER CITAS AMOROSAS MÁS PROFUNDAS

En las dos primeras etapas de este libro has hecho un trabajo invaluable para descubrir tus dones esenciales y entender cómo han influido en todo el historial de tus relaciones amorosas. Ahora aprenderás a aplicar la profundidad y belleza de esos dones esenciales a tu vida cotidiana. Bienvenido a la etapa tres, donde aprenderás a emplear las herramientas de *Amor profundo* para transformar tu búsqueda de una relación amorosa y duradera.

En esta etapa crearás un juego de nuevas herramientas para tus citas, que te permitirán compartir tu verdadero ser con bondad, valentía y discernimiento. También aprenderás dónde buscar el amor y qué hacer cuando lo encuentres. En esta etapa, la más concreta de tu viaje, aprenderás a navegar por el difícil estadio intermedio de la búsqueda del amor, a trazar la ruta de tu progreso y a descubrir tu "valiente paso siguiente". También aprenderás sobre algo de enorme importancia: los mayores saboteadores del amor nuevo y sano, y cómo navegar por sus aguas traicioneras.

EL VIEJO MAPA AL AMOR

Hacerte el difícil te hace más deseable para una nueva pareja en potencia. Mostrar tu entusiasmo demasiado pronto hará que esa persona huya.

EL MAPA NUEVO

Hacerte el difícil puede ser una buena manera de enganchar temporalmente a una persona que no se siente cómoda con la intimidad, si eso es lo que buscas. El mito de que debemos fingir desinterés ha evitado que nazca más de una relación en potencia. La mayoría de nosotros yerra por creer que tenemos que hacerlo. La verdad es que, si se te da muy bien fingir desinterés, probablemente eso sea indicio de un problema. Y si no estás versado en ese arte, probablemente reprimirás tu deseo hasta no poder contenerlo más, y entonces lo dejarás salir de golpe en el momento menos indicado. ¡Cuántas veces me ocurrió a mí!

Las investigaciones son claras en este punto: mostrar a una persona que estás interesado en ella es una de las mejores maneras de detonar la atracción. Eli Finkel, profesor de psicología en la Universidad Northwestern, usó algunos eventos de citas como vehículo para estudiar la atracción romántica. Su investigación demostró que fingir desinterés no es la mejor estrategia. Una clave para detonar la atracción es mostrarle a la persona que estás interesado en ella en particular, y no por una sensación general de necesidad por parte tuya. Por ejemplo, Finkel sugiere que podrías transmitir el mensaje: "Eres increíble, y me emociona mucho poder pasar este tiempo contigo", al mismo tiempo que el de: "He andado algunos caminos, y eres tú quien realmente me interesa". Así que no te limites: haz que la próxima persona que te guste lo sepa. Es una manera íntima y eficaz de iniciar una nueva conexión.[1]

7

Las siete habilidades para tener citas amorosas más profundas
Cómo anteponer tus dones

El amor arranca máscaras sin las que tememos no poder vivir
y tras las cuales sabemos que no podemos vivir.
JAMES BALDWIN

En este capítulo veremos cómo anteponer tus dones en tus citas amorosas, y cómo permitir que tus dones te guíen en tu búsqueda de amor. Aprenderás siete técnicas que te ayudarán a aplicar todo lo que has aprendido hasta ahora a tus citas amorosas. Estos ejercicios abrirán nuevas puertas en tu manera de pensar y provocarán emocionantes e importantes cambios en tu vida amorosa.

Cómo anteponer tus dones

Nuestros dones esenciales nos llevan del estancamiento de la duda a los revitalizantes riesgos de la autenticidad. Ya has aprendido cómo honrar tus dones esenciales y acceder a tu zona de dones. Ahora bien, ¿qué significa "anteponer" los dones que has estado descubriendo?

Anteponer tus dones no significa que debas "ponerte" ninguna cualidad en particular, ni seguir un patrón fijo que te diga cómo actuar. Nuestros sentimientos auténticos cambian con frecuencia. Entonces, ¿cuál es la señal de que estamos accediendo a nuestros dones? Una sensación de conexión con nuestra humanidad. Cuando sentimos eso, nuestro auténtico yo cobra vida. Nos volvemos más sensibles a lo que queremos y a lo que no queremos. Encontrar esa conexión con nuestra humanidad, y actuar en consecuencia, se siente riesgoso pero emocionante. Es un estado ameno que el maestro hindú Paramahansa Yogananda llama "audacia equilibrada". En el mundo de las citas amorosas, puede significar:

- Llamar a la persona que nos interesa.
- Sonreírle a un desconocido atractivo en un autobús y, si él o ella nos sonríe, acercarnos a saludar.
- Admitir de manera franca algo que hicimos mal y ofrecer disculpas.
- Expresar una necesidad o un afecto profundo que nos haga sentir vulnerables o incluso abochornados.
- Decirle a nuestra pareja cómo nos gusta que nos toque durante el encuentro sexual, o compartir un deseo sexual íntimo.
- Decir "te amo" por primera vez sin saber qué responderá tu pareja.
- Comenzar una nueva relación aunque en el pasado hayas sido duramente lastimado.

"¿De verdad quiero exponer mi alma de esta forma?", nos preguntamos. "¿Vale la pena el riesgo?"

Mi respuesta es un rotundo "sí". Cuando te decidas a atesorar y expresar tus dones, obtendrás la dignidad y el poder que éstos confieren y tus citas amorosas —tu vida entera, en realidad— cambiarán. Tus dones te pondrán cara a cara con incontables riesgos, pero serán *tus* riesgos, y harán que tu ser se vuelva más amplio y profundo conforme los enfrentes.

Cuando anteponemos una versión retocada de nosotros mismos, nos sentimos inadecuados e inseguros. ¿Por qué? ¡Porque nuestro ser falso en verdad es inadecuado! No tiene vínculo alguno con nuestro poder personal. Es como subir por una escalera que se tambalea: existe una sensación constante de incertidumbre, y eso no es lo que queremos en nuestras citas. Cuando ocultamos nuestro verdadero ser, encontramos maneras de sabotear la intimidad real, porque tememos que nos "descubran".

Cuando nuestra meta es conectarnos con nuestra verdad personal e interactuar con el mundo a partir de ahí, todo cambia. Nos sentimos creativos y valiosos. Nuestro miedo al rechazo se vuelve menos tiránico. Conectarnos con el mundo como realmente somos se vuelve nuestra nueva pasión. Ése es el arte de la intimidad profunda, y es dinámico, escalofriante e invaluable. Al practicar los siguientes ejercicios aprenderás importantes habilidades para evocar ese estado de intimidad, incluso en las fases más tempranas de tus citas amorosas.

Una caja de herramientas para las citas amorosas más profundas

No hay modo de evitarlo: salir con alguien es difícil. En realidad, la palabra *difícil* no basta para empezar a expresarlo. Las decepciones, traiciones, rechazos y mentiras; las citas aburridas, las citas interminables, las citas terribles; decir "no" a personas que te importan, y que alguien que te interesa te diga "no" a ti. Las frustraciones y callejones sin salida —y sí, también los momentos maravillosos, emocionantes y revitalizantes— podrían llenar varios volúmenes. Algunas personas simplemente han renunciado a las citas. Otras, como tú, no.

Si has realizado al menos algunos de los principales ejercicios de este curso, has tocado las partes más profundas y preciosas de tu ser. ¿Cómo hacer para tener una nueva cita, o conocer a alguien en línea o por medio de redes sociales, e involucrar esas partes de ti en el proceso, de una manera adecuada para las primeras citas? También has trabajado mucho para crear seguridad y respeto en tus relaciones. ¿Cómo puedes entrar al mundo de las citas —que a menudo está lejos de ser seguro y amable— y seguir protegiendo tu vulnerabilidad? ¿Cómo anteponer tus dones de modo que atraigas hacia ti a las personas correctas? Veamos siete habilidades que te ayudarán a sacar a tu yo verdadero al mundo de las citas de una manera que te conducirá al amor verdadero.

Estas técnicas requieren lo que podría parecer un cambio radical en relación con las maneras tradicionales de buscar el amor. Todas implican la labor profunda de poner a trabajar tu intuición, tu corazón y tus capacidades. Algunas técnicas se te darán naturalmente, y eso es digno de celebrarse. Otras las sentirás como áreas en las que necesitas trabajar más. Con el apoyo de tu compañero de aprendizaje, darás verdaderos pasos para desarrollar y reforzar esas habilidades. Algunas quizá te parezcan demasiado difíciles. En esos casos, vuelve a la sección "Apreciar la lección" (páginas 137-138), la cual te enseña cómo trabajar con las partes de ti mismo que aún no están listas para el cambio.

Te invito a leer sobre las siete habilidades y descubrir cuál te interesa más. Entonces, elige solamente esa habilidad y trabájala. Disfruta cada nuevo aprendizaje. El placer que te brinden tus nuevas habilidades las hará arraigarse aún más en tu vida.

1. Sé amable, generoso y considerado

De entre los millones de palabras que se han escrito sobre cómo conseguir pareja, ¿por qué casi ninguna nos dice que la amabilidad es uno de los afrodisiacos más poderosos? En tus citas amorosas, no temas mostrar tu amabilidad. Éste puede parecer un consejo ingenuo y peligroso, o incluso inapropiado para las realidades de una primera cita con un completo desconocido. Si no has cultivado tu capacidad de discernimiento, estoy de acuerdo; pero si ya te comprometiste a seguir sólo tus atracciones por inspiración, mostrar amabilidad y generosidad resulta un filtro muy eficaz. Cuando eres amable y considerado, eres la persona que quieres ser. Ahora, mira si tu cita posee las mismas cualidades. Si le importan esos rasgos y se ha esforzado por cultivarlos, lo sabrás casi de inmediato, y habrás empezado de la mejor manera posible. Si no muestra esas cualidades, también lo sabrás pronto. En cualquier caso, tendrás la información que necesitas.

En lo que respecta a las citas, se nos ha enseñado a parecer desenfadados, no amables. "¡El que sigue!" se ha convertido en el llamado moderno de las citas amorosas. Si algo tiene la cultura de las citas es su carencia de amabilidad y, por sorprendente que parezca, nos hemos acostumbrado a ello. Con las multitudes de personas que muchos conocemos en línea y en actividades para solteros, hemos perdido los códigos básicos de afabilidad que dan pie a la posibilidad de intimidad. Esta estrategia ha cerrado sin remedio innumerables relaciones potenciales y ha llevado a una cultura de la soltería impregnada de profunda soledad. Cuando el romance y las citas se apartan de las simples verdades de la amabilidad y la decencia humana, comienzan a volverse tóxicos y, sin que lo sepamos o lo consintamos, nos conducen al dolor y nos alejan del amor.

Sí, es atemorizante mostrar un grado adicional de amabilidad y generosidad. Hacerlo pone nuestra alma al descubierto, pero ¡justamente por eso debemos intentarlo! No hay una mejor manera de descubrir quién es digno de nuestro yo esencial. La próxima vez que acudas a una cita intenta mostrar un poco más de amabilidad y generosidad de principio a fin, y luego discierne con quién quieres volver a salir con base en su reacción ante tu afabilidad. La amabilidad, además de ayudar a los demás, nos lleva a conocer personas más amables, capaces de amores sanos y duraderos. La amabilidad y la generosidad son contagiosas. Son el medio mismo de la intimidad. El amor se encuentra, se advierte y se acaricia en los pequeños momentos.

La escritora Wendy Widom narra cómo una pequeña muestra de amabilidad de un hombre cambió su futuro. En ese tiempo Wendy estaba en sus veinte y vivía en Manhattan. Estaba convencida de que el hombre de sus sueños sería muy parecido a Jon Stewart o a Billy Crystal cuando era joven: un neoyorquino con personalidad ácida que disfrutara ser el centro de atención. Así, cuando conoció a un hombre realmente agradable de Cincinnati que era un poco tímido y carecía de sarcasmo por completo —pero que la dejó usar su tarjeta del metro—, se sintió confundida. Él le agradaba, pero no coincidía con su imagen del hombre que estaba destinada a conocer.

En su segunda cita comenzó a llover, de modo que ella se cubrió la cabeza con la capucha que llevaba. De manera espontánea, el hombre

extendió el brazo y tocó su cabeza con mucha suavidad. Ella no esperaba esa clase de contacto. Entonces lo miró y se dio cuenta de que algo
había cambiado. Pensó: "Eres listo, y eres amable. Los hombres con los
que salgo son listos, pero no siempre tan amables". Él estaba fuera del
marco de lo que Wendy esperaba. Un año después estaban casados. En
palabras de Wendy, "diría que me casé con el hombre de mis sueños,
pero creo que ni siquiera mis sueños eran tan buenos".[1]

Si ese pequeño acto de afecto sin filtros no hubiera ocurrido, aquélla tal vez habría sido su última cita. La dulzura que él mostró abrió un
portal al que ambos dijeron que sí. La próxima vez que vivas un momento de dulzura, simplemente expresarlo podría modificar tu futuro.

Muchos sentimos una incómoda vulnerabilidad cuando somos generosos. Mostrar un grado adicional de amabilidad puede hacernos
sentir expuestos. Cada vez que entregamos algo extra somos vulnerables
porque queremos que se reciba con placer y aprecio. Cuando estamos
con alguien que no puede hacer eso por nosotros, comenzamos a preguntarnos si hemos quedado como tontos. Nuestra cultura ha suprimido
muchas oportunidades de realizar sutiles actos de amabilidad, debido
al ritmo acelerado de nuestras interacciones y como resultado de las
nuevas tecnologías que cada vez permiten menos contacto cálido. Además, los asesores en materia de citas tienden a aconsejar la confianza y
la distancia cuidadosamente modulada para mantener a la otra persona
en la incertidumbre. Sin embargo, la amabilidad, más que ningún otro
factor, engendra el amor saludable.

MICROMEDITACIÓN
"Desaprender" a no ser amable. Dos minutos.

*¿Dónde has aprendido a no ser amable —contigo y con los demás—
en tu vida amorosa? ¿Te viene a la mente algún episodio específico?
¿De qué manera te afectó esa experiencia? Tómate un momento para
reconocer cuántos mensajes directos e indirectos has recibido que te*

comunicaban que no era seguro ser tú mismo en el mundo de las citas. Felicítate por haber navegado entre tanta insensibilidad, y por el hecho de que aún estás comprometido a encontrar un modo mejor.

Ahora intenta pensar en alguien con quien hayas salido y que haya mostrado un grado adicional de amabilidad o generosidad. Recuerda qué sentiste. Tal vez haya cambiado tu manera de pensar. Sólo tómate un momento para recordar a esa persona y agradecerle en silencio.

2. Si te gusta, muéstralo

Esto también puede parecer un consejo ingenuo. Se supone que debes fingir desinterés, no mostrar tus cartas y arriesgarte a ahuyentar a tu cita. Hazte el difícil. No muestres interés. En realidad, existen estudios que señalan que hacerle saber a alguien que te gusta es una de las formas más eficaces de transformar una cita en algo más serio.[2] De igual importancia, mostrar tu afecto es un acto de valentía: se necesita una gran aceptación de ti mismo para mostrarlo, poner tu mano en la suya, tomar su mano en el cine o hacer algún comentario que sugiera o diga abiertamente que esa persona te parece atractiva. Estos actos de calidez pueden ser la diferencia entre una cita que no va a ninguna parte y una que lleve a algo especial.

Por supuesto, es importante moderar tus muestras de afecto con la conciencia de que muchas personas se muestran cautelosas, o incluso asustadas, en las primeras citas. Si tu instinto te dice que tu expresión de afecto es una expresión espontánea de tu calidez, y si sientes que la otra persona está lista para recibirla, adelante. Si lo sientes más como una súplica interna o una estratagema para lograr gustarle a esa persona, piénsalo bien antes de expresarlo. Bien puede ser que te sientas desesperado porque estás percibiendo la indisponibilidad esencial de tu cita. En otras palabras, quizá percibas los primeros signos de una atracción por privación. Mostrar tu interés no debe ahuyentar a la otra persona. Si eso sucede, hay una alta probabilidad de que estés pidiéndole peras al olmo. No dejes de usar tu capacidad de discernimiento.

Janet había estado saliendo con Bill durante unas semanas y descubrió que sus sentimientos estaban creciendo en verdad. Al pasar frente a una chocolatería vio un arreglo de chocolates y frambuesas que le pareció exquisito y festivo. Fantaseó con comprarlo para él y envolverlo para regalo, pero sintió que resultaba demasiado directo. Le preocupaba que el regalo diera a entender que tenía urgencia, lo cual asustaría a Bill. Lo ponderó por un instante y se dio cuenta de que él no era uno de esos hombres con fobia a la intimidad con los que acostumbraba salir. No parecía ser el tipo de hombre que se asustaría al recibir una caja de chocolates (a diferencia de la mayoría de los que ella había conocido en su vida). Compró los chocolates para él y se dirigió a su cita con una sensación adicional de felicidad; su afecto hacia él había crecido gracias a su propia generosidad y por haberse percatado de que el regalo no lo atemorizaría. Y así ocurrió: él mostró un cálido regocijo y Janet vivió la experiencia doble de la intimidad con él y su propia libertad y crecimiento personal.

3. Enfócate en la calidad de tu contacto

En una cita es fácil poner demasiada atención en el marcador de puntos interior que todos usamos para decidir si la otra persona está a la altura de nuestras expectativas. Cuando nos enfocamos demasiado en eso, perdemos acceso a uno de nuestros mayores dones: la capacidad de sentir nuestra conexión con otra persona. Según el renombrado psicólogo y escritor Daniel Goleman,

> estamos hechos para conectarnos. La neurología ha descubierto que el diseño de nuestro cerebro lo hace sociable y lo conduce inexorablemente hacia un vínculo íntimo, de cerebro a cerebro, siempre que nos relacionamos con otra persona. Ese puente neural nos permite afectar el cerebro —y también el cuerpo— de todos aquellos con quienes interactuamos, y ellos nos hacen lo mismo. Durante esas conexiones neurales, nuestro cerebro baila un tango emocional, una danza de sentimientos.[3]

Al mantenerte en contacto con los sentimientos de tu cuerpo y tu corazón puedes iniciar ese proceso de vinculación, y con eso aprenderás mucho sobre las posibilidades de conexión emocional con la persona frente a ti. Así, pues, la próxima vez, mira si puedes dejar esa agotadora tendencia a "marcar puntos" y notar tus verdaderos sentimientos cuando estés en tu cita.

Jake y Paula se conocieron en línea y decidieron reunirse para tomar un café. Jake era un artista y Paula vicepresidenta senior de una de las 500 empresas más destacadas según la revista *Fortune*. Jake era un demócrata recalcitrante; Paula, una republicana irredenta. Él vestía sandalias y shorts; ella, traje sastre. En algún momento Paula incluso se alejó para responder una llamada de trabajo. La situación no era prometedora.

Sin embargo, Jake aguantó; las conversaciones eran placenteras, incluso disfrutables, pero en su fuero interno sabía que aquello nunca funcionaría. Las ideas políticas de ella eran imperdonables y ella se mostraba conservadora, casi inflexible. Con todo, cuando ella se alejó para atender su llamada, Jake puso en práctica la siguiente micromeditación para sentir la calidad de la conexión. Revisó sus sentimientos —sus sensaciones físicas y su corazón—, y le sorprendió lo que encontró. Se sentía cálido y a gusto; desafiado, pero de manera positiva. En realidad ¡se sentía agradecido por haberla conocido! Si no hubiera dedicado esos minutos a revisar su percepción más profunda, los habría empleado en preparar un gracioso relato sobre su fallida cita, pero esta revelación modificó toda su experiencia. Ella regresó a la mesa y él la encontró formidable. Algo de ella le gustaba y de verdad deseaba volver a verla.

MICROMEDITACIÓN
La calidad de tu conexión. Un minuto.

Este proceso maravilloso te permitirá invocar la intuición de tu yo más sabio en cualquier cita, o en cualquier interacción en general.

La próxima vez que estés en una cita intenta pasar de la disyuntiva de "encontrar pareja o huir" a sentir de manera visceral la calidad del contacto con tu cita. Descansa de la agotadora corriente de la evaluación: "¿Le gusto? ¿Me gusta?" En vez de eso, nota qué sientes en realidad con esa persona. Por supuesto, es probable que te sientas nervioso, pero además, ¿te sientes relajado? ¿Te sientes cálido? ¿Divertido? ¿Inspirado? ¿Inseguro? ¿Criticado? A veces nuestra mente pasa revista a lo que queremos, pero nuestro corazón siente algo completamente distinto. Retén ese sentimiento de su conexión real; te guiará a los siguientes pasos con la persona que tienes enfrente.

4. Practica la valentía

La valentía es una de las habilidades más importantes para las citas. Para muchos de nosotros el mayor miedo en este campo es acercarnos a alguien nuevo o pedir una cita. Se necesita valentía para salir y tratar de conocer gente.

Hacerle saber a alguien que te interesa es como ejercitar un músculo: lo haces mejor mientras más practicas. A menudo sentimos que nos debilitamos al hacerle saber a alguien que nos gusta. Sin embargo, otra forma de ver esta situación es pensar que somos generosos. Al mostrar nuestro interés, le hacemos un cumplido a la otra persona, y la sensibilidad y decencia de su reacción nos dirán mucho sobre quién es en realidad.

Una vez tomé un taller de trapecio para principiantes. Recuerdo el miedo que sentí al subir por unos diminutos escalones hasta una plataforma alta y estrecha. Por supuesto, llevaba puesto un arnés unido a una cuerda. Sabía que si caía, sería suavemente depositado sobre una enorme y segura red similar a un trampolín. Aun así, en el momento de saltar desde la estrecha plataforma al vacío sentí terror puro y negro como la noche. Los instantes previos al salto fueron insoportables, pero cuando por fin salté, resultó emocionante. Algo similar ocurre cuando te acercas a una persona desconocida o le confiesas a alguien que te interesa. Cada vez que lo haces, sin importar cuál sea el resultado, una

parte de ti se siente más fuerte y más empoderada. Cuanto más practiques, tanto más sencillo se vuelve hacerlo.

5. Aprende el arte de enfocar la mirada

Si alguna vez has observado a un pintor trabajando en un retrato, tal
vez habrás notado que hace pausas para enfocar la mirada. Hacerlo le
ayuda a capturar la esencia de su sujeto sin que lo distraigan sus duros
contornos. Es necesario que hagamos lo mismo en nuestras citas. Es
demasiado fácil extraviarse en la severa evaluación de las imperfecciones
de la gente y las nuestras. Con frecuencia nos concentramos excesiva-
mente en lo externo y perdemos de vista las cualidades que en verdad
importan. Enfocar la mirada ayuda a superar esto. No estoy sugiriendo
que te obligues a salir con alguien que no te atraiga, pero no pierdas
de vista la totalidad de la persona por fijarte en inquietantes imperfecciones externas. Es probable que la persona a la que a la postre llegues
a amar sea distinta que aquella con la que has soñado. Innumerables
oportunidades de amor real se han perdido porque los asistentes a una
cita no conocían el sabio arte de enfocar la mirada.

La técnica de enfocar la mirada debe usarse en relación con los
rasgos externos de una persona, no para los rasgos importantes de la
personalidad. Por ejemplo, puede tener mal estilo para vestirse. Procura
enfocar la vista por ahora. Más tarde podrás ofrecer las sugerencias, que
quizá siga y quizá no. ¿La persona con la que sales es irrespetuosa con
el mesero? ¡Si es así, no enfoques la vista! Mantén los ojos bien abiertos.
Es muy probable que, tarde o temprano, haga lo mismo contigo o con
tus seres queridos.

6. Comparte lo que te apasiona,
y espera lo mismo de la persona con la que sales

Keith Ferrazzi, autor de *Nunca comas solo y otros secretos para el éxito, una
relación a la vez*, nos enseña sobre la importancia de las relaciones en el

mundo de los negocios y en la vida.[4] En uno de sus talleres aprendí una lección muy útil. Ferrazzi nos pidió que nos dividiéramos en grupos, nos presentáramos y conversáramos un rato. ¿El resultado? Incomodidad, interacciones planas y conversaciones aburridas. A continuación nos pidió que compartiéramos algunos detalles de nuestra vida. Esa conversación fue un poco más interesante, aunque no mucho. Luego nos pidió que compartiéramos con los demás algo que nos apasionara. Ya no recuerdo los detalles de lo que dijimos, pero sí recuerdo, hasta hoy, la sensación de ser un equipo que todos sentimos al cabo de cinco minutos. Fue una experiencia transformadora y me abrió los ojos.

En tu siguiente cita intenta esto: habla de lo que te apasiona. Habla desde tu entusiasmo; a la persona indicada le encantará, y a la persona equivocada tal vez no. Es bueno saberlo. Pide lo mismo de tu pareja; observa qué la hace brillar y pregunta más al respecto. Hacer eso es darle un regalo, y como resultado, la mayoría de las personas se sentirán más apegadas a ti. La pregunta "¿Qué te gusta hacer en tu tiempo libre?" tal vez no baste para evocar la respuesta que deseas. A las personas se les entrena para *no* revelar demasiado entusiasmo en las primeras citas. Si buscas signos de pasión y no encuentras ninguno, podrías preguntarle qué cosas le importan más o le brindan mayor felicidad. ¿Qué tienes que perder? Algunas personas pueden ser demasiado tímidas para responder semejante pregunta, pero si las hace perder interés en ti, eso es todo lo que necesitas saber.

La siguiente historia habla de una mujer que logró romper varias reglas rígidas sobre las citas al compartir su pasión. Danielle era una mujer fuerte y muy inteligente, con un sentido del humor ácido. Su exterior enérgico coexistía con un corazón muy generoso. Anhelaba una relación, hijos y una familia a la que amar: todo el paquete. Sin embargo, un hombre tras otro, ninguno parecía listo para el desafío. Decidió que seguiría su sueño de tener un hijo, con o sin un hombre. Comenzó el proceso y se unió a un grupo de mujeres solteras que habían decidido tener hijos. Decidió respetar quién era y no esperar la venia de nadie.

Cuando conoció a Ryan, esperó tres citas antes de compartirle su situación. Estaban dando un paseo por la naturaleza con un grupo de amigos. Llevó a Ryan aparte y subieron a una roca para disfrutar el paisaje. Después de un rato, ella le dijo: "Ryan, me gustas, pero necesito contarte quién soy antes de empezar a emocionarme. Estoy buscando un hombre que quiera casarse y tener hijos. Es lo que quiero para mi futuro: una familia". Fue aterrador hacerlo, pero ya había planeado el momento con sus amigas. Se dio cuenta de que estaba conteniendo el aliento mientras esperaba, pero no tuvo que esperar demasiado. Él la miró y le dijo: "¿Dónde firmo?" Siendo Danielle como era, le sonrió, levantó su cantimplora y dijo: "Genial, entonces. Vamos a alcanzar a los demás". En su interior, estaba celebrando. ¿Cuánto tiempo había esperado ese momento? Quince años después, esos dos queridos amigos míos siguen juntos y tienen dos hijos formidables y un enorme perro labrador.

7. Aplica un discernimiento implacable con las cosas que más importan

El mundo de las citas es desafiante en muchos sentidos. Sin embargo, aquí estás ahora, entrando en él desde una perspectiva completamente distinta. Conoces tus dones esenciales y sabes cuánto valen. Sabes sobre las atracciones por inspiración, y son las únicas atracciones que buscas. Si vas a tener el valor de mostrar tu verdadero ser, debes discernir muy bien con qué personas eliges pasar tu tiempo. ¿Es amable la persona con la que sales? ¿Es generosa emocionalmente, aunque lo sea de manera discreta? ¿Te inspira la manera en que vive su vida, y la bondad y aceptación que te muestra? Si es así, celebra lo que has encontrado y haz tu mejor esfuerzo por fomentar esa relación. Es algo precioso y escaso.

Por el contrario, si tú muestras calidez, originalidad, poder, vulnerabilidad o pasión, y la otra persona lo coarta, tienes la información necesaria para tomar una decisión. O quizá descubras que es amable y después te rechaza con frialdad, o muestra consideración y luego se comporta de manera grosera. De ser así, confía en tu instinto. La clave es tener los ojos bien abiertos. Si en verdad quieres un amor que dure, es dudoso que lo halles ahí.

Cuaderno de ejercicios de *Amor profundo*

EJERCICIO PERSONAL
Elige tu siguiente habilidad
De las siete habilidades antes descritas, ¿cuál te "sonó"? Responde brevemente las siguientes preguntas:

1) ¿Qué te llevó a elegir esa habilidad en particular? Describe lo que te haya impresionado al pensar en tus citas amorosas en relación con esa habilidad.
2) ¿A quién percibes como un modelo a seguir por su uso de esa habilidad? ¿De qué manera?
3) Visualízate a ti mismo en el futuro, después de haber crecido en cuanto a esa habilidad. Imagina en quién te convertirás conforme aprendas a usarla más plenamente y con más valentía. Describe a ese "tú del futuro" con unas pocas palabras u oraciones. Tómate un momento para disfrutar esa imagen de tu yo futuro.

EJERCICIO CON TU COMPAÑERO DE APRENDIZAJE
Planea practicar tu habilidad
Habla con tu compañero de aprendizaje sobre la habilidad que elegiste y comparte las partes que desees del ejercicio anterior. Trabaja con tu compañero para crear un plan concreto para una conducta nueva específica que quieras probar en tu siguiente cita, o en cualquier relación de tu elección. Apoya a tu compañero para que haga lo mismo. Cuando ambos hayan decidido su plan, estarán listos para emprender su primer práctica de campo de *Amor profundo*. A continuación te doy los detalles de este viaje.

Práctica de campo 1: practica tu nueva habilidad

Ahora que tú y tu compañero de aprendizaje han hecho un plan para practicar la nueva habilidad de su elección, es hora de probarla en sus vidas. Decide dónde y con quién practicarás (por ejemplo, "en una cita a ciegas que planeé para el viernes", o "en mi siguiente cita con Sarah"). "Prográmalo" con tu compañero; díganse cuándo hará cada cual su práctica, y reúnanse después para compartir sus reflexiones e "historias de guerra". ¡No olvides felicitarte a ti mismo! Admitir que un área necesita trabajo y atenderla con tacto y respeto por ti mismo son características esenciales de un verdadero "estudiante de la intimidad".

Práctica de campo 2 (opcional): Valentía

Ésta es una práctica emocionante e importante. Si no puedes hacerlo con tu compañero, "prográmenlo" juntos. Díganse cuándo lo harán, y reúnanse después para compartir sus experiencias. Ve a algún lado y comprométete a abordar a dos personas que te resulten atractivas y no muestren características evidentes de atracciones por privación. Ve si puedes establecer contacto visual antes de acercarte. Si no te notan, ¡acércate de todos modos! Hazlo completamente sobrio. Es deliciosamente aterrador, y cuando termines te sentirás muy orgulloso. Tu meta no es conseguir un número telefónico ni una expresión de interés: tu única meta es fortalecer tu importante músculo de la valentía. Al practicar este ejercicio, descubrirás que te resulta mucho más fácil sonreírle a alguien en el andén del metro, preguntarle si le está gustando el libro que lleva en las manos, o simplemente decir "hola". Ve con tu compañero de aprendizaje o con un amigo y háganlo juntos. Reúnanse por la noche para ponerse al corriente y compartir historias, y después celebren. Si no te sientes listo para este ejercicio, modifícalo para hacerlo más fácil; por ejemplo, pídele a un amigo que te presente a alguien que te interese.

Si intentaste este ejercicio, ¡felicidades! Te has ganado una nueva medalla al valor en las citas.

8

Guía de citas amorosas para encontrar el amor

Dónde buscar, y qué hacer cuando estés ahí

Si deseas terminar con tu aislamiento debes ser honesto respecto
a qué quieres a nivel de tu núcleo y decidirte a perseguirlo.
MARTHA BECK

Ahora que estás aprendiendo cómo anteponer tus dones y construir la

atracción en una relación sana, pongamos manos a la obra. Ha llegado
el momento de explorar dónde buscar el amor... y qué hacer cuando
hayas llegado.

Seamos realistas: el mundo de las citas puede ser un lugar muy frío.
La mayoría de los lugares diseñados para conocer solteros son super-
ficiales en el mejor de los casos. Los guiños, los textos y los perfiles de
una sola frase no alientan la comunicación verdadera. Las actividades
para solteros pocas veces nos dejan un buen sabor de boca de nosotros
mismos, y la mayoría de las actividades culturales inspiradoras no se
planean especialmente para los asistentes solteros. Sin embargo, existen
herramientas increíbles a disposición de cada persona soltera. En este
capítulo aprenderás a usar esas herramientas para conocer gente, pero
con un ingrediente esencial nuevo: tu yo auténtico. Cuando recobramos
(u "ocupamos", si lo prefieres) nuestra autenticidad en el cínico territo-
rio de las citas, mejoramos de manera drástica nuestras posibilidades
de encontrar un alma gemela.

Yo pasé mi segunda y tercera décadas de vida inmerso en muchos
aspectos del mundo de los solteros, sin percatarme de qué tan solo y
vacío me sentía y de cuántas oportunidades de construir una vida rica
dejé pasar debido a mi apasionada afición a los clubes nocturnos y mis

interminables intentos de encontrar amor. Salía noche tras noche en busca de amor y regresaba a casa noche tras noche, a veces solo, a veces acompañado, pero repetía sin cesar los mismos patrones: buscar amor, pretender encontrar en las reacciones de los demás la validación de mi aspecto y mi valía, encontrar sexo y darme cuenta a la mañana siguiente de que, con toda certeza, no se convertiría en amor. Es realmente muy fácil adoptar ese estilo de vida, sobre todo cuando se es joven.

Algunas personas más jóvenes y afortunadas saben lo estéril que es el mundo de los bares y los clubes nocturnos y no se interesan mucho en él; pero muchos otros sí, y pasan años antes de que adviertan el vacío en que han estado viviendo. Me di cuenta de esto por primera vez cuando acudí a terapia después de años en ese universo de solteros. Me había vuelto compulsivo en mi búsqueda de amor y sexo. Cuando comencé a abrirme a mis aspectos dulces, los cuales había intentado anestesiar durante tantos años, comencé a experimentar una soledad tan enorme que no había palabras para describirla: una soledad que jamás me había permitido sentir porque estaba obsesionado con la siguiente conquista y la siguiente oportunidad de conocer al "elegido". Esa misma obsesión me impedía ver lo triste y rígido que me estaba volviendo. Tal vez esta experiencia no corresponda en modo alguno con la tuya, pero es muy claro que el mundo de los solteros no ha sido un baño tibio de burbujas para ninguno de nosotros.

Cuando dirijo eventos de Deeper Dating, con frecuencia puedo ver el malestar que sienten los participantes sólo por estar ahí. Veo que llevan consigo la decepción, la frustración, el historial de interminables insultos a su humanidad que han recibido durante su búsqueda de amor. El proceso de encontrar amor implica riesgos reales, pero mucho del dolor proviene de cómo nos tratamos los unos a los otros.

A las personas maduras, y quizá más especialmente a las mujeres maduras, el paso del tiempo puede provocarles miedo. En un evento de Deeper Dating una mujer honesta de casi 60 años lo expresó de manera llana: "Tengo miedo. Estoy envejeciendo. Nueva York es como un mercado para los hombres. No quiero envejecer sola. Y no tengo muchas esperanzas". A medida que nos hacemos mayores, nos damos cuenta de que hemos rebasado la edad de los sitios web y las actividades para solteros. Muchos pacientes me han platicado que cuando cumplieron 40 años de edad el número de respuestas que recibían en línea se redujo mucho más. Y al cumplir 50, 60 y más, ese número decreció aún más.

La maquinaria del mundo de los solteros nos devora en la veintena y la treintena, pero nos escupe cuando cumplimos 40, dejándonos a muchos vencidos, desesperanzados y solos. Mientras recibamos cierto reconocimiento en eventos y sitios web para solteros, bares y clubes nocturnos, corremos el riesgo de vernos arrollados por la estampida que puede parecer el único medio a nuestro alcance para encontrar el amor.

Sin embargo, éste es el meollo del asunto: ya sea que estemos en la segunda o en la novena década de vida, debemos encontrar una manera de desengancharnos del modo tóxico, degradante y deshumanizado con que se nos enseña a acercarnos al amor y aprender a transitar por un camino más sabio, amable y que nos permita respetarnos más a nosotros mismos.

No negaré que para muchas personas en realidad es difícil encontrar una cita: la mujer de 75 años de edad que vive en un pueblo pequeño o el hombre de 65 años en silla de ruedas, pero he visto a muchas personas en esas situaciones, y otras, encontrar amor duradero al cambiar su estrategia por la que describo en este libro. No importa qué edad tengas o en qué circunstancias de vida te encuentres, en algún lugar hay personas maravillosas buscando a alguien como tú. Después de varios años de experiencia en este campo, estoy seguro de esta realidad.

Exploremos algunos de los muchos medios disponibles para encontrar una relación: sitios reales, eventos para solteros y sitios en línea y aplicaciones. Pon en práctica estos métodos. Creo que verás cómo cambian tus citas amorosas en aspectos concretos que te traerán esperanza y un nuevo sentido de posibilidad.

En busca del amor a través de tus contactos

Toma como punto de partida la buena voluntad de la red de contactos que ya desarrollaste. Éste es un ejemplo de hacer trampa en el laberinto. Es probable que las personas que conoces hayan dedicado muchos años a construir su propio círculo de relaciones basadas en la inspiración. La red de contactos sanos cultivados a la que puedes recurrir es vasta y no hay razones para no ahorrar tiempo y energía participando en ella. Esto se conoce como "trabajo inteligente", en comparación con el "trabajo duro". Muchos no entablamos contacto con nuestros amigos y familia para hacerles saber que estamos abiertos a conocer a cualquier persona que ellos consideren apta para nosotros. O si lo hacemos una vez, no les recomendamos a nuestros seres amados que mantengan los ojos abiertos por nosotros. Ahórrate tiempo y comienza en este punto. Jamie Cat Callan, autor de *Las mujeres francesas no duermen solas: secretos placenteros para encontrar el amor*, me compartió este dato:

> Las mujeres francesas no salen en citas, o al menos no en la forma en que lo hacen las estadounidenses, como si se tratara de una entrevista. En cambio, los franceses (y la mayoría de los europeos) se conocen en cenas que pueden ser formales o muy casuales, en las que cada asistente lleva algo. Con frecuencia son intergeneracionales e incluyen familiares, amigos y nuevos conocidos. Una cena es una excelente forma de conocer a alguien en el contexto de los amigos y la familia. Te ahorra mucho tiempo porque puedes ser sólo un amigo durante un tiempo hasta que la situación se transforme en algo más serio. Por otra parte, no implica el intercambio de dinero por una cena cara, por lo que no existe ningún tipo de presión. Incluso después de conocerse en cenas o salir en grupos, los franceses no conciertan citas, sino que prefieren dar un paseo juntos. Esto da a ambas partes más tiempo para conocerse antes de decidirse a adquirir una actitud romántica. Así pues, básicamente el objetivo es

entablar una amistad y conocerse mejor en el contexto de los amigos, la familia y la comunidad, antes de compartir la cama.[1]

Intenta encontrar formas creativas de aprovechar tu red de amigos y familiares que te quieren para que te ayude en esta búsqueda. Por incontables generaciones, así es como muchas personas han encontrado a su compañero de vida. A continuación te doy algunas sugerencias:

1) Pregúntale a cierto número de personas cercanas a ti si conocen a alguien que les parezca una buena pareja para ti. Asegúrate de preguntar si hay alguien que venga a su mente de inmediato. Si parecen entusiasmarse pero al principio no se les ocurre nadie, puedes incluso pedirles que busquen entre sus contactos en redes sociales. Indaga sus respuestas la próxima vez que hables con ellos, y aun después, ocasionalmente. Incluso puedes hacer esto por correo electrónico. No les preguntes de manera casual, sino de corazón.

2) Tienes amistades basadas en la inspiración. Acude a las fiestas y eventos de esos amigos. Pregúntales por adelantado si hay alguna persona en quien debas poner atención y, si es así, pídeles que te presenten con ella.

3) Sé creativo. Utiliza la tecnología. Con regularidad aparecen nuevas aplicaciones que permiten a tus amigos revisar sus listas de amigos para presentarte nuevas personas. Aprovecha esa oportunidad.

4) Tus amigos solteros conocen a montones de solteros. Organiza una especie de estrategia compartida, una especie de inventario de citas en el que todos cooperen. Piensa en todas las personas con las que no deseas salir que podrían ser aptas para uno de tus amigos. Dedica el tiempo y esfuerzo necesarios para ayudar a establecer ese contacto… y pídeles a tus amigos que hagan lo mismo.

5) Muchas de tus citas no funcionarán, pero está bien. Ya estableciste un filtro principal; date tiempo y espacio para conocer a esas personas y darles una oportunidad.

Busca el amor dondequiera que estés

El amor puede presentarse en cualquier lugar, y cuando te encuentras en tu zona de dones las posibilidades aumentan. En esa zona notarás más cosas, como una adorable sonrisa o un hermoso detalle de un edificio que nunca habías visto. Tu zona de dones posee magia. Espera lo inesperado cuando residas en ella y sigas sus indicaciones.

John Salvato, un instructor de Deeper Dating, me contó que en un evento alguien lanzó la pregunta: "¿Dónde conoces personas?" Alguien respondió voluntariamente: "En la calle". Desde el fondo del salón, otro de los participantes preguntó con ansia: "¿En cuál calle?" En cierto nivel, no importa dónde estés. Cuando te encuentres en tu zona de dones, estés donde estés puede ser el lugar para encontrar el amor real. En el flujo constante de esta zona, los contactos ocurrirán en el supermercado, la calle, donde sea. La vida se desplegará de manera completamente diferente y con más riqueza si te sientes conectado con tus dones. Cuando nos sentimos llenos de valor, y conectados con la calidez de nuestra humanidad, nuestras posibilidades de conocer a alguien especial aumentan exponencialmente.

Sarah Bridge, escritora y bloguera, ofrece una alternativa creativa al mundo de los solteros en su blog "¿Los eventos para solteros te hacen sentir más soltero?" Ahí escribe:

> Estoy aprendiendo a hacer de cada minuto una posible puerta a una cita. Me siento al frente en el autobús y hago contacto visual con la gente en lugar de dirigirme de inmediato al fondo… Tomo rutas distintas, visito lugares diferentes, salgo de mi rutina. Camino con la cabeza erguida, con un lenguaje corporal abierto y le sonrío o incluso converso con completos extraños en el café, el supermercado, en el elevador del trabajo. La gente se ha mostrado impresionantemente receptiva: al parecer todo el mundo busca una "entrada", una razón para decir "hola"… Te pone los nervios de punta, pero es divertido y estimula el ego que alguien te devuelva una sonrisa o la misma

actitud accesible. Ahora que he comenzado a observar a mi alrededor, al parecer la vida cotidiana está llena de hombres solteros amigables, mientras que la vida romántica… bueno, no tanto.[2]

1) Sigue el ejemplo de Sarah Bridge en tu vida diaria. Prueba nuevas rutas, visita nuevos lugares, haz contacto visual y ábrete a las personas nuevas que encuentres.

2) La próxima vez que te encuentres dando un paseo, de compras o haciendo algún trámite pon en práctica un experimento de la zona de dones. Primero haz tu actividad de la manera normal. Si eres como la mayor parte de nosotros, tu mente estará en tu lista de pendientes o en cualquier tema posible que tenga poco que ver con el momento presente. Observa cómo es eso.

Ahora dale a la siguiente parte de tu paseo una forma distinta. Encuentra un camino que te acerque más a tus sentimientos, tu zona de dones. Camina a un ritmo que te permita sentirte más humano y menos como una máquina de logros. Nota simplemente qué ocurre y qué tan distinto se ve el mundo. Observa a la gente; disfruta ver a los perros, a las personas con rostros amables, cualquier cosa inspiradora. Si deseas que la pendiente de la aventura de las citas se eleve, sonríele a cuanta persona te parezca atractiva. Posteriormente, tal vez necesites incluso dedicar unos momentos a escribir algunas notas sobre el contraste entre tus experiencias con cada uno de estos dos enfoques.

Actividades, grupos y reuniones comunes

Acudir a eventos llenos de desconocidos es incómodo y desafiante. Es mucho más sencillo surfear la web en ropa deportiva y una cómoda camiseta, pero si deseas una buena relación, sigue mi consejo: sal de casa, pero no hagas de un bar tu primera opción. Si buscas a alguien que se convierta en un "hogar" para ti, comienza por buscar en los mejores lugares: sitios que den lugar a interacciones cómodas y basadas en los valores. ¿En qué lugares sería más probable que tus dones esenciales sean bienvenidos, invocados y tomados con aprecio?

Después de haber sido soltero por muchos años, mi amigo Mike está ahora en una relación formidable. Hace poco me contó qué hizo para encontrar el amor. Finalmente aceptó que tenía que asistir a reuniones con personas que compartieran sus pasiones. Me dijo: "Ken, regresaba del trabajo a mi casa sólo con ganas de ver televisión y relajarme. En ocasiones casi me enfermaba salir para conocer extraños en repetidas ocasiones, pero sabía que tenía que hacerlo. Y fue así como encontré a mi pareja, Steve".

Buscas a un compañero que sepa cómo dar. Alguien que se preocupe por cosas importantes. Alguien que comparta al menos algunos de tus dones esenciales. Esas personas son tu camino a la felicidad. Es a quienes hay que buscar, y el mejor lugar para conocerlos es en eventos en los que se congreguen de manera natural: organizaciones de servicio, grupos religiosos o espirituales, reuniones de personas que comparten tus pasiones por la naturaleza, el arte o cualquier otro interés. Sé que es difícil dar el salto y hacerlo, pero es la manera más sabia y eficaz de buscar el amor. Muchos seguimos al rebaño al excluir a nuestro *yo romántico* de actividades basadas en los valores, y a nuestro *yo más profundo* de actividades relacionadas con las citas amorosas. ¡Intenta hacer lo contrario! Tienes el derecho a acercarte a la gente e incluso coquetear en actividades que no se relacionen con las citas, si lo haces de forma apropiada y sin invadir sus espacios. Y en un evento de citas no necesitas cubrir tus profundidades, aunque casi todos los demás estén haciéndolo.

Comienza por elaborar una lista de actividades en tu localidad y elige las que apelen a tus pasiones e intereses. ¿Qué actividad mueres por emprender pero no has encontrado el tiempo para realizarla? ¿Meditación? ¿Danza? ¿Fotografía? ¡Ha llegado el momento! Aprovecha tu red de amigos y contactos para generar nuevas ideas y enterarte de nuevos eventos, y proponte acudir.

Intenta asistir a algún evento cuando menos cada dos semanas. Descubrirás que además de conocer posibles candidatos a citas que compartan tus valores, tu vida se enriquecerá. ¿Es difícil? ¡Sí lo es! Por eso necesitas un compañero de aprendizaje o amigos que te apoyen.

Cuando me debatía con la decisión de adoptar un niño, me preocupaba que tener un hijo me impidiera encontrar una pareja, que el tiempo libre se volviera un asunto del pasado y que simplemente nunca pudiera retirarme debido al altísimo costo de criar un niño. Mi madre me recordó un proverbio alemán: "Cada hijo trae su propia suerte". Me sugirió que mi suerte se expandiría al tener un hijo. Ha resultado cierto. Mi hijo en realidad me condujo hasta mi nuevo compañero. El gozo de mi vínculo con mi hijo me llevó a crear Deeper Dating, a escribir mis blogs y este libro, y a desarrollar el concepto de la teoría de los dones. "Cada hijo trae su propia suerte" tiene muchos significados distintos. Por ejemplo, cada acto en el que dejas en claro tu unicidad, expresas tus pasiones y obedeces a tus sueños es como un niño al que das vida, y tu acto de valentía envía sus ondas hacia el mundo. Con más frecuencia de la que podríamos imaginar, dichas ondas regresan a nosotros. No minimices el poder y la posibilidad de llevar a cabo acciones que amas y te provoquen emoción, aunque parezcan no tener relación con tu búsqueda de una pareja.

1) Observa tus patrones en eventos como los mencionados. ¿Interactúas con los demás? ¿Con qué tipo de personas interactúas? ¿Pones freno a tu deseo de conocer a alguien, dejándolo para actividades relacionadas con las citas?

2) Recuerda buscar fuentes de inspiración y responder a éstas, ya se trate de una persona de 90 años de edad o de un niño. ¡La inspiración lleva a la inspiración! La gente inspiradora conoce a más gente inspiradora, entre la que habrá personas solteras y en la búsqueda. No te acerques solamente a personas que te atraigan. Procura establecer contacto con cualquier persona que te inspire con su presencia, aun si es sólo por amistad

3) Si empleas una aplicación social basada en tu ubicación, éste es el momento para abrirla. Te permitirá conectarte con otros e incluso encontrar solteros que compartan los mismos valores en el evento.

4) Si hay una comunidad permanente de personas que compartan intereses, como un grupo social, político o religioso, considera regresar y hacerte parte de su tejido social.

5) Cuando estés ahí, procura no quedarte parado solo. Encuentra la manera de hablar con las personas. Procura involucrarte, interactuar y hacer preguntas.

6) Si llegas a hacer amigos en esa comunidad, hazles saber que te gustaría que te presentaran con personas que les parezcan buen partido.

Eventos para solteros

Los eventos para personas solteras pueden ser una herramienta maravillosa para conocer a muchas personas nuevas, pero también pueden ser muy difíciles. Muchos eventos para heterosexuales tienen números desiguales de hombres y mujeres. Muchos te hacen sentir derrotado si no encuentras una pareja. Ten cuidado con qué actividades eliges; algunas son mejores que otras. Busca eventos que atraigan a personas con valores más profundos. Prueba varios y observa cuáles funcionan mejor en tu caso.

En estas actividades es fácil sentirse inseguro. Cuando no nos sentimos a salvo somos más proclives a regresar a nuestros viejos patrones dañinos de interacción. Ahí, como en todos los demás lugares, mantén los ojos abiertos en busca de inspiración. Si alguien no es tu tipo pero te atrae de alguna manera y te inspira con su calidez, creatividad o decencia, asegúrate de conseguir su número telefónico. Al menos puedes encontrar un nuevo amigo.

En estos eventos, sé amable con los demás, incluidos quienes no te atraigan. Y procura ser amable contigo mismo. Si no consigues pareja, estarás confrontando el obstáculo número uno hacia una intimidad más profunda en tu vida: la autocrítica. La tentación de sentirse inferior o poco atractivo es muy fuerte. También es tóxica, insana e ilusoria. Hasta que podamos superar esos sentimientos aplastantes, no seremos capaces de correr el riesgo inherente en una cita y en el amor. Ésta es una oportunidad de construir un conjunto de habilidades que te ayudarán a que no te avasalle la experiencia común de "no encontrar a nadie afín".

1) Observa a qué personas eliges. No elijas sólo gente por la que sientas una atracción física intensa. Mantente abierto a la atracción por inspiración aun cuando la chispa sea menos intensa. ¡La atracción puede crecer!

2) ¿Hubo otras personas a las que quisiste acercarte o elegir pero no lo hiciste? ¿Qué te detuvo? ¿Qué podría ayudarte a hacerlo la próxima vez?

3) ¿Observaste patrones de conducta que te gustaría modificar o refinar? Habla sobre esto con tu compañero de aprendizaje o alguien más, y haz un plan para probar una nueva conducta la próxima vez que asistas a un evento como éste.

4) Reconócete a ti mismo por todas las conductas o actitudes durante la actividad que te hayan resultado sanas, valientes o características de la autoaceptación.

5) Mantente dispuesto a regresar e intentarlo otra vez. Quizá tú y tu compañero de aprendizaje podrían asistir juntos a un evento y poner en práctica juntos sus nuevos refinamientos.

6) Con frecuencia, después de un evento sólo seguimos pendientes de las personas que nos atrajeron fuertemente. En los casos en que la atracción fue débil, muchas veces "tiramos la toalla". Incluso en esos casos, algo en esa persona te hizo notarla como afín. Dale seguimiento.

Sitios móviles y en línea

La proliferación de herramientas en línea para conseguir citas nos da acceso a un amplio espectro de posibilidades para conocer gente. Si buscas el amor no hagas caso omiso de estas herramientas, pero empléalas de formas nuevas y creativas sin perderte en la mentalidad deshumanizante de juego de azar que pueden crear. Con las habilidades que has aprendido, puedes combinar el poder de internet con la eficacia de las habilidades de intimidad reales para acelerar tu búsqueda del amor.

Sitios web para solteros

Existen innumerables sitios web de citas. La mayoría de nosotros asume que los únicos sitios viables son los más grandes, los que todos conocemos. Existen muchísimos sitios más pequeños, de "nicho", que se enfocan en una amplia gama de intereses, pasatiempos y actividades. Sean cuales fueren tus pasiones, es muy probable que exista un sitio de citas para gente como tú. Busca también sitios web para solteros que ofrezcan eventos, encuentros y actividades en la vida real. Explora algunas de las incontables comunidades en línea en las que, con el tiempo, puedes llegar a interactuar con personas que comparten tus pasiones e intereses. Si hay un tipo particular de persona que busques, puedes encontrar sitios web especialmente diseñados para ayudarte a encontrarlo.

El número de posibilidades en los sitios de citas tiene un efecto desensibilizador, que hace que sea muy fácil cerrarse a la humanidad de cada nuevo contacto. Con todas las opciones a nuestro alcance, tendemos a ir a la segura: las personas que más nos atraen físicamente. No te dejes seducir por los números ni limitar por el requisito de una atracción sexual instantánea e intensa.

Si conoces a alguien *razonablemente* atractivo, que parece tener el potencial de una atracción por inspiración, resiste a la tentación de seguir adelante en busca de alguien más atractivo. Si hay alguien que parezca valer la pena, asegúrate de darle seguimiento. Al practicar las técnicas del capítulo 7 desarrollarás nuevas habilidades en casi todas tus citas, incluso las que no te lleven a ningún lado.

Al redactar tu perfil, comparte tu yo auténtico. No te preocupes demasiado por parecer ingenioso; procura ser real. Mostrar que te tomaste el tiempo de redactar un perfil bien pensado y con buena ortografía será útil para filtrar a las personas inadecuadas, y hay estudios que demuestran que los perfiles mejor pensados obtienen más respuestas (pero no escribas un perfil extremadamente largo). Describe tus pasiones. Muestra tu corazón. Muéstrale tu perfil a tu compañero de aprendizaje o a un amigo, para ver si transmite una idea de tus dones esenciales. Te exhorto a que no mientas sobre tu edad. Para aquellos que no se sienten cómodos marcando la edad correcta en su perfil, Julie Spira, fundadora de CyberDatingExpert.com, tiene una solución ingeniosa: sugiere subir algunas buenas fotos y después escribir tu edad en alguna parte del texto de tu perfil.

Cuando revises perfiles, tómate el tiempo de leer entre líneas. Busca signos de inspiración. Cuando los encuentres, haz contacto si parece que podría haber una chispa. Estás aquí para ganar. Amplía un poco tus parámetros de edad y ubicación. Déjate sorprender por la forma que tome el amor. Comienza con un campo más amplio y redúcelo según el individuo.

La misma regla básica es aplicable sin importar cómo sean tus citas: antepón tu yo auténtico. Usa las aplicaciones y los sitios web, pero no te ocultes tras ellos; sé real y muestra tu verdadero ser.

1) Dentro de las estructuras limitadas de un sitio o aplicación en particular, intenta encontrar nuevas formas de mostrar tu yo real. Algunas aplicaciones te permiten describirte a ti mismo con sólo unas pocas palabras. En ese espacio, ¡sé real! Tu objetivo no es conocer a tanta gente como sea posible. Con la cifra estratosférica de personas que puedes conocer en línea, tu agenda de pretendientes al azar puede ocupar todos tus días y tus noches. Tu objetivo es delimitar tu campo de acción atrayendo

a personas reales. No te preocupes por las personas a las que desalentará tu autenticidad. No las necesitas, de todas formas.

2) Tan pronto como sea posible, sal de detrás de la pantalla de encantador pero vacío anonimato que ofrecen dichos sitios y aplicaciones. Muestra tu autenticidad. Muestra tu amabilidad. Deja claro desde el principio que tu intención no es estar conversando para siempre, sino hablar por teléfono y después presentarte en persona.

3) Pon más de una foto. Spira sugiere que tomes el tiempo de buscar fotos en las que brilles, fotos de momentos en los que hayas estado lleno de vida y de entusiasmo. Busca fotos que muestren tu cara reflejando el brillo que sientes al experimentar una conexión real con tus dones. Permite que las imágenes te retraten del modo más halagüeño posible, pero asegúrate de que sean recientes, no demasiado sexuales, y capturen tu aspecto real.

4) Mantén la amabilidad y la gracia. Otras personas con las mismas cualidades lo notarán y apreciarán: quienes no, no son a quienes deseas conocer. En tus citas, escucha, haz preguntas y muestra interés. Si te gusta la persona, haz que lo sepa. Recuerda que los estudios muestran que compartir tu vulnerabilidad y tu interés por la otra persona (en la medida apropiada) son dos claves para crear la atracción.

5) No les respondas únicamente a los candidatos más hermosos que tengan las fotografías más sensuales.

6) Recuerda dar seguimiento a los contactos apropiados que establezcas. Cuando menos habla con ellos por teléfono antes de decidir si estás interesado o no. Es probable que la persona tenga cualidades especiales que no descubrirás si no hablas con ella, como una voz realmente sensual o un gran sentido del humor. Si hay alguien que te resulte sólo un poco atractivo y parezca que podría hacerte sentir una atracción por inspiración, trata de no darte por vencido sólo porque hay muchas personas sensuales en línea. Se trata de un cuarto de espejos en el que no quieres perderte.

Bares, clubes nocturnos y eventos sociales

La mayoría de la gente visitará en algún momento —o en muchos momentos— los bares, y todos asistimos a diversos eventos sociales. Los bares están concebidos para detonar lo que llamo MCD o contactos por el "mínimo común denominador". Trata de no beber demasiado. Cuando nos excedemos con el alcohol perdemos la resiliencia adicional, el buen juicio y el corazón que nos ayudan a adoptar nuevas conductas. Si conoces a alguien en un bar y está bebiendo en exceso, piensa en que la persona que estás viendo tal vez será diferente cuando esté sobria.

1) Observa tus patrones. ¿Qué tiendes a hacer en un bar, club nocturno o evento social? ¿Te acercas a las personas? ¿Eres tímido o extrovertido? ¿A qué tipo de personas es más probable que te aproximes? ¿Cómo lo haces?

2) Una vez que hayas observado tus patrones, intenta nuevos. Intenta aproximarte —o mantenerte cerca— a personas que parezcan proclives a provocarte atracción por inspiración. Busca huellas de maldad, superficialidad intensa o exceso de astucia, y mantente alejado.

3) Arriésgate a hablar con la gente si puedes. Observa si puedes convertirlo en una aventura. Nota quién te sonríe. Podrías devolverles la sonrisa.

4) Dedica tiempo a observar quién está interesado en ti. Muchas veces no sabemos cuando alguien nos está observando. Si estás con un amigo, apóyense mutuamente señalando a las personas que parezcan interesadas en cada uno.

5) Si estás buscando una relación seria, mi consejo es que no busques sexo ocasional. Si estás en un bar o club nocturno y hay alguien que te interese y parezca tener verdaderas posibilidades, salgan del lugar y vayan a otro sitio donde puedan conocerse mejor, o busca una zona más tranquila dentro del bar. Intercambien números telefónicos y concierten una cita. De nuevo, si se

trata de alguien que sientes que podría ser afín, ganarás mucho si no tienes sexo de inmediato. Éste no es un asunto moral ni ético. ¡Algunas personas han conocido al amor de su vida a través de un encuentro sexual! Dios sabe que pasé muchos años intentando hacer eso. Sin embargo, cuando nuestro nivel de intimidad sexual no empata con nuestra cercanía real, la probabilidad de que una o ambas partes huyan se incrementa drásticamente.

Define una intención

Muchas personas tienden a definir el éxito en materia de citas amorosas mediante un solo criterio: "¿Conocí a alguien que podría ser *el indicado*?" Ahora que estás manejando tu búsqueda como un viaje a la intimidad, puedes crear nuevas definiciones propias del éxito. Definir una intención es un ejercicio creado por Hernán Poza, instructor de Deeper Dating y uno de mis principales mentores en materia de citas. Este ejercicio puede convertir cualquier cita en un viaje de crecimiento y aventura.

Definir una intención modificará cómo te sientes antes, durante y después de un evento. Prueba este ejercicio cuando estés buscando en línea, caminando por la calle, en un bar o en una fiesta. Hay infinidad de posibles intenciones. Elige la que más te interese en este momento. Éstos son algunos ejemplos:

- Me aproximaré a dos personas que despierten mi interés. Si yo soy motivo de su interés o no, consideraré la noche como un éxito si doy ese paso.
- Si alguien no se muestra interesado en mí, seguiré adelante. Punto. No insistiré en tratar de interesarle ni perderé la esperanza y me iré. Si lo logro, estaré haciendo algo diferente.
- Sin importar lo que ocurra, seré amable conmigo mismo y los demás. Incluso si no conozco a nadie, me sentiré orgulloso si puedo ser considerado con todos.

- Si alguien parece ser una atracción por privación, no desperdiciaré tiempo con esa persona como he hecho en el pasado.
- No me limitaré a estar con mis amigos en este evento. Me tomaré 10 minutos para estar solo de modo que las personas tengan oportunidad de abordarme.

Intenta definir tu intención en cualquier atmósfera en la que creas que podrías conocer a alguien. Si lo haces de manera regular, te ayudará a recuperar la sensación de poder, control y sensatez en el mundo de las citas tantas veces deshumanizado. Asistir a un evento con un amigo y apoyarse mutuamente para realizar sus intenciones hará que el proceso sea aún más placentero.

Cuaderno de ejercicios de *Amor profundo*

EJERCICIOS DE AMOR PROFUNDO

Elige una actividad

Elige una actividad y una sugerencia de este capítulo que te hayan sonado bien y que te sientas listo para emprender. Sólo una. Compártela con tu compañero de aprendizaje y entonces ponla en práctica. Procura no ignorar las tres primeras categorías; quizá sean las más difíciles, pero si tu búsqueda de amor es realmente seria, bien podrían ser tu mejor opción.

En línea a tu manera

Haz una lluvia de ideas con tu compañero de aprendizaje. Ideen tres formas nuevas, interesantes y creativas para que cada uno canalice el poder de internet a la manera que le convenga. Cada uno debe elegir una, ponerla a prueba y reportar los resultados a su compañero.

EJERCICIO CON TU COMPAÑERO DE APRENDIZAJE

Practiquen una intención

Además de compartir tus experiencias con los ejercicios anteriores, decídete por una intención antes de asistir a un evento o conectarte a la red y compártela con tu compañero de aprendizaje. Después de que lo hayas intentado, habla con tu compañero o envíale un mensaje de texto o correo electrónico donde ofrezcas un breve reporte "post-mortem".

9

Cómo domeñar a los grandes saboteadores del nuevo amor

Aunque anhelas conscientemente una pareja, hay partes de ti que no lo hacen así, que rechazan la idea, que se apresuran a cerrar la puerta cuando la otra parte de ti la ha abierto con tanto esmero.
Pat Rodegast y Judith Stanton, *Emmanuel's Book: A Manual for Living Comfortably in the Cosmos*

Seas soltero o estés saliendo con alguien, es natural que algunas partes de ti huyan del mismo amor que esperas construir. Una creencia muy común afirma que el miedo a la intimidad es una patología que nos indispone para el amor duradero. En el viejo modelo binario, o tenemos "problemas de intimidad" o estamos bien. Una manera más profunda y útil de entenderlo es que todos tememos a la intimidad; lo que hagamos con ese miedo es un indicio de lo que decidimos ser en el mundo. El miedo a la intimidad es una condición básica del ser humano. No es un defecto en la misma medida en que el miedo a la muerte no es un defecto. Si respiramos, podemos dar por hecho que tememos a la intimidad.

Admitir las formas en que huimos del amor es un acto de valentía personal que da fuerza a nuestra búsqueda de amor. Cuando reconocemos los "patrones de huida" que hemos creado para evitar el riesgo profundo del amor tenemos una oportunidad de romperlos y adoptar nuevos patrones que nos sirvan mejor. ¡No necesitamos deshacernos de nuestro miedo a la intimidad antes de encontrar un amor sano y duradero!

En este capítulo aprenderás sobre el más poderoso destructor de relaciones saludables: lo que llamo "la ola". También aprenderás una simple, poderosa y amable pregunta que puedes plantearte en cualquier momento, y que te llevará a descubrir las maneras en que huyes del amor. Actúa según lo que descubras, y tu vida amorosa se abrirá. Te lo garantizo.

La ola del distanciamiento

En mis años como psicoterapeuta, soltero, amigo y compañero de aprendizaje he llegado a creer que existe un fenómeno que ha destruido más relaciones con formidable potencial que cualquier otro factor. Lo llamo la ola del distanciamiento (o, simplemente, la ola). Ocurre cada vez que provocamos que una persona amorosa y disponible se aleje de nosotros al disminuir interiormente su valía.

Nuestra falta de preparación en lo que atañe al fenómeno de la ola ha provocado la ruptura de innumerables relaciones. Groucho Marx retrató esta experiencia a la perfección con su chiste: "No me gustaría pertenecer a ningún club dispuesto a tenerme como miembro".

¿Cómo se manifiesta este fenómeno en las citas? Estás saliendo con alguien amoroso y disponible, y has sentido cuando menos una chispa de atracción. Y, con todo:

- No puedes encontrar la sensación de afecto y deseo que alguna vez experimentaste.
- Esa persona no deja de irritarte o aburrirte.
- Sus defectos provocan que le pierdas pronto el respeto, aunque no lo dejes ver.
- Comienzas a desear la emoción de la cacería.
- Te sientes un fraude al fingir que te sigue interesando cuando en tu fuero interno ya no sientes nada.

La ola se manifiesta de forma diferente en cada persona. Algunas la experimentan como aburrimiento. Otras juzgan en exceso a la persona con la que están saliendo. Otros se obsesionan con el disgusto que les provoca la risa de la otra persona o un atributo físico que les parezca desagradable. Otros simplemente descubren que su interés se ha evaporado sin razón.

En el pasado, cuando encontraba a un hombre especial y me percataba de que estaba disponible e interesado, la ola me alcanzaba de maneras predecibles. Me sentía enfermo por dentro; era pavor mezclado con una sofocante sensación de obligación. Me sentía culpable y decepcionado de mí mismo, pero tenía la certeza de que el hombre de mi interés había huido para no volver. Sólo había una opción viable, el escape, y eso es precisamente lo que hacía. Perdí décadas de mi vida amorosa por culpa de la ola. Más que cualquier otro factor, la ola me mantuvo apartado del amor.

Este fenómeno tan extendido tiene implicaciones tremendas para nuestra vida amorosa. Si no podemos navegar la ola, seguiremos yendo tras las personas equivocadas y pasando de largo junto a las indicadas. Nuestra falta de adiestramiento para lidiar con la ola ha condenado incontables relaciones buenas. En muchos de los talleres que he dirigido a lo largo de los años he pedido que levanten la mano las personas que sientan que la ola ha afectado su vida amorosa. En casi todos los casos, la mayoría de los participantes ha levantado la mano de inmediato. A la inversa, muchas personas han salvado una relación maravillosa al reconocer a la ola como lo que es —un distanciamiento temporal de nuestra pareja, que surge de nuestro muy humano miedo a la intimidad— y responder de manera novedosa.

¿Alguna vez has estado cerca de un nido con huevos o polluelos? Es una experiencia muy desconcertante. La posesión más preciada del ave madre está en peligro y ésta es capaz de actos extremos para mantenerte lejos del nido. Tal vez te ataque o tal vez se comporte como si tuviera un ala rota para distraerte de su nido. Es una respuesta instintiva desesperada cuando su nido corre peligro. Cuando conocemos a una persona que está disponible y es honrada, algo dentro de nosotros sabe que podría llegar hasta nuestro "nido", nuestra alma, ese punto de suma importancia para nosotros donde más nos pueden herir. Nuestro inconsciente entra en pánico. Hace lo que puede para ahuyentar a la persona. Igual que el ave protectora, crea una estratagema, lo que sea necesario para mantener su nido seguro. Y la ola es una de las estratagemas más eficaces que nuestra psique puede encontrar. Si creemos que nuestra atracción por alguien ha desaparecido (o si olvidamos que alguna vez existió), nuestro primer pensamiento será la huida.

¿Qué hacer cuando la ola golpea? El gran secreto de la ola se encuentra en su nombre: en verdad es sólo una ola, y las olas pasan. Cuando intenté dejar de fumar, también quedé sorprendido por la cualidad de ola de mis ansias. Cuando éstas llegaban, no se sentían como un deseo, sino como una *verdad*. En el fondo de mi ser sentía que el cigarro era necesario. Sin embargo, una vez que la hipnótica e imperiosa ola de deseo había pasado (y siempre pasaba), yo salía al otro lado, profundamente aliviado por no haber fumado. Cuando te encuentres con la ola en tus citas, procura no entrar en pánico ni huir. *Pasará*. En la mayoría de los casos, tu afecto solamente se fue temporalmente al subsuelo, y resurgirá si manejas la ola con pericia. Aunque no puedas sentir atracción en ese momento, tal vez ahí siga. Date un poco de espacio —¡nada ni nadie te lo prohíbe!— y mantén el buen humor hacia la persona con la que sales. Puede ser de gran ayuda hablar con amigos que puedan recordarnos qué nos gusta de esa persona. A veces un simple "¿estás loco? ¡Ese muchacho (o muchacha) es increíble!" puede bastar para devolvernos a nuestros cabales. Una vez que la ola ha pasado, probablemente encontrarás un beneficio adicional: tendrás una visión más clara de quién es esa persona y lo que sientes por ella.

Danny había estado saliendo con Jill, de manera bastante seria, por cerca de un año, pero comenzó a dudar de la relación. ¿Era ella la persona correcta? ¿Era "la indicada"?

Estaba en un café con su buen amigo Tom, a quien le habló de sus dudas. "¿Debo continuar con Jill?", le preguntó.

—Me has dicho antes que la amas, aunque en este momento no lo sientas, ¿verdad?

—Sí...

—¿Crees que ella te ame?

—Sé que sí.

Su amigo, que normalmente era callado y discreto, lo miró a los ojos y le dijo, casi gritando:

—Danny, ¿te has vuelto loco?

Danny estaba avergonzado, pero al final se sintió agradecido. Recordó lo atractiva que era Jill, lo graciosa y amable que era, y pensó: "Tom tiene razón". Cuando, unas horas después, vio a Jill, su amor y aprecio por ella habían vuelto. Necesitaba esa sacudida para volver a la realidad de lo mucho que la valoraba. En ese momento, Danny se dio cuenta de que, en cierto sentido, el amor y la atracción son asunto de tomar una decisión. Podemos matar una excelente relación sólo con nuestra duda, o podemos esforzarnos por hacerla crecer.

A continuación, seis claves para lidiar con la ola:

1) Procura no dejar que la preocupación o el miedo te alejen demasiado de tu camino. En la gran mayoría de los casos la ola pasa, aunque pueda ser muy perturbador cuando te golpea. No des por sentado que tus sentimientos han desaparecido de verdad. Eso te pondrá aún más ansioso y te hará más propenso a huir.

2) Tómate el espacio que necesites, con gentileza. No hagas un escándalo al respecto. No reacciones de manera exagerada buscando pelea, criticando sin razón a la otra persona o haciendo cosas que la alienen o la alteren.

3) No te presiones. Estás en el proceso de conocer mejor a la otra persona, y ella podría resultar no ser la indicada para ti. No te presiones para tener sexo antes de estar listo, o verla con mayor frecuencia, o pasar a una relación monogámica más pronto de lo que estás preparado para hacerlo. En cualquier momento en que nos sintamos presionados por la culpa o la obligación, podemos sentir la ola. Recuerda: tienes todo el derecho a seguir el ritmo que te funcione. No huyas, pero tómate el espacio que necesites para continuar la conexión.

4) Intenta reencontrar la gratitud, el placer, la excitación sexual o la diversión que has sentido antes con esa persona. Haz las cosas que te gustan. Tócala y abrázala y ten sexo con ella si así lo deseas, de las maneras que más ames. Intenta conectarte con tu zona de dones en tu presencia. La ola es, en gran medida, una manifestación de miedo, y una conexión positiva y segura alivia el miedo.

5) Habla de tu miedo con tu compañero de aprendizaje, con un amigo, con tu terapeuta o *coach*. Tómate el tiempo de explorar y trabajar con tu miedo.

6) Si hay un conflicto o una sensación de incomodidad con esa persona, intenta resolverlo. Si suprimimos nuestros dones o sentimientos, seremos mucho más proclives a sufrir los efectos de la ola. Si ése es tu caso, quizá sea mejor hablar con la persona para ver si ambos pueden resolverlo juntos. En muchos casos descubrirás que la ola simplemente se desintegra en el momento en que planteas y atiendes el problema.

Quizá percibas la ola en distintos momentos en una relación, y de diversos modos. Algunas personas están felizmente casadas durante años y entonces, cuando llega el momento de considerar tener un hijo, la ola golpea con tremendo estrépito. En ocasiones la gente experimenta la ola al principio y nunca más. Mark, el terapeuta físico cuya historia conté en el capítulo 4, entró y salió de la ola durante años en su relación con Sarah, y después de que le pidió matrimonio, la ola nunca volvió. Te corresponde a ti entender y aprender cómo se manifiesta la ola en tu caso, qué la detona y cómo dejarla pasar y salir de ella.

Paradójicamente, experimentar la ola puede ser una clara señal de que estás en una relación con un gran potencial. Lo usual es que sólo percibamos la ola respecto a personas disponibles, por lo que si la estás experimentando, significa que has crecido al punto en que te enfoques en alguien que no está huyendo. De hecho, cuando estás en medio de la ola, ¡tal vez sea momento de celebrar! Es más probable que la ola llegue en casos de atracción por inspiración. Como psicoterapeuta, a menudo *espero* que mis pacientes experimenten la ola. No la experimentarán mientras persigan atracciones por privación.

No defiendo que te conformes con menos ni que desprecies tu intuición si alguien no parece adecuado para ti. Lo que sugiero es que, simplemente, dejes que la ola pase y permitas que el afecto regrese. Observa entonces cómo te sientes. Hazlo tantas veces como lo necesites; podría cambiar tus citas amorosas.

Algunos sentimos la ola con mayor intensidad que otros. El grado al que te avergüences de tus dones esenciales corresponde a la fuerza con la que sentirás la ola. Cuanto mayor sea tu bochorno o trauma respecto de tus dones, tanto más a merced de la ola estarás, pero nada de esto significa que no puedas encontrar el amor, sino, solamente, que la parte brava de tu ola va a ser más fuerte y tal vez más frecuente.

Algunos somos más proclives a la ola debido a traumas del pasado. Cada vez que, en épocas anteriores, pusimos en riesgo nuestro corazón y encontramos frialdad, distancia o abuso, llegamos a creer que había algo de vergonzoso en ser tan vulnerables. Así, ahora, cuando alguien se hace vulnerable con nosotros, nuestras viejas heridas vuelven y de manera inconsciente nos advierten que hay algo vergonzoso en la vulnerabilidad de nuestra pareja. Mientras más nos haya avergonzado nuestra vulnerabilidad, más propensos seremos a sentir la ola. Puede ser de enorme ayuda realizar un trabajo terapéutico más profundo para sanar esas heridas, pero las técnicas que describo aquí pueden ser de enorme ayuda cuando la ola arremete, ya sea que decidas tomar terapia adicional o no.

En ocasiones no se trata de la ola, sino que la otra persona en verdad no es adecuada para ti. No puedes obligarte a ti mismo a sentirte atraído físicamente por nadie. Si la ausencia de atracción continúa, no estás obligado a permanecer con esa persona. No es bueno para ti ni para ella. Sin embargo, si te percatas de que tu atracción mengua y se debilita, asegúrate de leer el capítulo 11 antes de tomar cualquier decisión. Hacerlo podría abrir nuevas posibilidades para ti.

MICROMEDITACIÓN
La ola. Tres minutos.

¿Alguna vez te ha golpeado la ola? Recuerda algún momento en que hayas rechazado a una persona decente y amorosa porque su disponibilidad te asustaba. Tómate un momento para agradecerle por sus buenas cualidades. Si lo deseas, puedes disculparte para tus adentros y decirle que hiciste lo mejor que pudiste sin entender bien lo que ocurría. La buena nueva es que ahora ese fenómeno tiene nombre y cuentas con una serie de pasos a seguir cuando se presente. Intenta perdonarte a ti mismo por ser víctima de la ola. Ten en cuenta que eres uno entre un gran número de personas que jamás han aprendido cómo entender y afrontar este fenómeno. Apréciate a ti mismo por lo que has aprendido y por las maneras en que este nuevo entendimiento cambiará el resultado de tu futura búsqueda de amor.

Descubre tus "patrones de huida"

La ola no es la única manera en que huimos del amor. Puesto que somos humanos, sentimos, y los puntos de mayor sentimiento son donde podemos ser heridos. El amor es nuestro punto de mayor sentimiento. Mientras más amamos, más posibilidades hay de que ese amor nos sea arrancado. Por eso todos nos protegemos de una u otra forma del fuego abrasador del amor puro. Lo hacemos en una infinidad de formas, y es necesario que nos perdonemos a nosotros mismos por el hecho de que el amor nos atemoriza.

Es muy fácil criticarnos a nosotros mismos en nuestra búsqueda de amor. Siempre hay algo que podríamos haber hecho mejor. No podemos corregir todas nuestras maneras de huir de la intimidad; tardaríamos toda la eternidad. Sin embargo, si puedes descubrir una de tus principales formas de rechazar el amor, y si puedes remediar ese patrón defensivo, verás que el amor en tu vida crece y se hace más profundo. Esa decisión es un pequeño acto de grandeza personal, y está a tu alcance. Si quieres hacer algo que marcará una enorme diferencia en tu búsqueda de amor, remedia ese patrón. Eso creará una nueva apertura en tu vida.

Una manera en que huyes del amor

El siguiente ejercicio te ayudará a ponerle nombre a una de las maneras en que huyes del amor al mismo tiempo que lo buscas. Date tiempo de leer esta breve pero profunda parábola; luego pasa un rato tranquilo con tu diario y sigue las simples instrucciones que van después.

Una mujer buscaba algo con afán en su patio. Un amigo que pasaba por ahí le preguntó qué estaba buscando. Ella respondió que había extraviado un par de aretes extremadamente valiosos que había visto por última vez en su sala de estar. Su amigo hizo entonces la pregunta obvia: "¿Por qué no los estás buscando allá?" La mujer respondió: "Porque está muy oscuro. Es mucho más fácil buscarlos aquí".

En esta historia, la "sala de estar" es una metáfora del lugar donde sabes que espera el verdadero trabajo, pero que prefieres evitar. En tu búsqueda del amor, ¿cuál es tu "sala de estar"? A continuación te doy algunas posibilidades; hay otras muchas. Confía en tus respuestas instintivas.

- ¿Desperdicias tiempo intentando que las cosas funcionen con las personas equivocadas? Recuerda: si sales con alguien cuyos valores no te inspiran, en última instancia estás perdiendo el tiempo.
- ¿Muestras tu "alma" —es decir, tus pasiones, tu ternura y tus excentricidades— a las personas que te inspiran? ¿Compartes tus aristas emocionales y sexuales? (¡en los momentos adecuados, por supuesto!). ¿O muestras una versión retocada y menos original de ti mismo?
- ¿Estás tomándote el tiempo de conocer gente que comparta tus valores, en tiempo real y en entornos no virtuales?

- ¿Hay algún trabajo interno importante que necesites realizar, como atender problemas emocionales, sexuales o de adicción que estés reteniendo?

- ¿Estás tan ocupado buscando una relación que te cierras a la intimidad que ya existe en tu vida con tu familia, amigos o mascotas? Cuando estamos tan desesperados por encontrar el amor que ignoramos el amor que ya tenemos, solemos sabotear nuestros propios esfuerzos.

- ¿Estás, simplemente, demasiado ocupado? Cuando estamos demasiado ocupados nos perdemos los momentos que podrían llevarnos a establecer una conexión, a reconocer nuestros sentimientos o a movernos hacia la riqueza de nuestra zona de dones. En ésta es más probable que recordemos a un amigo que vive lejos o le sonriamos a un desconocido sentado frente a nosotros.

Éste es un momento importante de tu viaje. Con tu diario frente a ti, tómate un momento para reflexionar sobre tus patrones. ¿Cuál es tu "sala de estar"? ¿Cuál es el patrón que resalta como tu manera más importante de evitar la intimidad al mismo tiempo que la buscas? Escribe tu respuesta más honesta a estas preguntas. Cuando lo hayas hecho, haz una pausa para felicitarte. La mayoría de las personas jamás llegan tan lejos. *El acto de encarar esto te cambiará.* Atiende este problema, y tu búsqueda de amor tendrá grandes e importantes cambios. Es así de simple.

Qué hacer con nuestro miedo

Ahora que te das cuenta de cómo podrías estar huyendo del amor, tal vez te preguntes qué hacer al respecto. Recuerda: el cambio duradero casi nunca surge de levantarnos por nuestros propios medios. Sanamos a través de las relaciones. Gracias a las conexiones respetuosas, amorosas y placenteras con amigos, familia, grupos sociales y profesionales que nos ayudan, nos liberamos de los nudos de la pequeñez y los patrones de conducta que nos mantienen alejados del amor que buscamos.

Todos tememos a la intimidad, y todos necesitamos encontrar maneras de tratar ese miedo en nuestra vida. Mientras nos esforzamos por hallar la forma de resolver nuestro miedo a la intimidad, la historia de Lil y Joe tal vez nos ofrezca revelaciones valiosas.

Joe Lucca era un adolescente que estaba de vacaciones en Rehoboth Beach, Delaware, cuando tuvo el accidente que cambiaría su vida. Estaba surfeando con algunos amigos cuando una fuerte ola lo atrapó, lo arrastró salvajemente y lo arrojó de cabeza contra la arena para romperle el cuello. Sus amigos lo levantaron y fue enviado de emergencia al hospital. Cuando volvió en sí se encontró con que estaba paralizado permanentemente del cuello para abajo. Hasta pocos días antes era un adolescente despreocupado que ni siquiera se cuestionaba que tenía una vida plena por delante. Ahora sólo podía imaginar un vacío indescriptible. Cayó en una terrible depresión. Su novia poco a poco dejó de visitarlo y después rompió con él. Joe permaneció años en hospitales y centros de rehabilitación. Con el tiempo salió de su depresión y comenzó a edificar su vida. Incluso comenzó a salir con algunas muchachas y a buscar trabajo.

Lil era una enfermera de un pueblo cercano. Un día, un amigo le preguntó si se atrevía a salir en una cita a ciegas doble con dos jóvenes parapléjicos. Lil se entusiasmó con la aventura y respondió: "Seguro". Su cita fue con un muchacho agresivo y ofensivo, pero el otro, Joe, era tranquilo, amable y respetuoso, por lo que cuando él la invitó a salir ella accedió. Se divirtieron mucho y sus citas se hicieron semanales. Lil me dijo: "Me gustó estar con él porque era muy gentil, amable, nunca agresivo y era muy interesante estar con él. Hablábamos de todo. Así fue como creció nuestra relación: primero una amistad y después el amor". En ese tiempo Joe pudo encontrar un empleo y tres años después, aterrado, le propuso matrimonio a Lil. Y ella aceptó.

¿Qué hicieron estos dos jóvenes para sobreponerse a los obstáculos del temor y la agitación? Les hice esa pregunta recientemente. Su respuesta fue trascendente por su simplicidad:

"Simplemente seguimos pasando tiempo juntos porque quisimos. Al principio no pensábamos en matrimonio. Eso nos habría dado demasiado miedo. En algún momento nos dimos cuenta de que nuestro amor y respeto mutuos habían crecido tanto que fueron más grandes que nuestro miedo. Después de eso, sólo fue cuestión de dar el siguiente paso." Hoy son octogenarios y siguen siendo muy felices juntos. Lil me confió: "Creo que habría estado perdida sin Joe. Es una dulzura. Nos reímos juntos, vivimos juntos y hacemos las cosas que inyectan *vida* a nuestra vida".

¿Qué consejo tiene Joe para cualquier persona que tenga miedo de arriesgarse a dar el paso y buscar el amor? "En algún momento tienes que dar el salto. La alternativa es la soledad. Si yo lo hice, tú también puedes."

No todos tenemos el valor de los Lucca, lo cual no es malo. Recuerda: no necesitamos liberarnos del temor antes de encontrar el amor sano y duradero. Debemos saltar y aprender los caminos de nuestro campo de minas personal. Si sientes que corres riesgo de ser peligrosamente abusivo, busca ayuda antes de encontrar el amor. El camino más prudente es aceptar tu miedo en lugar de verlo como una aberración. Cuando aprendemos a estar presentes para el amor frente a nuestros propios miedos, nuestra vida se abre. ¡Como lo muestra la historia de Joe y Lil, el mejor antídoto para el miedo a la intimidad es la intimidad misma!

Cuaderno de ejercicios de *Amor profundo*

EJERCICIO PERSONAL

La ola

1) Cuando leíste sobre la ola, ¿te sentiste identificado? ¿Cuándo has experimentado la ola en tu historial de relaciones? ¿Cómo se sintió, y qué ocurrió como resultado?

2) ¿Qué podrías hacer de modo distinto, hoy o en el futuro, cuando la ola se haga presente?

EJERCICIOS DE AMOR PROFUNDO

Pregunta a tus seres queridos

Este ejercicio es una medicina difícil de tragar, pero funciona. Pide a tus amigos que te digan de qué maneras te han visto huir de la intimidad mientras la buscabas. Con frecuencia, nuestros amigos cercanos desearían que modificáramos algo en nuestra búsqueda de amor, pero vacilan en decírnoslo. Pregúntales si tienen algún consejo que darte respecto de lo que les gustaría verte hacer de forma distinta.

Elige uno

Elige una de las maneras en que huyes de la intimidad, para atenderla primero. Sólo una. Trabajarás en esto con tu compañero de aprendizaje esta semana y en el futuro. Si no tienes compañero de aprendizaje, busca otros apoyos para realizar este cambio.

EJERCICIO CON TU COMPAÑERO DE APRENDIZAJE

Cambia un "patrón de huida"

Compartan el patrón que cada quien ha decidido cambiar. Detallen cómo se manifiesta ese patrón y cómo afecta su vida íntima y su búsqueda de amor. Procura no ofrecer consejos a menos que tu compañero lo pida. Haz un plan para cambiar tu patrón de huida. Traza los pasos, incluyendo otras fuentes de apoyo. Continúa revisando tu progreso. No supongas que una sola conversación sobre este tema bastará.

10

Cómo encontrar la luz
a la *mitad* del túnel

Lo menos que puedes hacer en tu vida es descubrir cuál es tu
esperanza, y lo más que puedes hacer es vivir dentro de esa esperanza.
No admirarla desde lejos, sino vivir en su interior, bajo su techo.
BARBARA KINGSOLVER, *Sueños animales*

La fase intermedia del viaje es una de las partes más difíciles de la búsqueda de amor. Tienes la idea de nuevas posibilidades, que llega cuando eliges un camino al amor basado en tus dones —y ya has visto algunos cambios—, pero aún estás ahí afuera, navegando por el mundo de las citas, y no has encontrado a tu ser amado. Es un periodo en el cual puedes sentir desconcierto y confusión, y el amor no parece llegar lo bastante rápido. En esta fase es bueno ver y apreciar lo lejos que has llegado, y considerar cómo introducir el genio de tus dones en el viaje que te espera.

Comienza en el punto correcto

Cuando el camino se vuelve difícil y el clima áspero, el sitio al que regresamos es siempre el mismo: reconocer lo que ya tenemos y lo lejos que hemos llegado. Si has seguido estas ideas con un sentido básico de cuidado y enfoque, estoy casi seguro de que ya has observado cambios. Responde las siguientes cinco preguntas para reflexionar sobre tu avance en este viaje:

1) ¿Entiendes y valoras más tus dones?

2) ¿Estás perdiendo el gusto por las atracciones por privación, y te alejas de ellas más pronto?

3) ¿Sigues cada vez más tus atracciones por inspiración?

4) ¿Estás expresando más tu yo auténtico en tus relaciones?

5) ¿Das pasos para conocer gente nueva?

Cada pregunta que hayas respondido afirmativamente es un motivo para celebrar. Si respondiste "sí" a al menos dos preguntas, hay grandes probabilidades de que tus citas amorosas estén cambiando en aspectos importantes. Es posible que, de forma misteriosa, estés conociendo personas más amables y disponibles. Confía en los caminos que estás abriendo, porque están funcionando.

Sin embargo, si honestamente sientes que no están ocurriendo cambios importantes para ti como producto de este trabajo, plantéate las siguientes cinco preguntas. Por lo regular, cuando menos una de ellas será la clave para expresar el atasco que estás experimentando.

1) ¿Estás en una relación de abuso de cualquier tipo?

2) ¿Tienes algún desorden emocional o psicológico que no haya recibido tratamiento, o una adicción activa?

3) ¿Estás siguiendo este curso solo, sin un compañero de aprendizaje y sin apoyo?

4) ¿Estás resistiéndote a poner tu corazón de verdad en estos pasos?

5) ¿Existe algún otro problema, como una antigua relación que no hayas podido superar, que obstaculice tu progreso?

Si cualquiera de las respuestas a las preguntas anteriores fue afirmativa, eso podría explicar claramente la obstrucción a tu progreso. Te invito a dar el valiente paso de encontrar ayuda y apoyo. Entonces, todos los cambios positivos que estás efectuando tendrán la posibilidad de arraigarse de manera más eficaz.

MICROMEDITACIÓN
Hasta dónde has llegado. Un minuto.

En nuestro viaje de intimidad, cada lección que aprendemos nos acerca más al amor que buscamos. De las lecciones que has aprendido desde que empezaste este curso, ¿cuál te parece más importante? No es necesario que sea algo enorme, pero sí debe ser un cambio que en verdad te importe.

Tómate un momento para reflexionar. Cuando tengas tu respuesta, encuentra las palabras —palabras tuyas— que mejor la expresen. Después tómate un importante momento contigo mismo: mantén tu logro cerca de tu corazón y aprécialo. (Sí, tu aprendizaje fue imperfecto. Sí, en ciertos sentidos estuvo limitado; pero es lo bastante correcto para acercarte más pronto al amor y la intimidad que buscas, de modo que merece este momento de aprecio.) Después, descansa un momento. Siente las oleadas que puedan llegar. Este acto es una buena manera de profundizar en tu aprendizaje.

Esta difícil fase intermedia del viaje está llena de manifestaciones de crecimiento que no resultan obvias. Si estás siguiendo los pasos, el cambio está ocurriendo, aunque sea difícil de reconocer. En esta fase quizá te sientas atascado en la misma vieja encrucijada que has enfrentado antes en tu vida amorosa. Puedes sentir que nada es diferente, pero sí lo es. Si miras con más atención, reconocerás que llegas a esta encrucijada familiar con nuevas herramientas, una conexión más fuerte con tus propios dones y, espero, más apoyo. En cada encrucijada descubrirás nuevos microcambios en tu enfoque, y esos cambios abrirán nuevas puertas. Sentirás que algo nuevo sucede, porque sentirás intimidad en un punto que alguna vez te pareció una puerta cerrada.

En esta etapa hay habilidades por adquirir, que no pueden adquirirse en ningún otro lugar. Prácticamente todos los desafíos que enfrentes de maneras más sensatas te darán habilidades para tu siguiente relación. Mientras más habilidades de intimidad aprendas en esta etapa, más probable será que elijas una futura relación que pueda brindarte felicidad a largo plazo.

He descubierto que es raro que pasemos de no tener ninguna relación, o estar en una relación poco sana, directamente a "la" relación. Aun hay periodos de soltería que duran más de lo que quisiéramos, y conatos de relación que nos frustran. He descubierto que, por lo general, es más bien un proceso gradual. Si en el pasado fuimos propensos a tener relaciones poco sanas, a menudo pasaremos por un proceso de encontrar relacionas más sanas, aunque no lo suficiente, y dejarlas más rápidamente que antes. Identificar estas relaciones, y aprender a decirles "no", es una de las habilidades que muchos aprendemos en esta fase intermedia.

Tres pasos para tener citas amorosas ricas en intimidad

He descubierto tres etapas que presagian la llegada del amor verdadero y sano. La llegada del amor puede parecer un golpe de suerte, pero es mucho más que eso: has estado invocando esa suerte al emprender tus citas de manera distinta. Observa cuál de las tres etapas corresponde a tu situación.

En la etapa 1 aprendemos cómo aceptar y honrar nuestros dones. En esta etapa hay una sensación de sanación cuando aprendemos a honrar nuestra ternura, nuestra intuición, nuestro poder y nuestro espíritu. A la par, llega una profunda aversión por todo aquello que deshonre esas cualidades nuestras. En cierto momento —y por lo general como resultado de un dolor tremendo— comenzamos a perder el gusto por las relaciones que minan nuestra autoestima. Descubrimos que simplemente no soportamos la idea de volver a ser lastimados de ese modo. Eso es algo muy bueno. Cuando nos "pegamos" menos a ese tipo de atracciones, una era de callejones sin salida en nuestra vida amorosa comienza a llegar a su fin. Ahora podemos comenzar el verdadero trabajo de la intimidad: cultivar nuestra atracción por relaciones que nos nutran. En las citas, y en todas nuestras relaciones, comenzamos a "limpiar la casa", vaciando nuestra vida de toda interacción necesaria con relaciones de privación.

Mientras haces esto, ten presente que en la mayoría de los casos —salvo en caso de abuso— lo mejor es dar a toda relación una oportunidad de sanar. Si no le decimos a nuestro ser amado qué nos duele y qué necesitamos, quizá le neguemos la oportunidad de cambiar. Las relaciones son algo precioso que bien vale el esfuerzo de sanar. ¡No te vayas así como así! Dale a la relación una oportunidad de mejorar. Esto no significa que debas tolerar malos comportamientos, sino que debes estar dispuesto a ver si se detienen.

La etapa 2 entraña un reto distinto. Cuando renunciamos a relaciones negativas, las nuevas y mejores amistades no llegan de inmediato. De hecho, la etapa 2 a menudo conlleva una desconcertante quietud. Esta etapa puede resultar aburrida, desalentadora o frustrante. Parece que no sucede nada. Sin embargo, este periodo (¡que a menudo parece durar demasiado!) es parte esencial del proceso de cambio. Algo sucede, sólo que aún no podemos verlo. Como en el caso de un bulbo que necesita un periodo de inactividad para reunir fuerzas, están dándose cambios que aún no se manifiestan en nuevos vínculos. ¿Por qué esta parte del viaje es tan lenta? Creo que es porque el cambio es tan profundo que se necesita tiempo para que todo nuestro ser lo asimile.

En los casos en que terminamos con relaciones abusivas o dolorosas, necesitamos tiempo para sanar. Al principio de esta etapa a menudo necesitamos tiempo a solas o algún tipo de apoyo para nuestra recuperación. Conforme la etapa avanza, comenzamos a ansiar una nueva vida y nuevo amor, y cuando éste no llega tan pronto como esperábamos, es fácil sentirnos desalentados. Es útil recordar que la etapa 2 es parte del proceso, y mantener los ojos abiertos para detectar las primeras señales de la etapa 3.

En la etapa 3 comienza a ocurrir un fenómeno asombroso. Conforme comenzamos a honrar y expresar nuestros dones en nuestras citas amorosas y en otras relaciones, nuestro mundo empieza a cambiar. Nuevas y sanas relaciones entran poco a poco en nuestra vida. Esta etapa suele comenzar con una lentitud glacial, conforme una nueva generación de relaciones emerge en pequeños brotes. Muchas veces esto ocurre de manera tan sutil que ni siquiera nos damos cuenta. Encontramos un nuevo amigo que nos inspira, o nuestro calendario nos muestra algún nuevo evento al que asistir con personas que respetamos y admiramos, y con quienes nos sentimos emocionalmente seguros. En esta etapa poco a poco descubrimos que estamos saliendo con personas que nos aceptan por ser quienes somos; personas amables, generosas de espíritu y disponibles. Quizá nuestra vida sexual comience a tocar nuevos niveles de intimidad y experimentación. Las viejas amistades insatisfactorias forman parte de nuestra vida cotidiana en menor medida, y relaciones más ricas comienzan a tomar el papel principal. A menudo necesito señalar a mis pacientes el inicio de esta etapa, pues se da tan gradualmente que ni siquiera lo notan. Es probable que estos cambios comiencen en tus amistades y luego pasen a tus citas amorosas. Con el tiempo descubrirás que tu vida amorosa se ha vuelto más rica y vibrante, y al mismo tiempo más emocionalmente segura. Esto es digno de celebrarse.

Conforme empezamos a llenar nuestra vida de conexiones más sanas, necesitamos desarrollar nuevas habilidades de intimidad que permitan que esas relaciones florezcan. El siguiente ejercicio enseña un enfoque basado en dones para la comunicación, el cual tiene el poder de cambiar tu relación contigo mismo y con las personas que amas. Mientras más aprendas y practiques esta técnica en la etapa intermedia de tu viaje, más feliz y realizado te sentirás, y más exitoso serás en todas tus relaciones.

El proceso ARA: una herramienta sencilla para construir la intimidad

La técnica ARA es un proceso de tres pasos que te permite interactuar con el mundo desde el corazón de tu zona de dones. Las siglas ARA significan autenticidad, respeto y acción. Cada paso es un acto de empoderamiento, y juntos tienen el efecto de "derrocar", con gentileza y habilidad, las voces internas que te detienen. Puedes emplear este sencillo proceso siempre que quieras conectarte con el poder de tu zona de dones. El ejemplo que pongo involucra un conflicto en una relación, pero puedes usar la técnica con cualquier sentimiento o experiencia.

Autenticidad

El paso inicial es la autenticidad. En éste, tu tarea es conectarte con tu experiencia interna de este momento. Si puedes retener lo que estés sintiendo, con calidez y cariño, ya has entrado en tu zona de dones. Enfócate en esa experiencia, y te llevará a algo bueno y valioso, aun si tus sentimientos son desafiantes. Cuando estamos en nuestra zona de dones, todo ocurre con naturalidad.

Si aún no te encuentras en ese estado de compasiva autenticidad, ¡bienvenido al club! A menudo se necesita algo de esfuerzo para llegar a ese punto. Primero, ponte cómodo. Relájate y determina qué estás sintiendo en tu cuerpo. Imagina que te mueves hacia el centro de tu objetivo y percibe lo que suceda. Algunas veces no lograrás localizar un sentimiento. En ocasiones el hambre, el cansancio o la tensión serán un obstáculo, pero en otras experimentarás algo, así se trate de una esencia sutil en el aire que sólo captes de vez en cuando. No siempre llegarás a un sentimiento, pero cuanto más practiques, más fácil te será encontrar tus emociones. Si logras captar cualquier sentimiento, encuentra unas cuantas palabras que lo representen para ti. Quizá tarden un rato en formarse. Date ese tiempo. O quizá no haya palabras, sino imágenes, recuerdos, un fragmento de música; todo eso está bien. Una vez que encuentres una expresión, habrás creado cierto grado de compasión por ti mismo. (Si este paso siempre te resulta difícil, o si te gustaría aprender más sobre el proceso de detectar tus sentimientos, recomiendo ampliamente el libro *Focusing*, de Eugene Gendlin.)

Esta etapa inicial de ajuste puede ser incómoda. Mientras te relajas, los sentimientos inoportunos o incómodos que has sido capaz de ignorar en la vida cotidiana pueden surgir. Aquello que no deseamos encarar puede hacerse sentir en esos momentos. Por consiguiente, cuando lleves a cabo el primer paso del proceso ARA puedes esperar que haya cierta resistencia interna, una especie de "tope" que intenta mantenerte lejos del desafío venidero. Podrías pensar: "No, no quiero hacer esto en este momento. Es demasiado molesto", o "No tengo tiempo" o "Cuesta mucho trabajo". Con frecuencia, estos sentimientos son el primer centinela a la puerta del camino hacia el tesoro de tus dones esenciales. Cada vez que dejes atrás a ese guardia y continúes hacia un sentido de humanidad, habrás realizado un acto de "pequeña grandeza"; es un paso hacia una conexión más rica con tus dones esenciales. A veces, cuando revisamos nuestro estado interno, lo primero que pensamos es: "No estoy sintiendo nada". Para captar tus sentimientos un poco más, puedes plantearte preguntas creativas, como: "Si mi estado interno fuera un color, ¿cuál sería?" A veces, aun así no habrá nada. En esos casos, no te presiones. Este proceso se vuelve más fácil con el tiempo.

Te contaré cómo fue este primer paso para mi paciente Jennifer. Entre sus dones esenciales están la lealtad y la responsabilidad. Cuando está cerca de alguien es leal, aunque le resulte doloroso. Este don va de la mano con su sentido de la responsabilidad. Rara vez cambia la cita a un desayuno, aun cuando esté ocupada. Si dice que estará en un lugar, encontrará la manera de llegar, llueva, truene o relampaguee. Si alguien le hace una confidencia puede estar seguro de que ella no lo revelará. Cuando no recibe el mismo trato se siente herida y furiosa. En el pasado, Jennifer ha sufrido muchas experiencias dolorosas con personas que carecían de su mismo sentido del compromiso. Puesto que no era capaz de nombrar esa cualidad como un don esencial, constantemente

iba y venía entre asumir que estaba equivocada en algo y decidir que
el mundo estaba lleno de idiotas —la mayoría hombres— que la de-
cepcionaban cuando las cosas se ponían difíciles. Llevaba tres años sin
salir con nadie cuando conoció a Douglas. Con él sentía una confianza
esencial, lo cual era una experiencia nueva para ella en sus citas amorosas. Desafortunadamente Douglas era mucho menos puntual que ella.
Modificaba sus citas con lo que a ella le parecía demasiada facilidad; a
menudo las retrasaba una hora o más. Ocasionalmente cancelaba una
cita el mismo día si su jefe le pedía que trabajara hasta tarde. Jennifer
solía reprimir su enojo cuando así ocurría; se decía a sí misma que era
demasiado sensible. Sin embargo, en algunas ocasiones enfurecía y se
ponía crítica, y a veces incluso grosera. Finalmente, decidió reconocer
sus sentimientos. Se dio cuenta de que estaba furiosa con Douglas, y
eso la hacía sentir muy culpable. Se sentía en una disyuntiva, como le
había ocurrido ya muchas veces. Al permitirse notar esos sentimientos,
se percató de que, por debajo de su ira, se sentía herida. No le gustaba
sentirse vulnerable de ese modo, pero gracias a eso se dio cuenta de que
Douglas empezaba a ser sumamente importante para ella.

Respeto

El segundo paso consiste en respetar. Es el que, con mayor probabilidad, no cumpliremos, porque no se nos ha enseñado cómo hacerlo.
Sin embargo, sin el acto de respetar es casi imposible obtener el poder
necesario para corregir los patrones que nos impiden encontrar el amor.
Honrar nuestra experiencia interna —sin importar cuál sea— es el paso
que lo modifica todo. Es imposible encontrar tus dones esenciales sin
respetar tus sentimientos, ¡porque precisamente en ellos radican tus
dones esenciales! Este paso nos libera de tener que reprimir nuestros
sentimientos verdaderos o expresarlos mediante actos impulsivos.

¿Cómo podemos aprender a respetar nuestra experiencia auténtica?
Al percatarnos de lo que sentimos (paso 1) y encontrar su valor, antes
de intentar repararlo, cambiarlo o mejorarlo. Quizá nuestro sentimiento

no sea perfectamente acertado. Se dice con razón que "los sentimientos no son hechos", pero en nuestro sentimiento, sea cual sea, existe una verdad interior que intenta darse a conocer y, hasta que no sea validada, es probable que quedemos bloqueados. A continuación te doy dos preguntas que puedes plantearte para ayudar a validar tu experiencia. Intenta responder cada una hasta que percibas un "sí" interno. Cuando así haya ocurrido, date un tiempo para sentir las ondas de alivio que vendrán con la respuesta.

1) Es lógico que me sienta así porque…
2) Esto afecta una parte atesorada de mi ser porque…

Cuando sentimos algo que creemos que no deberíamos sentir, nuestro primer paso suele ser un acto reflejo de autocorrección, que puede hacernos sentir avergonzados ante nuestra propia crítica. Responder a las preguntas anteriores es un acto consciente que podemos llevar a cabo para honrar nuestra experiencia. Respetar el valor de nuestras emociones —sin importar cuáles sean o cuán poco las comprendamos nosotros o los demás— es una habilidad que cambia el tenor total de nuestra vida. La próxima vez que sientas o pienses alguna de las cosas de la columna 1, intenta remplazarla con el pensamiento correspondiente de la columna 2 y responder esa pregunta. Creo que te encantará la claridad que proporcionan. Cuando honres tu experiencia auténtica, descubrirás el don profundo que yace en su corazón, y ese don te llevará a una nueva libertad y un nuevo amor.

Dudar de ti mismo	Respetarte a ti mismo
¿En qué me estoy equivocando al sentir de esta manera?	¿Qué lógica tiene este sentimiento?
¿Qué pensará la gente de mí?	¿Qué pienso de esto? ¿De qué manera es esta experiencia un mensaje auténtico de mi yo interno?
¿Cómo puedo enmendar esta parte de mí?	¿Qué necesita esta parte de mí? ¿Cuál es el valor de esa necesidad?

Dudar de ti mismo	Respetarte a ti mismo
Necesito volverme más duro	¿Y si mi fuerza provino del hecho de respetar mi vulnerabilidad y tomar decisiones para cuidar de mí mismo?
Me siento humillado y avergonzado por lo que siento, y eso me pone demasiado incómodo para revelar mi yo auténtico	¿Cuál es el don esencial dentro de este sentimiento?

Cuando busques comprender qué sientes de manera auténtica y cómo respetarlo, tal vez la respuesta no surja de inmediato. No te preocupes. Sólo mantén la apertura y con el tiempo se te va a presentar solo. Recuerda que éstos no son trucos, sino profundas prácticas de amor propio e intimidad. A menudo las respuestas tardarán en llegar. Esos periodos de no saber son parte de la verdadera aventura de la intimidad.

En el largo plazo, el hecho de respetar es el antídoto contra nuestra confusión y el camino hacia nuestro genio peculiar. El acto de atesorarse a uno mismo puede resultar desafiante pero es, en última instancia, el camino más confortable de todos. Cualquier otro camino duele. Todo lo demás es vidrio roto, zarzas espinosas en nuestro costado. Respetar es la habilidad que nos permite vivir la belleza y la misión de nuestros dones esenciales en el mundo. Respetar requiere la renuncia al látigo que sostenemos contra nosotros; requiere de amabilidad, de escuchar nuestros dones. Éstos son demasiado poderosos, originales y tiernos para que les demos órdenes. Jamás dejarán de salirse de la raya, y si intentamos obligarlos, se ocultarán a plena vista hasta que la amenaza haya desaparecido. Sin importar cuánto los amenacemos o presionemos, nuestros dones no saldrán hasta sentir que los respetaremos. Es así de sencillo. *Cualquier cosa que no sea respeto es un acto de violencia contra nosotros mismos.* No podemos deshonrar nuestros dones esenciales sin consecuencias.

En ocasiones, ha habido tantos sentimientos respecto a un don que sin más necesitamos detenernos en él; no ir más lejos por ahora. El solo acto de sostenerlo con honor basta.

Sostengo mi cara con las dos manos.
No, no estoy llorando.
Sostengo mi cara con las dos manos
para mantener caliente la soledad;
dos manos protegiendo,
dos manos alimentando,
dos manos evitando
que mi alma me deje enfadado.
THICH NHAT HANH

El respeto también implica respetar nuestra realidad externa. Por ejemplo, ¿la persona con quien estás se ha ganado tu don de autenticidad? ¿Parece alguien capaz de respetar tu vulnerabilidad? ¿Has respetado la suya? Si es así, qué maravilla. Si no, tal vez debas ser cuidadoso con lo que compartes con él o ella.

Por cierto, no se honra sólo el dolor, sino también las emociones positivas. Por ejemplo, a menudo compartir ternura y aprecio, o simplemente darte el tiempo de gozar tus alegrías, constituye un acto de valentía. Cada vez que sientes alegría o paz, has alcanzado un portal de placer hacia tus dones profundos. Es aquello por lo que has trabajado y que has esperado. Cuando sientas un momento de dulzura, atesóralo. Cuando sientas alegría, regodéate en ella. Deja que sea tu guía. Como dice un proverbio: "Lo que aprecies, te aprecia".

También es un acto de intimidad honrar la realidad de los dones y heridas del otro. ¿Quién es la persona con la que estás interactuando? ¿Cómo podrían sus propias sensibilidades estar involucradas en esta situación? Permítete honrar su humanidad. Tómate el tiempo de ponerte en tus zapatos.

Cuando Jennifer obtuvo un ascenso, Douglas le dijo que quería invitarle una cena especial para celebrar. Ella se sintió muy conmovida. Nadie había hecho eso por ella antes. Dos horas antes de la cena, Douglas la llamó para preguntarle si podían postergar su cita una hora. Jennifer se sentía herida, y absolutamente furiosa. También se sentía culpable por la intensidad de su reacción. Se percató de que oscilaba entre la ira contra Douglas y el autocastigo por estar tan furiosa. Esta vez se decidió a respetar su experiencia. Primero, habló consigo misma de un modo distinto: se preguntó qué lógica tenían sus sentimientos. Esto es lo que descubrió:

> Sí, es lógico que me sienta de esta manera porque yo no le habría hecho lo mismo a él. Yo habría hecho lo que fuera para que siguiera en pie nuestra cita; si no hubiera podido, me habría sentido mal y se lo habría hecho saber. Me sentí vulnerable porque íbamos a salir a celebrar la noche de mi ascenso. Nadie me había ofrecido eso antes. Todo quedó arruinado cuando él pospuso la cita con tanta facilidad.
>
> Yo tomo mis compromisos con seriedad. Estoy consciente de lo que significa ser una persona que cumple su palabra. Ésa es una de las cualidades que más atesoro de mí. En lo que atañe a la lealtad, ésta soy yo: doy mucho y pido mucho, también. Soy distinta de la mayoría de las personas respecto de lo importante que este asunto es para mí, pero así soy. Es algo vinculado con mis valores más profundos. Cualquier persona con la que yo esté necesita respetar ese aspecto como requisito esencial.

A continuación, se permitió pensar en Douglas y en lo que él era en realidad. La verdad es que él nunca la había decepcionado en cosas importantes; sin embargo, ella no sabía cómo sería si realmente se permitiera apoyarse en él como pareja. No estaba segura, y eso estaba bien. No llevaban mucho tiempo saliendo, y ésa era una preocupación válida. Al pensar más en el asunto, se percató de que él hacía cosas especiales por ella con frecuencia. De hecho, era más generoso que ella, y más consistente en su amabilidad. Al darse cuenta de esto, Jennifer dudó de sí misma por un rato, y comenzó a sentirse ligeramente culpable por hostigarlo. Pensó en no decir nada. ¿Por qué era tan exigente? Pero a final de cuentas decidió intentar esta técnica. Lo respetaría, pero también se respetaría a sí misma.

Con esa decisión, Jennifer comenzó a relajarse. La ansiedad provenía de su incertidumbre sobre si esa cualidad suya era aceptable o no.

Cuando se decidió a honrarla como un don esencial, la guerra interna concluyó. El respeto a sí misma remplazó a la duda sobre sí misma.

Acción

La última letra de ARA significa "acción". En esta etapa tomas tu yo interno y el de la otra persona, con respeto, y actúas al respecto de la manera que te parezca sensata, verdadera y útil. Este paso puede ser arduo. Implica ponerle buena cara al mal tiempo; implica hacerlo con torpeza una y otra vez y adquirir más habilidad de manera gradual. A final de cuentas, es un salto. En palabras de Maggie Kuhn, fundadora de las Panteras Grises, un grupo de activistas por los derechos de los ancianos, "di lo que piensas aunque te tiemble la voz".

En la emoción y la vulnerabilidad de la acción auténtica, tu habilidad para encontrar y seguir al amor se incrementa. Cuando te respetes a ti mismo y a la otra persona y recibas lo mismo a cambio, tu corazón se abrirá. El sentimiento es increíble.

Douglas notó lo enojada que estaba Jennifer, y la llamó para decirle que podía reducir el tiempo de espera: sólo necesitarían retrasar su cena 30 minutos. Jennifer seguía enfadada, pero eso la hizo sentir un poco mejor. Planeó esperar a después de la cena para hablar, pero Douglas sacó el tema casi de inmediato y volvió a disculparse. Jennifer se suavizó, pero aun así decidió decirle cómo la había afectado esa experiencia.

Comenzó por mencionarle qué apreciaba de él, incluido su ofrecimiento de celebrar su ascenso. Le reveló que ella podía aprender mucho de su generosidad natural y fluida, pero también le hizo saber que se sentía lastimada por lo ocurrido, por el denuedo con que ella intentaba respetar sus citas y la decepción que sentía cada vez que otras personas no hacían lo mismo. Douglas se mostró un tanto a la defensiva y le explicó que su jefe lo había presionado mucho para que se quedara. Ella le respondió que eso no la hacía sentir mejor. Su ofrecimiento de una cena de celebración la había hecho sentir vulnerable, y él la había decepcionado. Reconoció que éste era un punto sensible para ella y le explicó por qué. Entonces dijo algo que fue muy difícil para ella: que él comenzaba a importarle más profundamente, y por eso lo sucedido la había afectado tanto. Entonces Douglas pudo escucharla realmente. Le dijo que sentía lo mismo por ella, que lo emocionaba mucho la posibilidad de un futuro juntos y que se sentía muy mal por haberla lastimado. ¡Eso era justo lo que Jennifer quería oír! Estaba acostumbrada a que los hombres la hicieran menos cuando intentaba compartir sus sentimientos sobre algo que ocurría en su relación. Se había preparado para ser ridiculizada por su vulnerabilidad, pero Douglas hizo exactamente lo contrario, y ella lo apreció mucho. En general, los dos se sintieron muy bien respecto de todo después de la conversación. Jennifer percibió que su corazón se abría de una manera nueva y se sintió mucho más cerca de Douglas que antes de su conflicto. Igual de importante fue que su interminable guerra interna entre la duda de sí misma y el resentimiento efervescente quedó en tregua por el momento, simplemente porque ella escogió respetarse a sí misma y a Douglas de un modo nuevo.

A través de la acción, nuestro yo auténtico cobra forma en el mundo, y la acción nos permite comenzar a hacer sentir sobre éste la influencia que nacimos para ejercer. Es aquí donde nuestros dones esenciales reciben finalmente la responsabilidad y el respeto que necesitan para crecer y alcanzar su madurez. Es en este punto cuando nos sentimos vulnerables y valiosos. Sin esta capacidad de respetarte a ti mismo y emprender acciones sensatas, tu mente inconsciente te protegerá del amor real porque sabe que no puedes soportar su calor. Te protege porque sabe que les causarás daño a otros con tu ira o te lastimarás a ti mismo al ceder a las necesidades y exigencias de los demás. Cuando sabes cómo respetarte a ti mismo, tu inconsciente desactivará las defensas que protegen tus dones porque, finalmente, confía en ti. Cada vez que pones en práctica este proceso, la parte de ti que puede amar se refuerza. Cuanto más pongas en marcha este proceso, tanto más rica será tu vida.

Jennifer encontró la manera de dejar atrás su viejo estilo de afrontamiento, que rechazaba el amor. De hecho, al honrar sus dones y los de su novio, se acercó más que nunca antes a él. Tenemos un gran poder para hacer más profunda la pasión y el amor en cualquiera de nuestras relaciones, simplemente al modular a qué grado nos permitimos dirigirnos hacia el centro del blanco.

MICROMEDITACIÓN
Tu próximo paso valiente. Tres minutos.

Cuando estamos en la fase intermedia de nuestra búsqueda de amor, a menudo resulta difícil saber qué pasos dar. Cierra los ojos un minuto y piensa en los millones de cosas que deberías hacer respecto de las citas y que tal vez den vueltas en tu cabeza. "Debería salir más seguido. Debería volver a redactar mi perfil. Debería perder cinco kilos de peso."

Ahora olvida esas cosas; simplemente déjalas atrás. Estás buscando una percepción guía, no un deber. Quiero que te acerques a los círculos del blanco más cercanos al centro: tu zona de dones, donde habla tu corazón. Pregúntate: ¿Cuál podría ser tu próximo paso valiente? Date un minuto y observa el resultado.

No importa en qué consista. Tal vez sea asistir a un taller o empezar a ejercitarte con regularidad. Sólo importa que venga de tu corazón y suene a verdad. Observa qué te viene a la mente.

Ahora tómate un momento para notar los sentimientos que surgen cuando imaginas dar ese paso. Ve si puedes comprometerte a hacerlo. Felicítate por tu honestidad y tu disposición a la aventura.

Cuaderno de ejercicios de *Amor profundo*

EJERCICIO PERSONAL
Tu manual de dones esenciales
Tus dones esenciales son parte del "sistema nervioso central" de toda tu vida íntima. En este importante ejercicio entenderás el funciona-

miento interno de un don esencial. Elige un don esencial que quieras comprender mejor. Puede ser el que descubriste en tus lágrimas (páginas 64-66), el que descubriste en tus alegrías (páginas 50-55), el que te reveló tu círculo de dones (páginas 85-88) o el que temías revelar (página 75). Algunas de las preguntas ya las habrás respondido antes; otras serán nuevas. Mientras respondes cada una de las diez siguientes preguntas, llegarás a entender tu vida amorosa de una nueva forma. Con esa comprensión, tendrás una invaluable "guía del usuario" para ese don esencial, que abarcará tus dimensiones romántica, sexual, espiritual y emocional.

Hay una copia de este ejercicio en el apéndice de la página 255. También puedes descargarlo en formato PDF del sitio web de Deeper Dating (página 253). Puedes repetir las mismas preguntas para cualquier don esencial que te gustaría entender mejor, y juntar tus respuestas en un manual de dones esenciales, que te servirá para tus citas y para toda tu vida.

1) Describe tu don esencial en una sola oración.

2) ¿Qué imagen, obra musical o plástica, o recuerdo personal refleja la esencia de este don cuando se siente más aceptado y vivo?

3) Menciona a una persona en tu vida que haya entendido, valorado y apreciado ese don de manera constante. Describe cómo te sientes cuando tu don es honrado de esa manera.

4) ¿En qué tipo de situaciones se siente más privado de oxígeno ese don? Describe el dolor que sientes cuando eso ocurre.

5) Describe tus maneras de reprimir ese don en tus relaciones.

6) Describe cómo actúas a la defensiva acerca de ese don en tus relaciones.

7) Describe tu "tipo" de atracción por privación: alguien que te atraiga pero en realidad no pueda honrar ese don en particular.

8) Describe el tipo de persona que te hace sentir que tu don es valorado y apreciado.

9) ¿Cómo cambiaría tu vida romántica si compartieras ese don más

plenamente, con las personas adecuadas?

10) ¿De qué manera podría ese don esencial ser el camino a una vida más rica y plena?

Práctica de campo de *Amor profundo*

Este ejercicio es también para tu compañero de aprendizaje. Si es posible, salgan y llévenlo a cabo al mismo tiempo y en el mismo lugar, y luego salgan juntos para compartir sus experiencias. Si no es posible, hablen de este viaje cuando lo hayan terminado y, si deseas estímulo adicional, habla con tu compañero también antes de emprenderlo.

Juicios

En un momento en el que me sentía particularmente harto de todas mis citas fallidas, acudí con el doctor Harold Kooden, psicólogo clínico y destacado especialista en temas relacionados con la intimidad de hombres homosexuales. Él me propuso este ejercicio. Nunca olvidaré lo estremecedor y útil que me resultó. Inténtalo donde haya citas posibles. Es una medicina bastante fuerte, pero modificará tu visión de las cosas.

Puedes hacerlo en cualquier lugar. Simplemente, participa en cualesquiera actividades que se estén llevando a cabo, pero observa cada juicio que emitas sobre los demás y sobre ti mismo. Sé honesto contigo mismo respecto de lo que estás pensando. Pasados 15 minutos, detente, encuentra un lugar privado y haz una lista de cada juicio que hayas emitido. Comparte tus descubrimientos con tu compañero de aprendizaje. Tal vez te sacudirá lo que escribiste, pero está bien. El estremecimiento de registrar nuestros juicios a veces es suficiente para anularlos de inmediato. La próxima vez que concibas esos pensamientos reconocerás qué estás haciendo: alejando a las personas y denigrándote. En una atmósfera de juicio y crítica, la intimidad muere y florece el aislamiento.

CULTIVA EL AMOR DURADERO

En la cuarta etapa del viaje de *Amor profundo* aprenderás cómo construir la pasión sexual, el amor romántico y la profundidad emocional en la nueva y sana relación que encontrarás, y cómo construir una intimidad más profunda en tu vida en general. La pasión y la intimidad crecen de manera diferente en las relaciones sanas y en las que no lo son. Aprenderás cómo cultivar estas cualidades en un amor seguro y estable. También descubrirás uno o más de tus dones esenciales más importantes en el terreno sexual y romántico. Finalmente, descubrirás cómo todas las lecciones en las que has trabajado se entretejen para formar una base de felicidad para tu próxima relación romántica, y para todas tus relaciones, incluida tu relación contigo mismo.

EL VIEJO MAPA AL AMOR

Debes mostrar confianza en ti mismo para atraer una buena pareja.

EL MAPA NUEVO

La auténtica confianza en ti mismo, mezclada con sensibilidad hacia los demás, es profundamente atractiva; pero ese tipo de confianza se construye cuando aceptamos nuestra vulnerabilidad y necesidades, y dejamos de esforzarnos tanto por trascender estas partes esenciales de nosotros mismos. Cuando reprimimos nuestras sanas necesidades, se defienden convirtiéndose en dependencia.

Nuestras necesidades y nuestras vulnerabilidades están inextricablemente vinculadas con nuestros dones esenciales. Si intentamos amputarlas, nuestra psique luchará por su vida con todos sus recursos. No digo que necesites compartir todas tus inseguridades con alguien con quien apenas empiezas a salir, pero sí que la visión de tranquilidad, ingenio y encanto que se nos enseña a representar es inasequible. Brené Brown, una investigadora que estudia la vulnerabilidad, la vergüenza y la intimidad humana, retrata cómo la mayoría de nosotros nos sentimos con respecto a la vulnerabilidad: "Es lo primero que busco en ti, y lo último que voy a mostrarte".[1] Las investigaciones de Brown muestran que compartir la vulnerabilidad —lo cual significa compartir nuestro ser más íntimo— es la clave para encontrar el tipo de amor que puede durar y crecer.[2] Resulta infinitamente seductor pensar que podemos trascender nuestras vulnerabilidades e irradiar confianza para atraer el amor, pero ese mito puede provocar que perdamos años de nuestra vida buscando una invulnerabilidad que jamás podremos alcanzar, y que en realidad nos haría incapaces de experimentar el amor que buscamos.

11

Cómo construir la atracción sexual y romántica hacia las personas adecuadas para ti

Tus dones sexuales esenciales

> Por primera vez en su vida entendió por qué
> la Biblia llamaba "conocimiento" al sexo.
> DAMON SUEDE, *Hot Head*

No podemos forzar nuestras atracciones. La mayoría de nosotros lo hemos aprendido de la manera difícil. Sin embargo, sí podemos educarlas, y eso puede cambiar todo nuestro futuro amoroso. Cuando aprendemos las habilidades para cultivar la pasión sexual y romántica en nuestros casos de atracción sana, podemos comenzar a construir el tipo de amor que deseamos. Cuando aprendemos a educar nuestras atracciones, las citas amorosas se despliegan ante nosotros de una forma novedosa.

En el caso de una atracción por inspiración, una chispa tiene el potencial de convertirse en llama si sabemos cómo alimentarla. Aunque te atraigan contra tu voluntad los chicos malos o las chicas malas o las personas no disponibles, puedes desarrollar esa capacidad. Éstas son las mismas habilidades que aplicarás para mantener viva la pasión en tu relación futura. Son habilidades de por vida para la intimidad romántica y sexual. Y, en realidad, ¿qué puede ser más maravilloso?

El espectro de la atracción

Todos nos sentimos atraídos por cierto tipo de persona que nos vuelve locos: un tipo físico, emocional y de personalidad. Digamos que hay un espectro de atracción, del 1 al 10, y que las personas en el extremo bajo del espectro (los números 1 y 2) no nos resultan física ni románticamente atractivas en absoluto; pero quienes están en el extremo del 10 son irresistiblemente atractivos, nos hacen temblar las rodillas y disparan nuestras inseguridades y nuestro anhelo.

¿Cómo funciona el espectro? Cada vez que entramos a un lugar lleno de gente, tomamos decisiones con base en las formas de atracción que experimentamos: ¿a quién advertimos? ¿A quién pasamos por alto? Con frecuencia, ni siquiera las vemos como decisiones. Algunas personas nos atraen y otras, simplemente, no; pero hay fuerzas más profundas en juego, muchas de ellas imperceptibles al radar de nuestra conciencia. Deb, una joven corredora de bolsa de Chicago, una vez me dijo: "¿Sabes?, es algo casi mágico. Puedo ir a una fiesta y siempre hay alguien que me atrae. Si salgo con él, al cabo de pocas semanas o meses descubro que posee las mismas cualidades emocionales que mi pareja anterior; pero cuando lo vi por primera vez en ese lugar ¡no tenía idea de que todo eso se haría realidad!"

Cuando conocemos a alguien nuestros ojos, nuestra psique y nuestro corazón comienzan un complejo y sorprendente escaneo que recoge rasgos físicos evidentes como la edad, el género y la estatura, pero también señales sutiles como el lenguaje corporal, la expresión facial, el contorno de los labios, el tono de la voz y los músculos que rodean los ojos. De inmediato procesamos esa información sin darnos cuenta siquiera. Todo lo que sentimos es deseo o la ausencia de éste. Los científicos nos dicen que la mariposa de seda puede percibir el aroma de una mariposa del sexo opuesto a poco más de 10 kilómetros de distancia.[1] Si bien nuestro instinto tal vez no esté tan desarrollado como el de esa especie, la naturaleza le ha conferido una sensibilidad exquisita a nuestro radar romántico, programado para detectar a la persona correcta que detone los circuitos emocionales en los que necesitamos trabajar.

Harville Hendrix, fundador de la terapia Imago, arroja sobre este fenómeno una luz que ilumina todo nuestro viaje a la intimidad. Explica que sentimos atracción hacia personas que nos recuerdan algunas de las mejores características emocionales de nuestros cuidadores primarios (usualmente nuestros padres). De manera consciente nos atraen las cualidades positivas de la persona objeto de nuestro interés, pero a nivel inconsciente, según explica Hendrix, nos atrae "alguien con las mismas deficiencias de cariño y atención que nos lastimaron en primer lugar".[2]

Aun en la vida adulta, todos llevamos heridas infantiles no resueltas. Hendrix explica que, de manera inconsciente, buscamos sanar a través de nuestra relación con nuestra pareja, e intentamos lograrlo al vincularnos con alguien propenso a herirnos de formas similares a cuando fuimos niños. Inconscientemente albergamos la esperanza de que esa persona, al amarnos como necesitamos que nos ame, nos ayude a recuperar nuestro sentido original de integridad y sanación.[3]

Lo anterior también explica por qué las rupturas del corazón más fuertes que experimentamos suceden con nuestros casos de atracción más intensos y fogosos. Algunos reaccionan a las rupturas pasadas saliendo sólo con las personas del polo inferior del espectro. Les asusta la intensidad emocional y el riesgo de sufrir dolor cuando tratan con personas que ocupan el polo superior de la escala de atracción. A menudo se sienten más a salvo con personas que no significan tanto para ellos en el nivel físico o romántico, porque les parece más cómodo; pero la desventaja es, por lo regular, el tedio, la frustración y la falta de pasión.

Muchas otras personas sólo salen con las personas del polo superior del espectro; sólo buscan los tipos icónicos, porque creen que en éstos residen el amor y la pasión reales. Por lo general, una combinación de características físicas y emocionales que determinan nuestro nivel de atracción. Tal vez pienses que éste se debe a su cabello rojo y su bella figura, ¡y así es!, pero puede ser que también estés registrando la increíblemente sutil curvatura de su labio, que te recuerda a tu madre, en quien esa misma curvatura se volvía una mueca de desaprobación que te hacía sentir desesperado por recuperar su amor. Todo este procesamiento ocurre incluso sin que nos demos cuenta. Sólo sentimos la emoción del temor y el deseo. Por eso, una persona de alto puntaje te atrae en una fracción de segundo. Aunque este hecho puede provocar una emoción mayor (y un mayor drama), rara vez es cómodo o seguro.

Las personas que únicamente salen con personas que entran en la sección superior del espectro se sienten atraídas por la carga inmediata de adrenalina y deseo sexual que llega cuando estamos con nuestros tipos "ardientes" icónicos. Las personas que tienen este tipo de citas son mucho más proclives a permanecer solteras. En cambio, la atracción hacia personas que se sitúan cerca de la mitad del espectro pocas veces es tan inmediata. Percatarte de cuán interesado estás en alguien así toma más tiempo.

Si estás dispuesto a salir con personas que se sitúen cerca del punto medio del espectro, es más probable que encuentres el amor real y duradero que si sales sólo con personas de los extremos. No se trata de caer en la falsedad, porque la atracción inmediata no es el mejor pronóstico de una pasión futura. La atracción intensa nos ciega ante la calidad real de nuestra interacción con los demás y el verdadero carácter de las personas que nos atraen. Las atracciones del rango medio son menos cegadoras; en esos casos es más fácil evaluar la verdadera personalidad. Y no olvidemos que una atracción puede crecer. Muchos hemos vivido la experiencia de ver cómo crece nuestra atracción por alguien al conocerlo mejor.

Cuando conocemos personas en un ambiente que genera inseguridad (como la mayoría de los eventos para solteros, los bares y los clubes nocturnos), es fácil regresar a los patrones antiguos, como concentrarnos en los tipos icónicos o, por el contrario, evitar a las personas que nos atraen por miedo al rechazo. Si podemos comprometernos a evitar las atracciones por privación —por sensuales e intensas que puedan ser— y seguir sólo las atracciones por inspiración, nos ahorraremos mucho dolor y nos dirigiremos mucho más rápidamente al tipo de amor que realmente deseamos.

Cuando las personas escuchan mis opiniones sobre el espectro de atracción, surgen de inmediato dos preguntas. La primera es: "¿Sugieres que me conforme con alguien que no me atraiga sólo porque es bueno para mí?" Mi respuesta: ¡Por supuesto que no! El punto es que la atracción puede crecer con base en la conexión, cosa que a muy pocos se nos enseña. Si ya conociste a una buena persona y la atracción aún no es tan intensa, sugiero que crees un ambiente en el que tu atracción pueda crecer, y entonces veas qué sucede. Si la atracción crece, será maravilloso, y si no, simplemente no había compatibilidad.

La segunda pregunta: "¿Qué sucedería si yo me tomo todo el tiempo que necesito y mientras tanto la otra persona se enamora de mí? Hay una gran probabilidad de que yo aún no esté interesado en ella. ¿Es justo para la otra persona?"

Ésta es mi respuesta a esa preocupación, válida y considerada: es completamente justo si no haces promesas que no puedes cumplir, no finges un nivel de compromiso para el que no estás preparado y si eres honesto respecto al hecho de que estás aún en la etapa de conocer a la otra persona. ¿Qué pasa si se trata de alguien a quien de verdad podrías amar, pero decides no darle a la situación una oportunidad? Le estarías escamoteando a esa persona —y a ti mismo— un potencial futuro juntos. Deja que tome su propia decisión. ¡Y no olvidemos que, a largo plazo, puede resultar que sea ella quien no esté interesada en ti! Solamente el pasar tiempo juntos podrá decírselo.

Para que esta estrategia tenga sentido es importante percatarse de que podemos permitir que una atracción crezca. Entender esa posibilidad puede ahorrarte la pérdida de una relación potencialmente maravillosa. En retrospectiva, yo perdí años de felicidad porque no sabía —o no creía— que una atracción podía crecer. Yo creía que me traicionaba a mí mismo y vendía mi futuro al perseguir a quienes despertaban en mí una atracción menos inmediatamente intensa. Una vez que te propongas buscar sólo personas que motiven en ti una atracción por inspiración y aprendas cómo hacer crecer la pasión en las relaciones inspiradoras, descubrirás que toda tu vida amorosa se modifica de manera drástica.

Pasar de una conexión cálida a la atracción

Como he dicho anteriormente, la ciencia ha demostrado en repetidas ocasiones que las interacciones íntimas, como las caricias, las confidencias personales, los actos de amabilidad y las miradas a los ojos, crean una conexión que puede volverse atracción, y ésta puede cultivarse, crecer y desarrollarse.

El ser humano lo ha sabido durante años. Los comportamientos de vinculación pueden despertar el romance y la intimidad, incluso en el caso de parejas que en un principio no se atraen mutuamente. Investigaciones sobre los matrimonios arreglados han llegado a la misma conclusión. Las parejas de matrimonios arreglados bien planeados tienden a sentirse más enamoradas conforme pasa el tiempo. En los matrimonios no arreglados ocurre lo contrario. Robert Epstein, académico de Harvard, ha estudiado profundamente este fenómeno, entrevistando a más de 100 parejas de matrimonios arreglados y comparando la información recabada con la de numerosas investigaciones sobre el amor en los matrimonios arreglados y no arreglados. Los resultados muestran que en los matrimonios no arreglados el amor se desvaneció hasta en un 50% en 18 meses, mientras que el amor en los matrimonios arreglados se mantuvo en crecimiento gradual y rebasó el grado de amor de los matrimonios no arreglados cerca del quinto año. Después del décimo año, descubrió, el amor en los matrimonios arreglados ¡era en promedio el doble de intenso que en los matrimonios no arreglados![4]

Tiene sentido. Imagina que eres parte de un matrimonio arreglado. Lo único que sabes es que la otra persona será tu pareja de por vida. Imagina conocer a tu pareja asignada y descubrir que te parece razonablemente atractiva e inteligente y te trata bien. ¡Lotería! Sabes que tu futuro depende del esfuerzo que pongas en esa relación. No vas a echarlo a perder —es tu futuro y esta persona es atractiva, inteligente y amable—, así que la única opción que queda es hacer que el matrimonio funcione. Y eso haces.

Imagina ahora que conoces a esa misma persona en una cita normal. Es atractiva, pero hay un gran número de personas atractivas. Te trata bien, pero su personalidad tiene algunas peculiaridades y te preguntas si podrías estar mejor. Al parecer tus sentimientos están creciendo, pero cada vez que la situación se torna complicada te planteas si ello significa que debes buscar a otra persona.

Ahora puedes entender por qué es más probable que crezca el amor en un matrimonio arreglado exitoso: la pareja tiene más probabilidades de hacerlo crecer. No están en espera de que el amor crezca por sí mismo; lo hacen crecer porque su compromiso con la relación es incontestable.

Explora posibilidades románticas cuando no estés seguro de tu atracción

Cada punto del espectro de la atracción tiene pros y contras. Cada punto encierra desafíos y oportunidades que caracterizan ese nivel de atracción en particular. Conocer estos desafíos y oportunidades te ayudará cuando salgas con gente de cualquier punto del espectro. En algún momento podrías conocer a alguien que te parezca una atracción por inspiración, pero con quien tengas una chispa sexual muy pequeña. Si decides explorar posibilidades románticas con esa persona, es muy importante que seas gentil contigo mismo; permite que se den los periodos en los que la atracción va y viene, y no te sientas desesperado ni asustado cuando la atracción esté baja. Con el tiempo, las cosas se aclararán. La atracción crecerá o no crecerá. Durante este tiempo, necesitas usar tus habilidades para determinar si puedes cultivar y desarrollar la conexión física, emocional y espiritual que tienes con la persona con la que sales. Si ése no es el caso, está fuera de tu control y no tienes más obligación que la de ser decente y amable; pero con estas herramientas a la mano no necesitas privarte de un amor que podría convertirse en algo hermoso, seguro y sanador.

Recuerda que tienes derecho a probar un menú de conexiones en esta fase de tu vida en el mundo de las citas. Tienes derecho a conocer a nuevas personas y sentir nuevos tipos de atracción, que pueden aparecer en todas las formas posibles, sin la presión de un compromiso, de sexo o de dar más de lo que quieras dar. Cuando te percates de que la atracción puede surgir a través de las conexiones, tendrás muchas más opciones para encontrar un amor saludable. Como siempre, no te presiones. Tu deseo de atracción sexual no te convierte en una persona superficial. Sólo deja que la conexión humana crezca a su propio ritmo, y deja espacio para que la atracción se desarrolle.

Cultiva el deseo sexual y la pasión romántica

¿Qué hacer cuando conocemos a alguien que nos inspira y sentimos una chispa de atracción, aunque no suficiente como para enamorarnos? O quizá ya nos atrae una persona pero deseamos llevar esa atracción a un nivel más hondo. En primer lugar, celebramos nuestra buena suerte por haber encontrado a esa persona. Después, necesitamos ejercitar esa chispa.

Cuando ejercitamos nuestros músculos para que se desarrollen, nuestro cuerpo crea nuevos vasos capilares para alimentar ese músculo. Cuando creamos un nuevo amor ocurre algo similar. Surgen nuevos conductos neurales y emocionales, nuevos rituales, recuerdos sensoriales y necesidades. Cuando una persona comienza a importarnos más profundamente, empiezan a crecer tallos invisibles en nuestro pensamiento, en nuestro imaginario y anhelos sexuales, en nuestro sentido creciente de dependencia de esa persona. Nuestra psique, nuestra sexualidad y nuestro corazón dan paso al apego a esa persona, a hacerla nuestra. Nos especializamos en esa persona de muchas formas. Compartir partes de ti mismo que son muy cercanas al centro de tu ser constituye una buena manera de construir el amor. Si puedes compartir esas tiernas partes de ti mismo y sentirte escuchado y apreciado, bien podrías sentir que el amor se hace más profundo. He aquí una sencilla regla para construir el amor en cualquier relación: da más plenamente y recibe más abiertamente. Esta maravillosa instrucción también se aplica al sexo. La receptividad y la generosidad hacen que el amor crezca.

Janet conoció a Patricia en la boda de su mejor amiga y comenzaron a darse una profunda importancia la una a la otra. La relación llevaba pocos meses cuando Patricia enfermó de neumonía, y así estuvo durante varias semanas. Janet recuerda un momento revelador. Era un día soleado y Patricia estaba en cama. Janet le acababa de traer un vaso de agua fría con un popote, y lo sostuvo para que ella bebiera mientras le mesaba el cabello. Patricia se sintió abochornada porque estaba en bata y no se había lavado el cabello en varios días. Se sentía desaliñada y nada atractiva. No llevaba maquillaje y lucía demacrada y pálida. Janet recuerda ese momento con claridad. Recuerda el sol iluminando el rostro de Patricia y la sensación de acariciar su cabello. Mientras cuidaba de Patricia descubrió que estaba profundamente excitada. Se sentía embelesada por el deseo y el amor al mismo tiempo, y se percató de cuánto le importaba su pareja. Fue ese día, mientras Patricia se sentía apenada por su apariencia, cuando Janet supo con certeza que estaba enamorada. Años después me confiaría que jamás olvidó ese momento definitivo. En algunas relaciones puede llevar cierto tiempo que la atracción cobre forma. En esos casos puede resultar difícil seguir adelante y resistir la tentación de huir en búsqueda de algo más claro. Como consecuencia de nuestra tendencia a huir de este periodo de incertidumbre, muchas posibles relaciones maravillosas se cortan de tajo antes de darles siquiera una oportunidad. La verdad es que podemos profundizar una atracción sana e intensificar la pasión inherente. En las relaciones sanas, mientras más nos enfoquemos en los aspectos que detonan nuestro deseo, más podrá construirse nuestra pasión. La investigadora y escritora Elaine Aron escribe: "Las investigaciones demuestran que mientras más contemples un objeto de manera emocional, más intensas se volverán tus emociones hacia ese objeto [...] El simple mensaje es que mientras más contemples a alguien a quien sientes que podrías amar, más lo amarás en verdad".[5]

Cuando cultives el amor y la atracción procura despojarte de todo sentido de presión interna y obligación. No importa qué tan maravillosa sea esa persona, nada te obliga a sentir una atracción mayor que la que sientes. Forzar tus sentimientos bloqueará la posibilidad de un flujo natural de atracción. En cambio, reflexiona sobre lo que te atrae de ella, qué te incita y qué aprecias. ¿Qué aspectos de su personalidad y sus interacciones contigo te gratifican emocionalmente? Permítete nombrarlas y acercarte a ellas más aún. ¿Qué intereses y pasiones tienen en común? Las investigaciones también demuestran que realizar actividades novedosas (en particular aquellas que implican una sensación de intensa emoción y riesgo) sirve para construir atracción e intimidad entre los miembros de una pareja.

Piensa también en lo físico. ¿Qué partes de su anatomía te atraen más? ¿Qué te gustaría hacer con ellas? Date tiempo y permite que tus fantasías se desenvuelvan. Quizá prefieras que se tomen de la mano en el cine o que se besen juntando suavemente sus labios durante un largo rato. Tal vez desees tocar y acariciar una parte del cuerpo de tu pareja y que ella haga lo mismo contigo. Acaso imagines un encuentro sexual rápido y ardoroso, o lánguido y muy prolongado, una fantasía, lo que sea. Honra tu imaginación. Quizá nunca lo lleves a la práctica, y está bien. Este tipo de imaginación sexual es una manera de hacer crecer la pasión. Si deseas comenzar a explorar una relación sexual, puedes seguir tu deseo por tu nuevo interés amoroso y pedir lo que deseas, pero nada más. Aconsejo no completar el acto sexual durante al menos las cinco o seis primeras citas. Cuando deseamos a alguien pero posponemos el sexo surgen nuevas vías de atracción. Es una manera formidable de hace crecer la pasión. Por el contrario, tener sexo en los primeros encuentros con frecuencia provoca que deseemos escapar. Así, pues, avanza lentamente en el plano físico, pero da rienda suelta a tus fantasías.

Si tu deseo es más sensual que sexual, tampoco hay problema. Una de mis pacientes, Tina, conoció a Roberto en Nueva York, cuando él estaba de visita desde Italia. Estaba consciente de que él le agradaba, pero no lo suficiente como para desear el sexo con él. Ella sólo deseaba que permanecieran abrazados en la cama; que, sin más, se tuvieran en brazos el uno al otro. Él la invitó a visitarlo en Italia, pero ella no estaba segura de si debía hacer el viaje. Le dijo a su compañero de aprendizaje: "No sé si debería ir hasta Europa solamente para abrazar a alguien en la cama". Su sabio amigo le respondió: "¿De verdad? ¡A mí no se me ocurre una mejor razón para ir a Europa!" Mi paciente decidió viajar y con el tiempo ella y Roberto se enamoraron profundamente. Ella fue lo suficientemente sabia para tomarse todo el tiempo que necesitaba, y él, para permitírselo.

Los tocamientos no sexuales ofrecen otro beneficio. En palabras de Craig Malkin, profesor de psicología en Harvard: "Múltiples líneas de evidencia confirman la importancia romántica de la oxitocina, la 'hormona de los abrazos', que se libera en grandes cantidades cuando tocamos a nuestros seres amados. Mientras más se toquen, más oxitocina se libera, lo cual ayuda a crear sentimientos de cercanía y confianza, lo cual lleva a más contacto. Es un círculo de intimidad positivo".[7]

MICROMEDITACIÓN
Observa la belleza. Dos minutos.

El mundo está lleno de una miríada de aspectos de belleza, y puedes disfrutarlos sin compromiso. Pon en práctica esta meditación en el momento que desees. Te invito a practicarla en una cita con alguien que te guste. Cuando veas o estés con alguien que te atraiga en cualquier grado, simplemente permítete profundizar en esa atracción. Enfócate en los aspectos emocionales, conductuales y físicos que son de tu agrado. Tal vez te gusten las piernas de alguien, su risa y sus brazos, sus labios o su voz, su modo de andar o su sonrisa. Sumérgete en el placer de esa atracción sin ninguna sensación de obligación o demanda. No creas que debes agrandarla más de lo que es. Y entonces, simplemente, sigue adelante, enriquecido por el aprecio, el anhelo y la humanidad que te has permitido sentir.

Nota: hay ciertas cosas que debes tener en cuenta con esta micromeditación profundamente evocadora. Si luchas con problemas de compulsión sexual, te aconsejo que no hagas el ejercicio sin el apoyo adecuado, pues

puede resultar muy incitador. Además, te recomiendo que lo hagas sólo con
las personas apropiadas (¡por ejemplo, no con la esposa de tu mejor amigo!)

Carolyn conoció a Richie cuando comenzó a trabajar en la pizzería del padre de ella. Ella tenía 14 años y él 21; no había posibilidad de romance. Con el paso de los años se hicieron grandes amigos. Richie deseaba una relación más íntima con Carolyn, pero se contuvo de demostrarlo, por lo que siguieron siendo sólo amigos. Cuando ella decidió casarse con su novio, le contó la gran noticia a Richie. Él la escuchó y le dijo, apesadumbrado: "¡No lo hagas!", pero ella no lo tomó en serio. La muchacha se casó y tuvo dos hijas, pero su matrimonio no iba bien. Se separó y el padre de sus hijas apenas si veía por ella y las niñas. Ella volvió a la casa de su madre y vinieron tiempos difíciles. La Carolyn de hoy es una mujer amable, atenta y amorosa, pero me ha dicho: "No me habrías reconocido entonces, Ken. Estaba enojada y amargada; quebrada, abrumada y retraída".

Durante todo ese tiempo Richie siempre estuvo presente en la vida de Carolyn. Cuidaba a las niñas unas noches a la semana para que ella pudiera asistir a la escuela. Las llevaba de paseo. Era una parte constante y feliz de sus vidas, y siempre se tomaba tiempo para asegurarse de que estuvieran bien. Con el curso de los años Carolyn se dio cuenta de que se estaba enamorando profundamente de él. El sexo no se antepuso; de hecho, esa parte de la relación tardó en desarrollarse. Según sus propias palabras: "Mi amor por Richie era tan completo que el sexo simplemente se volvió parte de él. Jamás estuvo separado. Una vez que comencé a enamorarme, él comenzó a parecerme cada vez más atractivo físicamente". Los he conocido por años, y su amor es evidente, cálido y firme. Su felicidad es palpable.

Carolyn agregó: "La cultura nos enseña a fijarnos primero en lo físico. Hay muchas personas que tal vez tienen mucho que ofrecer, pero quizá ni siquiera has volteado a verlas porque no son tu tipo; pero en realidad te enamoras de toda la persona. Cuando te permites enamorarte de la persona completa, el potencial es mucho mayor".

Las palabras de Carolyn llevan la riqueza de la sabiduría adquirida: "Permítete enamorarte de la persona completa. Lo físico ocurrirá de forma natural cuando aceptes a la persona completa".

Enfócate en lo que te mueve y te incita

Simplemente seguir nuestros sentimientos de conexión y deseo emocional y sexual puede ayudar a que nuestras atracciones crezcan. Tal vez estemos en una cita y deseemos tomarnos de las manos, nada más. Debemos permitírnoslo. Al hacerlo quizá sintamos algo; calidez, afecto, tal vez un estremecimiento sexual. Sentir ese placer sin presiones permite la posibilidad de algo más, si eso queremos. Quizá queramos rozar sus pezones con las manos a través de su vestido, o posar la mano en su muslo, cerca de la entrepierna. O tal vez sólo queramos mirar a la persona a los ojos, abrazarnos o estar juntos en silencio. O tal vez queramos ponernos realmente intensos. En una cita con una persona situada en el rango intermedio de atracción, podemos preguntarnos qué nos gustaría hacer con ella. Es una aventura, y cada conexión tendrá su propia química especial. Si se trata de una relación con verdadero potencial romántico, descubriremos que nuestro deseo crece porque estamos siguiendo la conexión sensual y sexual única que tenemos con esa persona.

Supongamos que te sientes sólo un poco atraído por tu pareja, pero ciertos rasgos físicos y emocionales suyos te incitan mucho. Enfócate en esos motivos físicos o emocionales de incitación, como la voz de tu pareja, una parte de su cuerpo o un atributo de su personalidad. Disfrútalos, profundiza en ellos. Si alguna de esas fantasías te provoca, llévala a tus masturbaciones exploratorias, si es algo que te gusta hacer. La clave radica en explorar lo que desees explorar y no hacer nada que no desees. Practica lo mismo en el caso de tu conexión emocional. Tal vez te percates de que cada vez que él habla de su perro, el cariño que expresa te resulta realmente atractivo. Toma el hilo. Pregúntale más sobre su perro, pasa tiempo con ambos y deja que tu placer y sentido de conexión sigan aumentando.

¿Recuerdas a Ann, nuestra amiga del capítulo 4 a la que sólo le atraían los hombres arrogantes? Veamos ahora qué ocurrió cuando exploró estas ideas.

Ann conoció a Steve en un club de cine independiente al que acababa de afiliarse. Steve parecía un hombre formidable y a ella le pareció lo suficientemente atractivo como para coquetearle y conocerlo, y finalmente salir con él.

La primera cita fue ardua para ella. No le gustó la ropa que él llevaba ni su corte de cabello y, en general, no le pareció particularmente atractivo. En sus días pasados ella habría hecho lo mejor que pudiera para salir de ahí. Ahora estaba dispuesta a intentar algo novedoso. Sabía que se trataba de un muchacho agradable y que se había sentido atraída por él cuando lo conoció. Al final de la cita se sentía confundida. Seguía en una zona incierta, pero le recordé entonces lo que mi mentor John McNeill dijo una vez: "Si no estás seguro de que te sientes atraído, sigue saliendo con esa persona. Si es la indicada, con el tiempo comenzará a parecerte más bella".

La segunda cita fue un alivio. Él le pareció más atractivo, pero seguía preocupada por la posibilidad de estar perdiendo su tiempo y el de él. Sin embargo, la conversación fue maravillosa. Las cosas que él dijo sobre sus jóvenes hijas y el trabajo voluntario que llevaba a cabo con animales maltratados la conquistaron por completo. Ella notó que deseaba poner su mano en la de él, y lo hizo. Experimentó entonces una maravillosa sensación de calidez, aunque ninguna chispa sexual seria, y mantuvo su mano ahí.

Más adelante en la comida, ella observó los bellos antebrazos velludos de Steve, característica que le gustaba mucho en un hombre. A partir de ese momento comenzó a sentirse ligeramente atraída hacia él en el plano sexual.

Pocos días después estaban al teléfono. Ella estaba recostada en el sofá y descubrió, para enorme sorpresa suya, que estaba comenzando a excitarse con sólo escuchar su voz. La emocionaba que él le gustara cada vez más. Saber que la atracción sexual aumentaba junto con la intimidad entre ambos era una sensación maravillosa y una experiencia completamente nueva.

En las siguientes cinco o seis citas aprendió a relajarse y confiar en sus sensaciones. Cuando un hombre no la atraía, no se obligaba a intentar nada en el plano físico. Cuando sintió el deseo de tener un encuentro físico con él, fue audaz y se permitió correr el riesgo. Fue clara al decirle que necesitaba ir muy despacio. Pasado un tiempo, la situación cobró un matiz más suave. Advirtió que casi siempre sentía esa atracción por él, y que ésta se disparaba a niveles de verdadera emoción cuando su conexión era formidable. Había encontrado a un hombre maravilloso y no podía creer su buena fortuna.

Una vez más, permíteme recordarte: la presión para amar puede extinguir al nuevo amor con rapidez. Si intentas lo que sugiero para cultivar la conexión, pero el deseo sexual o romántico no crece, no te fustigues a ti mismo. La atracción sexual no puede forzarse. Al poner en práctica estos métodos le darás a la chispa una oportunidad de extenderse, pero eso es todo lo que puedes hacer. Si la chispa no se enciende ni crece con el tiempo, no te culpes a ti mismo ni te presiones. Lo fundamental es que te otorgues la libertad de conectarte de maneras novedosas.

Tu alma sexual y tus dones esenciales sexuales

Cada uno de nosotros tiene dones sexuales así como emocionales. También llevamos heridas que se traslapan con esos dones. ¿Qué nos impide conocer nuestros dones sexuales? ¿Qué podemos hacer para recuperarlos en nuestra vida y en nuestras relaciones?

Si la educación que recibimos sobre las citas amorosas es terrible, ¡nuestra preparación en cuanto al sexo es peor aún! A pocos se nos ha enseñado cómo manejar nuestra saludable exuberancia sexual y nuestros secretos deseos sexuales de manera sana y no destructiva. Por otro lado, a pocos se nos ha enseñado cómo aprovechar el sexo para compartir nuestra dulzura más profunda, nuestra alma misma. Y, vaya si es cierto, a casi ninguno se nos enseñó cómo acoger ambos aspectos juntos.

La mayoría de nosotros llega a un acuerdo mutuo. No nos permitimos llegar al fondo con nuestra dulzura o nuestros deseos durante el sexo con la persona que amamos. Cuando mostramos un lado, con frecuencia nos cuesta trabajo mostrar el otro al mismo tiempo. Todos caemos en patrones sexuales según los cuales disfrutamos el sexo sin tocar el corazón de nuestra vulnerabilidad y nuestro deseo. La mayoría de nosotros, en el fondo, somos más desenfrenados y, al mismo tiempo, más tiernos de lo que nos permitimos revelar.

Necesitamos permitirnos cierto desenfreno en nuestra vida sexual. La atracción sexual se ha descrito como "una chispa que necesita brincar sobre una brecha". Cuando evitamos el riesgo al no compartir lo que deseamos y necesitamos, ni pedir lo mismo a nuestra pareja, disminuimos la intimidad. A largo plazo nuestra relación se daña cuando renunciamos a nuestra autenticidad profunda por no correr riesgos con nuestra pareja. Es entonces cuando el sexo se vuelve desabrido y comenzamos a cerrarnos sexualmente o a fantasear con un *affair*. Cuando la experimentación se acaba, Eros muere con ella. En la medida que te sea posible, llama a Eros a la relación. Eso implica compartir con tu pareja los aspectos sexuales que con mayor profundidad te tocan y te provocan con más intensidad; implica escuchar a tu pareja expresar lo mismo en su caso y aproximarse juntos, paso a paso, al alma sexual de tu relación.

La expresión de los deseos sexuales, emocionales y románticos ocultos

Sigmund Freud acuñó la expresión "complejo de Madonna-puta". Así definió este terrible pero familiar síndrome en el que no pueden coexistir el sexo y la intimidad: "Cuando los hombres aman lo que no desean y desean lo que no pueden amar".[8]

En relación con las palabras *Madonna* y *puta*, mi respuesta es la misma: "Lo dices como si fuera algo malo. Bien, no lo es".

La mayoría de nosotros necesita ver a su pareja como alguien puro, por encima del tipo de sexo que envilece y hiere. Tal vez completamente por encima del plano físico. Y la mayoría de nosotros, hombres y mujeres, necesitamos también a la puta, figura en torno a la cual nos rendimos al sexo desenfrenado, sudoroso y desordenado, en el que podamos correr riesgos y permitirnos someter y ser sometidos. El sexo desenfrenado, mezclado con amor y una adoración casi no sexual, es una especie de paraíso.

¿Cómo vencer esta difícil dicotomía, culturalmente inducida, de la Madonna y la puta o, dicho de otra forma, la sexualidad y la espiritualidad? Desarrollando gradualmente una relación sana con ambos aspectos.

Si la amabilidad, bondad e inocencia de tu pareja te conmueven espiritualmente, aprécialo. Sigue adelante. Recibe tus sensaciones de amor, valoración y actitud de protección. Cada vez que te sientas ávido sexualmente, compártelo con el corazón abierto. Intenta mantener ambas actitudes. Es entonces cuando el amor rinde frutos.

Dos preguntas para descubrir tus dones sexuales esenciales

Existen dos maravillosas preguntas que pueden servir para hacer más profunda toda tu experiencia sexual y romántica. Son preguntas sencillas; de hecho, las respuestas son obvias. También son gentiles, pero, igual que muchas otras cosas gentiles, tienen el poder de cambiarnos profundamente. Quizá por eso pasamos tanto tiempo evitándolas.

Pregunta 1: ¿Qué te excita más en el sexo?

Con frecuencia las cosas que nos excitan no encajan con nuestra imagen de nosotros mismos. Tal vez fantaseemos con ser sumisos en el sexo, pero nos sintamos humillados por ese deseo. O podemos fantasear con ser dominantes en el sexo, pero tener miedo de convertirnos en algo malo. Quizá las cosas que de verdad nos excitan nos resulten vergonzosas por ser básicas y poco imaginativas. Ya sean exóticas o no, nuestras chispas eróticas más intensas son portales a una experiencia más profunda del sexo y de nuestro ser.

A menudo estos portales sexuales iluminan partes de nuestro ser con las que simplemente no sabemos qué hacer. A muy pocos se nos ha enseñado cómo manejar nuestras fantasías sexuales más evocadoras de manera creativa, celebratoria y no destructiva. Quizá juzguemos nuestros deseos más excéntricos como algo extraño o incluso perverso.

El dramaturgo y escritor de canciones David Schechter rescata la palabra *perverso* al proponer un giro adorable. Schechter pregunta: "¿Qué tal si 'perverso' significara '*per verso*', es decir, 'a través de la poesía'?" Explorar nuestro lado salvaje es jugar en un escenario de poesía sexual, un mundo de simbolismo del yo profundo que quizá nunca llegue a tener sentido para la mente consciente, pero no deja de ser gratificante y significativo. La mayoría de nosotros necesita ayuda para aceptar nuestro lado salvaje en el sexo, y para distinguir entre las conductas que son dañinas para nosotros o nuestra pareja y las que son simple y maravillosamente algo "per-verso". Tómate un momento para pensar en qué tipos de actividad sexual te excitan más. ¿Qué acciones, qué partes del cuerpo, qué conductas, qué ropa?

Permítete tener libertad de juego en tus reflexiones. Probablemente encuentres algunas olas de incomodidad. Síguelas; si resultan demasiado perturbadoras, quizá lo mejor sea conseguir ayuda de un psicoterapeuta competente, acreditado y sin prejuicios. Si tus fantasías te parecen vergonzosas, sorprendentes o inaceptables, intenta imaginar que las aceptas. Sean cuales sean, te aseguro que hay otras personas que las tienen, y con quienes compartir esos deseos sería una experiencia de deleite mutuo. Tu futura pareja también tiene sus propios deseos ocultos. Seguir nuestros motivos profundos de excitación, incluidos aquellos ante cuya exploración hemos sido tímidos, puede ayudar a profundizar y enriquecer toda nuestra experiencia sexual.

John siempre tenía el control sexual en sus relaciones con las mujeres. Le fascinaba ser el dador de placer, y sentía que le venía bien. Desafortunadamente, esas relaciones siempre terminaban por caer en patrones según los cuales él era el único que entregaba. Era él el generoso, el paciente, el que daba y dirigía. Cuando aprendió a seguir sus atracciones por inspiración y valorar sus dones, advirtió que podía sentir atracción sexual por mujeres mucho más fuertes, las cuales hasta ese entonces no eran su "tipo". Llevaba unos tres meses saliendo con Caitlyn, una mujer muy competente, y su conexión comenzaba a ahondarse. De pronto descubrió que tenía fantasías sexuales con ella, pero ahora esas fantasías eran diferentes a las anteriores. Deseaba que ella lo "tomara", le diera placer, ceder el control y rendirse. Si era realmente honesto, quería ser dominado. La idea de ser sumiso lo excitaba mucho. Resultó que Caitlyn se sentía fascinada e intrigada por sus nuevas fantasías. En su relación incipiente él exploró esta dimensión sexual de su ser y, al hacerlo, su atracción hacia Caitlyn se ahondó más y más. Con el tiempo, conforme su amor por ella crecía, advirtió que le fascinaban ambos roles, y el intercambio de papeles entre ellos se convirtió en un delicioso secreto sexual que compartían.

Pregunta 2: ¿Qué te toca más profundamente en el sexo?

Ésta es una pregunta maravillosa que todo adulto sexualmente activo debe disfrutar y reflexionar. Lo interesante es que muchas veces nos hace sentir aún más vulnerables que la pregunta anterior.

¿Alguna vez te has sentido tocado emocionalmente durante el sexo, de una manera que te tomó por sorpresa? ¿Qué ocurrió para crear esa experiencia? Intenta recordar. Eso te dirá mucho sobre quién eres y cuáles son tus dones sexuales más profundos.

¿Hay partes de tu cuerpo que, al ser tocadas de cierta manera, disparen emociones profundas? ¿Hay un ritmo en el sexo que te toque y te mueva especialmente? Si tienes pareja, ¿qué la toca a ella?

Cuando Kris y el hombre que ahora es su esposo tuvieron sexo por primera vez, él hizo algo que a ella le pareció extraño: a mitad del enérgico acto sexual, comenzó a bajar la velocidad hasta dejar de moverse por completo. La envolvió en sus brazos mientras estaba sobre ella, y se quedó completamente inmóvil. Ella supuso que no había llegado al clímax, por lo que se sintió desconcertada, pero siguió la corriente. Mientras estaban acostados, inmóviles y abrazados, sintió que algo comenzaba a sacudirse en su interior. De la nada, comenzó a llorar. Se quedaron aferrados el uno al otro, sin saber qué les había pasado. A veces este hermoso ritual ocurría de manera espontánea cuando hacían el amor, y se volvió algo esencial en muchos episodios de su expresión sexual a lo largo de los años.

En el sexo y en la vida muchos somos más salvajes y más tiernos de lo que nos gusta admitir. Nuestro desenfreno y nuestra ternura son portales a nuestro ser más profundo y a una expresión más rica de nosotros mismos en el mundo. Puedes plantearte estas dos preguntas durante el sexo para orientarte a ti y a tu pareja hacia esos portales de intimidad: ¿Qué expresiones los tocarían más profundamente a nivel emocional? ¿Cómo pueden seguir la pista de sus fuentes de excitación profunda en este momento?

Al expresar tus deseos sexuales más profundos y ocultos, tendrás una oportunidad de experimentar emoción, una conexión intensa, una intimidad jubilosa, y también mucha incomodidad emocional. Recuerda mantener una cálida conexión con la persona con la que estás. Esto puede ser difícil cuando te sientes incómodo por los nuevos comportamientos que estás poniendo a prueba. Si tú y tu pareja pueden hablar de esos sentimientos, si aún pueden disfrutarse el uno al otro y mantener el afecto, la calidez y el contacto visual, en la mayoría de los casos sentirás que la incomodidad comienza a desvanecerse.

Descubre tu don sexual y romántico esencial

Tómate un tiempo de quietud y relajación con tu diario para este importante proceso. Responde cada pregunta con el corazón, notando tus sentimientos y sin autocensurarte.

1) ¿Alguna vez has experimentado una fusión de deseo sexual y amor íntimo? Mientras tocabas sexualmente a tu pareja, ¿has sentido que tocabas su corazón? Recuerda cómo te sentiste. Si no lo has experimentado, sólo imagina cómo sería. La experiencia del sexo fusionado con la intimidad, ya sea imaginada o vivida, captura uno de tus dones sexuales esenciales. Es tu portal: un lugar donde puedes conectarte con tu magia sexual. En este lugar, tu sexualidad y tu corazón se hacen amigos.

2) ¿Qué palabras expresan mejor lo que sientes cuando el deseo sexual y el amor íntimo se unen en tu vida?

3) ¿Qué imagen u obra musical o artística, o cualquier otra cosa, representa el sentimiento antes descrito?

4) ¿Reprimes ese don en tu vida sexual y romántica? ¿Cómo lo haces?

5) ¿Qué tipo de sexo priva de oxígeno a este don? ¿Qué sientes cuando eso ocurre?

6) En tu vida sexual pasada, ¿ha habido alguien con quien te hayas sentido seguro al revelar esa parte de tu ser? De ser así, tómate un momento para apreciar ese recuerdo.

7) Nombra o describe tu don sexual y romántico esencial en una oración o más. Intenta expresar con palabras esa capacidad de sentir intimidad y verdadera pasión sexual a la vez. Si no lo has experimentado pero puedes imaginarlo, eso basta.

8) Permítete imaginarte en una relación con alguien que amas, compartiendo ese don esencial y recibiendo lo mismo de tu pareja. Describe cómo te sentirías. Tómate un momento para disfrutar ese pensamiento.

Cada uno de nosotros tiene dones sexuales y románticos esenciales, y descubrirlos es un viaje de toda la vida. Espero que los busques y trabajes para conseguirlos en tu próxima relación. Puedes preguntarte qué tipos de tocamientos, ritmo, actos sexuales, sentimientos y contacto visual te permitirían entrar en ese estado. Mientras mejor sepas las respuestas a esas preguntas, mejor podrás acceder a esa maravillosa experiencia. Tu don sexual y romántico esencial entraña mucho más que técnicas, posiciones o actividades sexuales particulares: es una invitación al amor, la alegría compartida y la intimidad. Merece ser celebrado.

Cuaderno de ejercicios de *Amor profundo*

EJERCICIO PERSONAL
Tu viaje sexual
Piensa en algunas personas que formen parte de tu vida y que te hayan enseñado cosas buenas e importantes en tu viaje sexual. Reflexiona sobre lo que te enseñaron y tómate un momento para apreciar a esa persona.

Realiza las siguientes prácticas de campo con tu compañero de aprendizaje. Si no les es posible ir juntos, compartan sus experiencias y reflexiones cuando ambos hayan hecho los dos viajes.

Práctica de campo 1: tus atracciones intensas

Este ejercicio requiere que acudas a un evento en el que haya un buen número de personas solteras. Puedes realizarlo por tu cuenta, pero será de más utilidad si participa tu compañero de aprendizaje o un buen amigo.

Para la primera parte, concéntrate solamente en personas que te atraigan en grado extremo. Detéctalas. No hagas nada al respecto… todavía. Observa los atributos físicos que más te atraen. A continuación, date el tiempo para ir a un nivel más hondo. Pon atención a la manera en que interactúan con los demás. ¿Qué transmite su lenguaje corporal? ¿Qué tipo de presencia proyectan?

Una vez que hayas hecho esto por un tiempo, reúnete con tu compañero de aprendizaje. Señálense el uno al otro las personas que han estado observando. Deja que tu compañero te describa la cualidad de la presencia de esas personas: cálida, desenfadada, superficial, iracunda, inteligente, retozona, etcétera. Después haz lo mismo. En lo que toca a la atracción intensa, necesitamos asumir que nuestra intuición podría estar embotada. La crítica constructiva de tu compañero podría resultar muy reveladora.

¿Hay alguna persona extremadamente atractiva que al parecer posea cualidades inspiradoras? Si es así, intenta hablar con ella. Es probable que necesites el aliento y la asesoría de tu compañero de aprendizaje. Para muchos, aproximarnos a una persona extremadamente atractiva puede ser aterrador.

Posteriormente, ve a un café con tu compañero. Realicen un análisis "post-mortem" de lo que observaron sobre ustedes mismos y compartan crítica constructiva, risas y percepciones. ¡No hay razón para que el viaje no sea divertido!

Práctica de campo 2: tus atracciones del rango medio

Asiste a otro evento en el que haya un buen número de personas solteras. Esta vez concéntrate en quienes te provocan una atracción de mediana intensidad: personas por las que te sientes atraído, pero no de manera abrumadora.

Sin presiones, disfruta el proceso de observar el surgimiento de esas atracciones sutiles. Quizá se trate de personas en las que no te habrías enfocado en el pasado. No dejes de observar y advertir tus reacciones. ¿Alguna de esas personas se muestra amable, divertida, cálida o emocionalmente presente?

Ahora estás recurriendo a tu intuición emocional para elegir quién despierta tu interés en lugar de enfocarte solamente en el plano físico.

¿Comienza alguna de esas personas a parecerte más sexy? Permítete fantasear: "Me gustaría besar a esta persona. A ésta me gustaría verla sin camisa". Aplica la micromeditación titulada "Observa la belleza" (página 225) y disfruta tus fantasías. ¿Te parece que alguna de estas personas podría provocar en ti una atracción por inspiración? Intenta hablar con ellas. Si alguna tiene algún potencial, intercambia números telefónicos. Disponte a hacer nuevas amistades, también.

Después de retirarte dirígete a algún sitio con tu compañero de aprendizaje o amigo y compartan sus percepciones y experiencias. ¿Qué advertiste en esta experiencia? ¿Qué te pareció nuevo y diferente? ¿Qué aprendiste? Y, por supuesto, ¿conociste a alguien interesante? Si no es así, no te preocupes. El objetivo de estas prácticas de campo es aprender. Sigue ejercitando estas habilidades y definitivamente conocerás personas con verdadero potencial.

12

Cómo ser amado hasta alcanzar la plenitud

Nacemos en relación, somos heridos en relación
y podemos sanar en relación. De hecho, no podemos sanar
por completo fuera de una relación.

HARVILLE HENDRIX, *Conseguir el amor que quieres. Guía para parejas*

Hace años tomé la oportunidad de subir un pequeño tramo de los Apalaches. Fue una aventura maravillosa, pero lo que más recuerdo es que no dejábamos de perder de vista el sendero. En el mapa parecía fácil, pero no mostraba los árboles caídos que nos desviaban, el río sin medios para cruzarlo, ni todos los senderos confusos que iban en diferentes direcciones. ¡Gracias a Dios por las balizas que volvían a señalar la senda o nos confirmaban que seguíamos en ella! Cada vez que encontrábamos una baliza, nos tranquilizábamos.

Imagino que a lo largo de este libro tu viaje de intimidad ha sido semejante a mi viaje por los Apalaches. Doy por hecho que has encontrado muchas dificultades y "emergencias de citas" que este libro no cubre, y que en muchas ocasiones las técnicas no te funcionaron tan bien como esperabas. Pero también supongo que has encontrado maravillosas e importantes balizas que te señalan que las herramientas que estás aprendiendo sí funcionan, y que tus dones sí pueden conducirte a la intimidad. Esos momentos cruciales en los que encuentras el sendero son de suma importancia. En esos momentos nos sentimos seguros al saber que el camino que seguimos es el correcto, simplemente porque sigue los contornos de nuestro ser auténtico. ¿Puedes recordar algunos de tus momentos cruciales, momentos de revelación, crecimiento y comprensión que te parecieron importantes?

Tu búsqueda de una pareja amorosa importa mucho, pero igualmente importante es el trabajo que has hecho para practicar el amor. En los últimos meses, la pregunta ha pasado de ser "¿Cuál es mi calificación en el amor?" a "¿Puedo ser lo bastante valiente para atesorar mi ser más íntimo, lo bastante generoso para compartirlo y lo bastante sabio para elegir a las personas adecuadas?" Con esas preguntas, todo cambia.

Godfrey Minot Camille fue uno de los participantes del Estudio Grant, uno de los estudios longitudinales más exhaustivos del desarrollo humano que jamás se hayan hecho.[1] Toda su vida fue registrada desde sus años universitarios hasta su muerte, ya octogenario.

Camille fue hijo de padres fríos, suspicaces y nada amorosos. En palabras del propio Camille, "antes de que hubiera familias disfuncionales, yo nací en una". Hasta los 35 años, fue sumamente hipocondriaco y manipulativo en sus intentos de usar sus "síntomas" para conseguir atención. Intentó suicidarse después de graduarse de la escuela de medicina, pero sobrevivió. Los investigadores del Estudio Grant consideraban que era uno de los participantes con menores probabilidades de construir una vida feliz y exitosa.

Entonces, a los 35 años, tuvo una experiencia que cambió su vida. Estuvo hospitalizado 14 meses, con tuberculosis pulmonar. Esta vez, su enfermedad era real. Ese año, por primera vez en su vida, otras personas lo cuidaron, lo escucharon y le dieron importancia. Esos 14 meses de atención y cuidado bastaron para sanar muchas de sus heridas de toda la vida. Su hambre de reconocimiento finalmente se vio satisfecha de la manera más inesperada. Ese periodo cambió el curso de su vida entera. Camille sintió su tiempo en el hospital casi como un renacimiento religioso. "Yo le importaba a Alguien, con A mayúscula", escribió. "Después de ese año, nada ha sido tan difícil."

Cuando salió del hospital, Camille entró en lo que el estudio llama "una explosión de desarrollo que continuó durante 30 años". Experimentó un despertar espiritual que permaneció con él el resto de su vida. Se convirtió en un médico atento y exitoso. Se enamoró, se casó y tuvo dos hijos. Creó una vida llena de amor y entrega: la clase de vida que siempre había deseado. Se sometió a dos psicoanálisis. Escaló los Alpes. Se convirtió en alguien capaz de *dar*.

Cuando Camille tenía casi 70 años, su entrevistador del Estudio Grant le preguntó qué había aprendido de sus hijos. "¿Sabe qué aprendí de mis hijos?", estalló, con lágrimas en los ojos. "¡Aprendí el amor!" El entrevistador relató: "Muchos años después, tras aprovechar una oportunidad casual de entrevistar a su hija, le creí. He entrevistado a muchos hijos de participantes del Estudio Grant, pero el amor de esa mujer por su padre sigue siendo lo más asombroso que haya encontrado entre ellos".

A los 72 años, Camille describió cómo el amor lo había sanado:

> El desarrollo verdaderamente grato ha sido el que me ha llevado a ser la persona en la que me he convertido lentamente: cómodo, alegre, conectado y eficaz. Como en aquel entonces no estaba muy disponible, no había leído el clásico infantil *El conejo de terciopelo*, que nos habla de cómo la conexión es algo que debemos permitir que nos ocurra, y cómo entonces nos volvemos sólidos y completos. Como dice con ternura ese cuento, sólo el amor puede hacernos reales.

Al contemplar la trayectoria de la vida de Camille, podemos ver que su intenso sufrimiento y su gran felicidad surgieron del mismo don esencial: una enorme capacidad de amar. Ese don era tan poderoso que la falta de amor en su vida casi lo mató; pero en un entorno lleno de atención y conexión, su genio al fin se liberó. Camille estaba herido en el punto de su mayor don, pero el amor de su vida adulta pudo sanar muchas de esas heridas.

En tus pasadas relaciones de privación quizá también tú hayas sentido un dolor terrible, pero de algún modo familiar: el dolor de las partes de tu ser que jamás han sido realmente honradas o aceptadas. El punto en el que te has sentido más débil y más avergonzado es el asiento de un don que no has honrado lo suficiente para que se desarrolle plenamente. Cuando una parte vulnerable y preciosa de nosotros no recibe aprecio, lo experimentamos como una debilidad o una herida, y no como un don.

Sin embargo, cuando sentimos que nuestros dones son honrados, experimentamos un sentido innato de valía y amor. Nuestras heridas más esenciales revelan el secreto que siempre estuvo en su interior: un don que jamás ha sido amado a plenitud. Quizá no tengamos la oportunidad de que nos cuiden durante 14 meses en un sanatorio, pero podemos encontrar nuestros propios lugares de sanación. Podemos crear nuestra propia "explosión de desarrollo" al aceptar y trabar amistad con nuestros dones esenciales, seguir nuestras percepciones guía, y compartir nuestro ser íntimo con las preciosas personas que nos valoran por lo que somos. Cuando hagas esto, tal vez algún día recuerdes tus atracciones por privación y veas que el dolor que te causaron te llevó a recuperar tus dones, y que esas relaciones fueron como un canal hacia tu propia realización, un pasaje para que reclamaras tus dones abandonados y los ayudaras a volver al mundo. Las relaciones que terminan con dolor suelen ser lo que nos conduce de vuelta a nuestros dones. *Detrás de nuestras heridas están nuestras heridas. Detrás de nuestras heridas están nuestros dones. Y en el corazón de nuestros dones, encontramos un portal al amor.*

Permíteme ofrecerte una herramienta más, algunas palabras de orientación y sabiduría de una persona muy especial: el tú del futuro.

MICROMEDITACIÓN
Un mensaje para ti. Tres minutos.

Piensa en los últimos meses e intenta elegir la lección o revelación que haya significado más para ti en este curso. Tómate un momento para reflexionar sobre por qué esa revelación significa tanto para ti.

Ahora imagínate a ti mismo dentro de algunos años, tras haber aprendido a vivir esa revelación mucho más plenamente. Imagina en quién te convertirás conforme encarnes esa lección de manera más profunda. Visualiza a ese tú más amoroso y sabio. ¿Cómo luce tu cara?

¿Qué reflejan tus ojos? Percibe la sensación de mirar a los ojos de ese tú más sabio.

Ahora, deja que tu yo futuro te diga cualquier mensaje que desee compartir contigo. Permítete beber el mensaje. Deja que el tú más sabio también te diga qué necesita de ti. Tómate un momento para asimilar su petición. Mira si tienes alguna respuesta. Agradécele y pregúntale si pueden seguir reuniéndose en el futuro.

Tómate unos momentos para estar con tus sentimientos y percibir las reverberaciones de lo que acabas de hacer.

Resulta que hay un premio, pero no tienes que competir por él: ya es tuyo. El premio es tu propia humanidad profunda, y las relaciones en las que te sientes valorado. Sin importar lo que te hayan dicho, sin importar lo que hayas temido que sea verdad, tu búsqueda de amor no es una carrera contra el tiempo, ni la búsqueda de una aguja en un pajar. Estás en un viaje mucho mayor que eso. Estás aprendiendo el amor al encontrar su fuente en tu interior. Cada nuevo entendimiento que obtienes te acerca más a tu meta de una pareja maravillosa.

Puedes hacerlo. Tienes las herramientas que necesitas. Tienes los dones que yacen en el centro de tu corazón, y has aprendido a valorar su humanidad y su promesa. A final de cuentas, el acto de atesorar y el sentimiento de ser atesorado marcan toda la diferencia. Confía en tus dones; ellos te conducirán al amor. Te lo prometo.

Cuaderno de ejercicios de *Amor profundo*

EJERCICIO PERSONAL
Un mensaje para ti

Para este proceso necesitarás un sobre, una estampilla y una hoja de papel. Saca tu papel y escribe desde el corazón una carta dirigida a ti mismo. Incluye tres cosas:

1) Lo que aprecias de ti mismo.

2) Todos los pensamientos y la orientación que quieras compartir contigo mismo.

3) El mensaje que te transmitió tu yo más evolucionado en la micromeditación "Un mensaje para ti".

Pon la carta en el sobre. Dirígela a ti mismo, ponle el sello y envíala, o dásela a un amigo o a tu compañero de aprendizaje para que te la envíe en un momento desconocido.

EJERCICIOS CON TU COMPAÑERO DE APRENDIZAJE

Éstos son tus últimos ejercicios formales con tu compañero de aprendizaje, pero eso no quiere decir que no puedan seguir trabajando juntos. Ambos han invertido mucho tiempo en su trabajo juntos y horas de aprendizaje sobre sí mismos y sobre el otro. Te exhorto encarecidamente a que sigas reuniéndote con él o ella si así lo deseas. Pueden repetir todo el curso o los capítulos que les hayan parecido particularmente importantes. ¡Y si viven cerca, quizá sea hora de una gran comida de celebración!

En quién te estás convirtiendo

Comparte con tu compañero de aprendizaje tus experiencias y percepciones sobre la última micromeditación.

Círculo de dones con tu compañero de aprendizaje

Este maravilloso proceso de cierre es una excelente manera de terminar este capítulo. Usen el formato del círculo de dones y dense entre sí la retroalimentación positiva sugerida. Les encantará la experiencia, y sin duda ambos lo merecen.

Epílogo
Más allá del amor profundo

Olvida tu ofrenda perfecta. Hay una grieta en
todas las cosas. Así es como entra la luz.
LEONARD COHEN

Al continuar tu viaje de *Amor profundo* espero que hayas renovado tu esperanza. Anhelo que creas que puedes presentarte con tu yo más profundo y no ocultarlo hasta que no hayas cerrado el trato. Espero que hayas conocido a nuevas personas maravillosas y que hayas redescubierto algunas de las relaciones basadas en la inspiración que ya estén presentes en tu vida. Sobre todo, espero que sientas que estás asimilando tus propias lecciones de intimidad y trabajando para construir una vida llena del amor que tanto mereces.

Me gustaría ser una mosca en la pared para observar tus momentos de valentía, aquellos momentos definitorios de tus citas en los que eliges el amor a ti mismo sobre la desesperación, en los que amplías tus fronteras de manera saludable, en los que decides presentarte con la humanidad ardiente de tus dones.

Me gustaría poder observar que te alejas de las personas poco amables e indisponibles, atestiguar la valentía con la que asumes el riesgo con alguien que te importa y mirar la paz en tu rostro cuando se honra ese riesgo. Me gustaría poder estar presente en los momentos en que te decides a respetar la pasión humana, siempre imperfecta, inagotable, en tu centro, porque es ésta exactamente lo que te llevará al amor que deseas.

Comenzaste este viaje con una micromeditación en la que imaginabas que las personas que más te importan te lanzaban a la aventura. Ahora, en nuestra última micromeditación, volvamos a esa experiencia.

MICROMEDITACIÓN
Un regalo final. Cuatro minutos.

A lo largo de los últimos meses, en tu viaje de Amor profundo, has construido una relación más amorosa con tus dones esenciales, y has aprendido a compartir tus dones con valentía y generosidad con las personas correctas. Congratúlate por lo que has logrado.

Ahora dedica un momento a pensar en las personas que te visitaron como parte de tu primera micromeditación, las personas que más te han amado y que desean que encuentres el amor real. Pueden ser personas vivas o que ya han partido, pero que siguen presentes en tu corazón. Tómate un momento para visualizar a cada una de estas preciosas personas. ¿Alguna de ellas tendría algo que decirte ahora que finalizas este curso? Visualiza sus rostros mientras imaginas lo que cada cual podría decirte, y permítete ser tocado por su mensaje. Agradéceles por todo su apoyo en tu vida. Déjate rodear por el afecto de todos. Inhala con suavidad. Exhala, deja salir todo y abre los ojos poco a poco. Siente las ondas que genera este ejercicio, en tu corazón y tu cuerpo.

Sé consciente de que estás en camino, y que este camino, jamás terminado y jamás hecho a la perfección, es el de tu viaje de intimidad.

Durante mis muchos años de soltería la gente me aseguraba que yo no quería en realidad una relación. Si en realidad la hubiera querido, me decían, no habría permanecido soltero tanto tiempo. Estaban completamente equivocados. El dolor de mi anhelo no podía ser más real. Yo sí quería amor, pero, al mismo tiempo, huía de él. Nadie me había enseñado a atravesar mis campos minados y miedos personales, ni a evitar los caminos al desastre allanados por la cultura popular, que me conducían a buscar el amor sin las herramientas para construirlo. Estoy muy agradecido por haber aprendido que aceptar las partes de mí mismo que me habían provocado tanta inseguridad eran las que finalmente me conducirían al amor.

En cada área significativa de tu vida —en tus relaciones íntimas, en tu creatividad, en tu vida espiritual y en tu vida profesional— son tus dones esenciales los que indican el camino al sentido y el amor. Hay cierta sabiduría en tu interior que sobrepasa la infinidad de limitaciones en tu vida. En tus dones radica tu naturaleza verdadera, mucho más salvaje, amplia y magnífica que lo que tu entendimiento podría aspirar a abarcar.

Cuando imagino cómo es vivir sin que se reconozcan nuestros dones, pienso en Helen Keller durante su niñez, y en la vida de otros niños sordomudos. Keller tenía un corazón enorme y amoroso y una vivaz inteligencia, pero su dolor debe haber sido infinito: atrapada en un mundo oscuro y silencioso, sin lenguaje, sin manera de ser alcanzada por las personas que la amaban. Su ira la hacía sentir desesperada. Sin embargo, Annie Sullivan vio sus dones y comprendió su ira por estar atrapada en mudo aislamiento. Annie le dio a Helen un puente hacia el mundo al proporcionarle una manera de comunicar su desesperación y sus anhelos. Le enseñó a entender las letras, y luego las palabras, al presionar sus figuras contra la palma de la mano de Helen, quien la llamó "maestra" por el resto de su vida.

Igual que Helen Keller, todos poseemos dones que han permanecido en un aislamiento doloroso y que los demás malinterpretan o usan, dones a los que hemos juzgamos como defectos. Conforme hemos avanzado en nuestra vida, nos hemos protegido intentando moldear esos dones para convertirlos en algo más aceptable. Hoy es nuestro trabajo, con ayuda de quienes nos aman, rescatar al yo esencial dentro de nosotros. Presionar palabras de esperanza y aliento contra la palma de sus manos una y otra vez, como Annie Sullivan hizo con Helen, hasta darnos cuenta de que podemos atravesar la soledad que nos rodea y hablar en nuestro propio lenguaje. Cuando encontramos a esas preciosas personas que los entienden —no en su totalidad, pero sí los aspectos que más importan—, nuestros dones encuentran su hogar. Nuestros dones son el único camino a la realización, y nos están llamando todo el tiempo.

Recuperar tus dones transformará tu búsqueda del amor. Cada vez que eliges tu alma sobre tus "deberes", cobras poder. Comenzarás a sentir cierta magia en tu interior, temible y desafiante, sí, pero magia. Si alguna vez has dado un paseo en la naturaleza, habrás advertido que el paisaje es más exuberante y más vivo conforme más te aproximas a un río. Lo mismo ocurre en nuestra vida. Avanza hacia tu propio río: ahí encontrarás el amor. Los dones que has sentido y comenzado a amar durante las últimas semanas constituyen tu río, tu turbulento y tierno camino al amor.

Tus preciosos dones tienen el poder de guiar todo tu mundo y te llevarán hacia tu intimidad verdadera, porque tal es su razón de ser. Todo se resume en este magnífico mensaje: sigue el llamado de tu centro.

¡Que vivas una gran aventura!

Agradecimientos

Como escritor novato lleno de ideas emocionantes y a medio formar, tuve la bendición de contar con mucha asesoría y apoyo. No se necesitó un pueblo para terminar este libro, son una pequeña ciudad.

Mi amigo Jonathan Vatner me ayudó a despegar como escritor. Su paciencia, su elegancia literaria y su perspicacia gentil, pero aguda, dieron forma a este libro, y su fe en mí dio impulso a mi escritura. Mel White, mentor, figura paterna literaria y amigo, increíble corredor y verdadero transformador del mundo, no puedo agradecerte lo suficiente: con tu ayuda llegué a confiar en mí mismo como escritor. Es un honor haber sido tu alumno y un privilegio ser tu amigo. Nathaniel Altman, gracias por tu invaluable ayuda. Hara Marano, en muchos sentidos tú y *Psychology Today* hicieron todo esto posible para mí; gracias por tu asesoría y tu amistad. Sharon Cohen-Powers, querida amiga, gracias por tu asesoría, tu apoyo y tu firme compromiso con mi obra y su claridad. Algunos conceptos fundamentales de este libro jamás habrían tomado forma sin tu ayuda. David Greenan, nuestra profunda amistad, tu constante apoyo y tus sabias opiniones sobre la teoría de los dones y la intimidad han significado mucho para mí. Patricia Simko, gracias por nuestra valiosa amistad, por tu pulcra edición y por las muchas conversaciones en las que me ayudaste a desarrollar la teoría de los dones.

Julie Williams, mi mundo es un lugar mucho mejor gracias a ti, a Mark y a Charlie. No puedo expresar suficiente gratitud por tu indolora, sabia y alentadora ayuda para editar; tienes un don extraordinario. Pam Cytrynbaum, no puedo expresar lo mucho que aprecio tu amistad, tu apoyo de corazón y tus ediciones salvadoras. Arielle Ford, líder alegre, sabia y generosa, has sido un verdadero ángel para mí en este viaje, y estoy muy agradecido por conocerte. Arianne Cohen, muchas gracias por tu increíble apoyo a lo largo de los años. Ross Anderson, John Salvato, Krissy Gasbarre y Kathryn Janus, también han sido ángeles. ¡Gracias a todos!

Arielle Ford, Thich Nhat Hanh, Harville Hendrix, Helen LaKelly Hunt, Marianne Williamson, Chip Conley, Gay Hendricks, Keith Ferrazzi, Judith Orloff, Arthur Aron y Eli Finkel, ninguno de ustedes necesitaba tomarse un momento de su apretada agenda para apoyar este proyecto, pero todos lo hicieron. Les estoy muy agradecido.

Gracias, Cliff Boro, por tu generoso y cordial apoyo, y gracias a Tom Pace, Dan Negroni y Brian Burt por ayudar a llevar *Amor profundo* al siguiente nivel.

A todos los que leyeron y criticaron el manuscrito —Greg Romer, Ruth Litman, Maya Kollman, Mindy Spatt, Rob Nolan, Melanie Woodrow, Misty Funk, Lalitha Devi, Margaret Woodside y Mike Moran—, no puedo agradecerles lo suficiente por sus muchas horas de trabajo y sus sensatas e invaluables ediciones. Gracias también a todas las personas que me permitieron compartir sus historias; su aprendizaje ayudará a muchos.

A Kathryn Janus, Hernán Poza, Patricia Simko, Gene Falco, Camilla Brooks y Michael Keane, gracias por su fenomenal trabajo como maestros y líderes en los eventos de Deeper Dating. Gracias a Ilene Cutler, Silas Cutler-Lockshon, Joe Tripp, Michael Malizia, Mike Moran, Suzanne Gerber, James Young, Hugh Hysell, Beth Greenfield, Lorna Chiu, Milo Shapiro, Tom Tracy, Walker Jones, Sarah-Kay Lacks, Meryl Moss, Sidiki Conde, Deborah Ross, David Schechter, MK Nobilette, Glenn Plaskin, Robyn e Ira Frank, David Singleton, Linda Leonard, Michelle

Matlock, Doug Boltson, Don Litwin, Jay Michaelson, Jose Niño, Luis Toca, Nazario Fernández, John Salvato, Perry Brass, Tom Tracy, David Nimmons, Martha Bilski, Lynn Gergen, Dan Diggles, Cathy Renna y Gerry Moss, y a todos aquellos cuyo nombre no haya mencionado, por respaldar este proyecto, cada cual a su manera. Gracias a *Psychology Today*, *The Huffington Post*, Next Avenue, el Centro Comunitario LGBT de la Ciudad de Nueva York, el Centro para las Crisis de Long Island, Easton Mountain, The 92nd Street Y, The JCC en Manhattan, The Garrison Institute, The Rowe Conference Center, The Omega Institute, Nehirim y The Esalen Institute por todo su apoyo.

A mi mentor, John McNeill, y su esposo Charles Chiarelli, gracias; ustedes han cambiado el curso de nuestro mundo y han sido amigos leales y verdaderos por muchas décadas; su apoyo es muy importante para mí. Gracias a Conner Middelman-Whitney por sus ideas de edición y por la pregunta "¿Qué pide de mí el amor?"

Gracias, Jim Sullivan, por ser un fantástico *coach* de citas; a Harold Kooden por su sabia ayuda y a Shirley Elias por cambiar mi vida. Gracias, Michael Clemente, por crear en el mundo un hogar para mi alma. A Paramahansa Yogananda, mi más profunda gratitud.

Me siento sumamente afortunado por haber tenido la oportunidad de trabajar con Jennifer Urban-Brown, mi generosa, paciente y talentosa editora. Revisión tras revisión, ha sido una sabia orientadora, una brújula para encontrar el camino en terrenos difíciles y en innumerables decisiones complicadas. A Steven Pomije, Julie Saidenberg, Julia Gaviria y a todo el equipo editorial: no puedo creer la buena fortuna de que mi libro haya encontrado un hogar con ustedes. A mi agente, Myrsini Stephanides, muchas gracias por creer tan firmemente en mi trabajo y por estar comprometido a abogar por él; estoy muy agradecido. A mis pacientes y participantes en mis talleres, gracias por su inspiración. Trabajar con ustedes ha sido una de las grandes alegrías de mi vida.

Hernán Poza, verdadero amigo de toda la vida, gracias por tu sólido apoyo a lo largo de todo este viaje, y por la increíble bendición de tu amistad. Simplemente no tengo palabras para agradecer a mis padres, que estuvieron siempre presentes en cada revisión, y cuyo apoyo y opinión fueron de enorme importancia para mí, y a mi fiel amiga JoAnne, que además es mi amorosa, generosa y visionaria hermana. ¿Cómo tuve la suerte de tener por familia de origen a tres de los seres humanos más inspiradores que he conocido? A Greg: tú eres la prueba viviente de todo aquello que enseño y en lo que creo. Te amo y es una bendición haberte encontrado. Tu infinita paciencia, amor y apoyo a lo largo de todo este proceso han significado mucho para mí. Merrie y Deirdre, ambas son personas increíbles. David, yo y toda nuestra familia las amamos y somos muy afortunados por tenerlas en nuestra vida. David, tú eres para mí la sonrisa de Dios, y estoy eternamente bendecido por ser tu padre.

Recursos

Muchas gracias por tu interés en mi obra. Para aprender más sobre mis clases, eventos, talleres, conferencias y seminarios web, y para encontrar eventos de Deeper Dating, por favor visita mi sitio web: www.DeeperDating.com. También encontrarás una gran variedad de descargas, videos y otros materiales didácticos. ¡Espero encontrarte ahí!

Muestra de carta a tus ayudantes del círculo de dones

Gracias por aceptar ayudarme en mi círculo de dones. Pido tu apoyo porque estoy seriamente comprometido a encontrar una intimidad sana. Quiero que sepas que sólo estoy pidiendo a mis amigos más cercanos, mi familia y profesionales que me apoyan que sean parte de este proceso. Al decirme las cualidades que más valoras en mí, estarás dándome un enorme regalo. Espero que disfrutes hacerlo, y también espero que estés abierto a recibir lo mismo a cambio. Aunque no es indispensable, me gustaría dártelo.

La técnica de Citas amorosas más profundas, desarrollada por Ken Page, trabajador social clínico con licencia, enseña que el mejor camino para encontrar el amor es anteponer nuestro ser más auténtico, las partes de nosotros mismos en las que sentimos más pasión y sensibilidad. Cada uno de nosotros tiene puntos de profunda sensibilidad —los lugares en los que las raíces de nuestro afecto llegan más hondo—, y éstos son tan únicos como nuestras huellas dactilares. En estas partes de nosotros mismos experimentamos el mayor sentido y el mayor dolor, porque intuitivamente sentimos que en ellas reside nuestra identidad. Ken Page llama a estos puntos "dones esenciales", porque son como la médula de nuestra psique, que no genera glóbulos rojos sino impulsos hacia la intimidad y la expresión auténtica de nuestro ser.

¿Cómo descubrimos nuestros dones esenciales? De acuerdo con Page, lo hacemos en gran medida gracias a las personas que los perciben y aprecian. Muchas veces se ha dicho que debemos amarnos a nosotros mismos para poder amar a cualquier otra persona, pero eso es demasiado simplista: el amor propio a menudo se aprende al ser validados precisamente en nuestros puntos de mayor inseguridad y ternura.

Todos necesitamos que se nos enseñen nuestros dones más profundos.

La mayoría de nosotros no sabemos lo suficiente sobre nuestros dones esenciales y cómo afectan a los demás. La experiencia de que estos dones se nos reflejen puede ser como un mapa que emerge de la bruma, un mapa de lo que somos y las posibilidades de aquello en lo que podemos convertirnos. Cuando tenemos una idea positiva de lo que somos, encontramos la energía para salvar los obstáculos, miedos y brumas que nos separan de nuestra pasión.

Por medio de este proceso, tú me darás ese regalo.

Esto es lo que te pido que hagas al volverte un ayudante de mi círculo de dones: piensa en las cualidades mías que más amas, aprecias y respetas. ¿Qué cualidades son únicas, y cuáles te tocan y te conmueven más? Tómate todo el tiempo necesario para compartirlas en detalle. Sé abierto y date el tiempo de buscar y encontrar las palabras e imágenes que mejor transmitan esas cualidades. Este proceso implica solamente retroalimentación positiva. Por favor no uses tu papel para criticar ni sugerir mejoras. Este círculo de dones me sirve para aprender lo que aprecias de mí.

Si estás abierto a ello, me gustaría ofrecerte lo mismo; es tu decisión. ¡Personalmente, lo recomiendo!

Muchas gracias por el regalo que me das en mi viaje hacia el amor. Espero que también sea una experiencia rica para ti.

Con afecto,

_____

Mi manual de dones esenciales

Este manual de dones esenciales es una guía personal para tus dones. Te mostrará cómo trabajar con los aspectos de tu "genio" particular que profundizan, agilizan y facilitan tu búsqueda de amor, a la vez que enriquecen toda tu vida. Puedes copiar esta página de aquí o descargarla en formato PDF del sitio web de Deeper Dating. ¡Disfrútalo!

1) Describe tu don esencial en una sola oración.
2) ¿Qué imagen, obra musical o plástica, o recuerdo personal refleja la esencia de este don cuando se siente más aceptado y vivo?
3) Menciona a una persona en tu vida que haya entendido, valorado y apreciado ese don de manera constante. Describe cómo te sientes cuando tu don es honrado de esa manera.
4) ¿En qué tipo de situaciones se siente más privado de oxígeno ese don? Describe el dolor que sientes cuando eso ocurre.
5) Describe tus maneras de reprimir ese don en tus relaciones.
6) Describe cómo actúas a la defensiva acerca de ese don en tus relaciones.
7) Describe tu "tipo" de atracción por privación: alguien que te atraiga pero en realidad no pueda honrar ese don en particular.

8) Describe el tipo de persona que te hace sentir que tu don es valorado y apreciado.

9) ¿Cómo cambiaría tu vida romántica si compartieras ese don más plenamente, con las personas adecuadas?

10) ¿De qué manera podría ese don esencial ser el camino a una vida más rica y plena?

Notas

INTRODUCCIÓN

1. Eli Finkel, "The Hack to Save Your Marriage: Eli Finkel at TEDxUChicago", presentación, 21 de junio de 2003, <http://tedxtalks.ted.com/video/The-Marriage-Hack-Eli-Finkel-at>.

2. DeLois P. Weekes, Sarah H. Kagan, Kelly James y Naomi Seboni, "The Phenomenon of Hand Holding as a Coping Strategy in Adolescents Experiencing Treatment-Related Pain", *Journal of Pediatric Oncology Nursing* 10, núm. 1 (1993): 19-25; DOI: 10.1177/104345429301000105; Julianne Holt-Lunstad, Wendy A. Birmingham y Kathleen C. Light, "Influence of a 'Warm Touch' Support Enhancement Intervention among Married Couples on Ambulatory Blood Pressure, Oxytocin, Alpha Amylase, and Cortisol", *Psychosomatic Medicine* 70, núm. 9 (2008): 976-985.

Cómo acelerar tu camino hacia el amor

1. Ashley Montagu, *Touching: The Human Significance of the Skin* (Nueva York: Harper & Row, 1971), pp. 16-42.

2. M. Prince, "Does Active Learning Work? A Review of the Research", *Journal of Engineering Education* 93: 223-231.

ETAPA 1

Descubre tus dones esenciales

1. David M. Buss, "Human Mate Selection", *American Scientist* 73, núm. 1 (enero-febrero de 1985): 47-51; <www.jstor.org/stable/27853061>.
2. Arthur Aron, correo electrónico al autor, 7 de abril de 2014.
3. Ídem.

1. Tu zona de dones

1. Donald G. Dutton y Arthur P. Aron, "Some Evidence for Heightened Sexual Attraction under Conditions of High Anxiety", *Journal of Personality and Social Psychology* 30, núm. 4 (1974): 510-517; DOI: 10.1037/h0037031.
2. Patricia Simko, correo electrónico al autor, 15 de marzo de 2014.
3. Eugene T. Gendlin, *Focusing* (Nueva York: Bantam Dell, 2007).

2. Tus dones esenciales

1. Aubrey L. Gilbert, Terry Regier, Paul Kay y Richard B. Ivry, "Whorf Hypothesis Is Supported in the Right Visual Field but Not the Left", *Proceedings of the National Academy of Sciences* 103, núm. 2 (2006): 489-494; DOI: 10.1073/pnas.0509868103.
2. Colin Pilkinton-Brodie (como Thupten Yarphel), "Universal Altruism: Unbearable Tenderness" en *Nectar for the Ear* (blog), 10 de enero de 2012.

3. Cómo amarte a ti mismo primero

1. Edward M. Hallowell, *The Childhood Roots of Adult Happiness: Five Steps to Help Kids Create and Sustain Lifelong Joy* (Nueva York: Ballantine Books, 2002).
2. Jack Kornfield, *A Path with Heart: A Guide through the Perils and Promises of Spiritual Life* (Nueva York: Bantam Books, 1993), p. 334.

ETAPA 2

Aprende qué tipos de atracción te guían al amor y cuáles al dolor

1. Arthur P. Aron, Edward Melinat, Elaine N. Aron, Robert Darrin Vallone y Renee J. Bator, "The Experimental Generation of Interpersonal Closeness:

A Procedure and Some Preliminary Findings", *Personality and Social Psychology Bulletin* 23, núm. 4 (1997): 363-77.

2. Robert Epstein, "How Science Can Help You Fall in Love", *Scientific American Mind* (enero-febrero de 2010): 26-33.

4. Atracción por inspiración y atracción por privación

1. Daniel J. Siegel y Mary Hartzell, *Parenting from the Inside Out: How a Deeper Self-Understanding Can Help You Raise Children Who Thrive* (Nueva York: Penguin Press, 2004), pp. 185-194.

2. Kathryn Janus, correo electrónico al autor, 23 de septiembre de 2013.

3. Arthur Aron, "Why Do We Fall in Love?", en How Stuff Works (sitio web), 10 de mayo de 2005.

4. Eli J. Finkel y P. E. Eastwick, "Interpersonal Attraction: In Search of a Theoretical Rosetta Stone", en *Handbook of Personality and Social Psychology: Interpersonal Relations and Group Processes*, J. A. Simpson y J. F. Dovidio (eds.), pp. 393-420 (Washington, D.C.: American Psychological Association, en prensa).

6. Accede a las raíces profundas

1. David E. Greenan, correo electrónico al autor, 5 de mayo de 2013.

2. Arielle Ford, *The Soulmate Secret* (Nueva York: HarperCollins, 2008; edición para Kindle), p. 9.

ETAPA 3
Aprende las habilidades para tener citas amorosas más profundas

1. Eli J. Finkel y Paul Eastwick, "Should You Play Hard to Get?", en *The Attractionologists* (blog), 5 de julio de 2008; correo electrónico al autor, 29 de abril de 2014.

7. Las siete habilidades para tener citas amorosas más profundas

1. Wendy Widom (presidenta del sitio web *Families in the Loop*), correo electrónico al autor, 23 de marzo de 2014.

2. Eli J. Finkel y Paul Eastwick, "Should You Play Hard to Get?", en *The Attractionologists* (blog), 5 de julio de 2008.

3. Daniel Goleman, *Social Intelligence: The New Science of Human Relationships* (Nueva York: Bantam Dell, 2006), pp. 4-5.

4. Keith Ferrazzi, *Never Eat Alone: And Other Secrets to Success, One Relationship at a Time* (Nueva York: Bantam Doubleday Dell, 2005).

8. Guía de citas amorosas más profundas para encontrar el amor

1. Jamie Cat Callan, correo electrónico al autor, 22 de julio de 2013; *French Women Don't Sleep Alone: Pleasurable Secrets to Finding Love* (Nueva York: Kensington Publishing, 2009).

2. Sarah Bridge, "Do Singles Events Make You Feel More Single?", en *HuffPost Lifestyle, United Kingdom* (blog), 28 de agosto de 2012.

ETAPA 4

Cultiva el amor duradero

1. Dan Schawbel, "Brené Brown: How Vulnerability Can Make Our Lives Better", *Forbes*, 21 de abril de 2013, <www.forbes.com/sites/danschaw bel/2013/04/21/brene-brown-how-vulnerability-can-make-our-lives-better>.

2. Brené Brown, *Daring Greatly: How the Courage to Be Vulnerable Transforms the Way We Live, Love, Parent, and Lead* (Nueva York: Gotham Books, 2012).

11. Cómo construir la atracción sexual y romántica hacia las personas adecuadas para ti

1. "Moth", *Neuroscience for Kids* (sitio web), Universidad de Washington, <http://faculty.washington.edu/chudler/amaze.html>.

2. Harville Hendrix, *Getting the Love You Want: A Guide for Couples, 20th Anniversary Edition* (Nueva York: Henry Holt, 2007).

3. Ídem.

4. Robert Epstein, "How Science Can Help You Fall in Love", *Scientific American Mind* (enero-febrero de 2010): 26-33.

5. Elaine Aron, *The Highly Sensitive Person in Love: Understanding and Managing Relationships When the World Overwhelms You* (Nueva York: Crown Publishing Group, 2009; edición para Kindle), p. 110.

6. Irene Tsapelas, Arthur Aron y Terri Orbuch, "Marital Boredom Now Predicts Less Satisfaction Nine Years Later", *Psychological Science* 20, núm. 5 (2009): 543-545.

7. Craig Malkin, "Five Proven Ways to Revive Romance on Valentine's Day", *Psychology Today* (12 de febrero de 2011).

8. Uwe Hartmann, "Sigmund Freud and His Impact on Our Understanding of Male Sexual Dysfunction", *Journal of Sexual Medicine* 6, núm. 8 (2009): 2332-2339.

12. *Cómo ser amado hasta alcanzar la plenitud*

1. George E. Vaillant, *Triumphs of Experience: The Men of the Harvard Grant Study* (Cambridge, Mass.: The Belknap Press of Harvard University Press, 2012, edición para Kindle).

Amor profundo de Ken Page
se terminó de imprimir en abril de 2016
en los talleres de
Litográfica Ingramex, S.A. de C.V.
Centeno 162-1, Col. Granjas Esmeralda, C.P. 09810 México, D.F.